经济瞭望译丛

ECONOMY OF WORDS

Communicative Imperatives in Central Banks

Douglas R. Holmes

语控经济

中央银行的沟通规则

（美）道格拉斯·R.霍姆斯 著

张成思 译

东北财经大学出版社
Dongbei University of Finance & Economics Press

大连

辽宁省版权局著作权合同登记号：图字06-2015-38

Douglas R. Holmes：Economy of Words：Communicative Imperatives in Central Banks

图书在版编目（CIP）数据

语控经济：中央银行的沟通规则 / （美）霍姆斯（Holmes，D.R.）著；张成思译.
一大连：东北财经大学出版社，2016.3
（经济瞭望译丛）
ISBN 978-7-5654-2168-6

Ⅰ．语…　Ⅱ．①霍…②张…　Ⅲ．中央银行-经济理论　Ⅳ. F830.31

中国版本图书馆CIP数据核字〔2015〕第289031号

东北财经大学出版社出版发行

　　大连市黑石礁尖山街217号　邮政编码　116025
　　教学支持：（0411）84710309
　　营 销 部：（0411）84710711
　　总 编 室：（0411）84710523
　　网　　址：http：//www. dufep. cn
　　读者信箱：dufep @ dufe. edu. cn
大连图腾彩色印刷有限公司印刷

幅面尺寸：170mm×240mm　字数：225千字　印张：19 1/4
2016年3月第1版　　2016年3月第1次印刷
责任编辑：李 季　王 玲　　责任校对：刘 洋　惠恩乐
封面设计：冀贵收　　　　　版式设计：钟福建
定价：48.00元

版权所有 侵权必究　举报电话：（0411）84710523

译者前言

近年来，随着全球经济运行不断面临各种新局面和新挑战，为了能够"未雨绸缪"，提前应对未来可能发生的事件，各国货币当局普遍认识到前瞻性货币政策的重要性。顾名思义，前瞻性货币政策的基本含义是货币当局基于对未来相关经济指标的前瞻（预测）考虑，相应制定当前的货币政策。尽管前瞻性货币政策是不是最优的货币政策选择仍然存在一定争议，但是前瞻性政策理念在各国央行实践中已被广为接受，近年来以美联储为代表实施的"前瞻指引"货币政策更是将前瞻性货币政策运用到极致状态。不仅如此，学界对前瞻性货币政策相关问题的研究如火如荼，相关文献的数量呈现指数型增长，同样反映出前瞻性货币政策问题的重要性。

与前瞻性货币政策反应方程相伴而生的是央行沟通和央行预期管理概念的兴起。由于中央银行希望能够未雨绸缪，能够有效地进行逆周期操作，甚至希望"不战而屈人之兵"，因此其主要依靠的就是对市场预期的管理或者说引导。所以，中央银行需要与公众进行沟通。央行沟通有多种形式，总体来说可以归纳为主导型和被动型两种。对于主动型沟通研究，芝加哥大学出版社新近出版的这本专著《语控经济：中央银行的沟通规则》，用近乎文学的笔法阐释了中央银行沟通在货币政策传导机制中的重要性，形象地刻画了中央银行怎样使未来变得可见以及怎样才能使公众对未来的信念和信任成为可能。作者使用实验来研究央行沟通对未来情绪的影响，这些情绪是推动市场经济动态变化最根本的预期动力，而将央行行为投射到未来的先行政策将变成影响这些预期的手段。

本书的内容具有较强的前沿性，语言风格和语言特色鲜明。不过，这也给本书的翻译工作带来了较大挑战。很多内容尽管在英语语境下容易理解，但是转译过程中仍然存在诸多困难，而且原书作者将诸多专业内容以比喻等手法写就，因此本书对于非专业读者来说理解起来可能并不容易。不过，这些困难反而激发了译者的理解兴趣（相信对读者亦是如此）。正是在这样的背景下，我组织了中国人民大学财政金融学院的相关教师和学生，翻译了这本妙笔之作《语控经济：中央银行的沟通规则》。参与本书翻译、编译和校对等工作的人员有：夏苗、许凌达、周浩宇、陈紫琳、李洵、郑宁、陈挺、赖元杰、程冰倩、庄璇、丁一凡、江澄、吕品品、芦哲、邱岳、刘泽宇、姜世娟、张新秋、姜世俊、王颖、刘茜等。

张成思

2015 年 12 月

前言：背景

当 2003 年 8 月 12 日联邦公开市场委员会（Federal Open Market Committee，FOMC）首次将纯言语沟通作为基本货币政策工具时，人们已经普遍接受使用有关未来政策的沟通方式来辅助完成联邦储备基金利率的设定工作。在这种情况下，沟通作为一种独立且有效的政策工具存在并影响着整个经济。FOMC 也因此经历了从以往的"一语不发"到现在的有时解释即是政策的转变。

——珍妮特·耶伦（美国联邦储备委员会副主席（2013年4月4日））

这是"民族志"三部曲的第三卷，前两卷分别为1989年出版的《文化觉醒》和 2000 年出版的《欧洲一体化》。《语控经济》在继续深入探讨前两卷主题的同时，在内容上作出了极不寻常乃至令人出乎意料的转变。总体而言，这些书涵盖了长达 30 年的发展历程，并将我引向珍妮特·耶伦和她在中央银行的同事所热衷的语言实验。在众多的其他问题中，关于"纯语言能做什么"的全面论述将三卷联系在一起。在接下来的章节中，我将讲述一个有关语言改写货币体制的故事（Austin 1961；Burke 1974；Searle 1969）。

20世纪80年代早期，我在意大利东北部的乡镇和Paolo Rondo Brovetto一起工作。当时我们正讨论货币政策的角色，即货币政策（在我们所研究的人的意识和对话中所表露出来的）促进形成人们对经济增长的观点的作用。我们在朱利安·阿尔卑斯山脚下散步时，我们也好奇欧洲统一货币的结果以及它将如何影响意大利人民的生活和生计。同样在20世纪80年代初期，我和Robert Reichlin开始了一段长久的对话。

在很多其他的事情当中，我们深入探讨了如何从深植在习俗、传统和过去文化概念中解脱出来，重新思考并提出强调未来导向的新文化习俗。

当我和George Marcus住在休斯敦时，我们开始了频繁的对话。George精心筹备的后期工程是我们对话的初始设想。但在随后的几年中讨论的内容不断延伸，而读者将看到，延伸的内容体现在所有本书描述的民族志之中。最值得注意的是，当我们的研究对象——中央银行家——在这种情况下追求复杂的人类学实验时，我和Marcus曾经被所提及的分析可行性问题所困扰（Fischer 2007；Marcus 2012）。David "Bert" Westbrook在十年前加入了这个讨论，他极富激情和智慧地对这种尝试的危险进行了令人信服的刻画（Westbrook 2008）。Bert除了对我这里所研究的问题提供了技术意见外，他既宽容又严苛地分析了我的研究，消除了我在人类学学科上的自以为是，这也让我受益匪浅。在芝加哥大学出版社，David Brent抓住了我和George、Bert学术讨论的机会。前一阵子，他表达了对这本书的兴趣，并在审阅和出版方面积极地提供支持。

当我2002年从新西兰回到纽约时，我遇到了同样刚到纽约北部的两个同事，Annelise Riles 和 Hirokazu Miyazaki。他们也开始研究金融问题，这些问题建立在与我研究相似的智力投入和与我互补的民族情绪的基础上。在过去的几十年里，我认为我们已经达成了拓展有关这方面工作具体含义的共识。这不必也不只是为了我们的学科，也为了其他人群。Annelise 对早期手稿的评价，即"市场功能需要语言来实现"，对本书的最终版本起到决定性作用。

回到纽约不久，我还见到了 Peter Katzenstein。他邀请我参加一个关于"欧洲认同"的项目。他热情地答应研读本书的早期书稿，而我也从他尖锐的问题和富有见地的评价中受益匪浅。接下来关于行为和当前欧洲金融环境分析的论述绝大部分是与他合写的。

我从 Ann Stoler 的研究中借鉴了很多案例，同时她也在新学院的对话中为本书贡献了重要意见。她向技术专家、官员——无论是分支机构所在地官员还是中央银行家们——提供了一种定义智力困境的方法，从而提供了方法来考察知识的产生和/或未产生，而这些知识对那些专家和他们经营的机构来说是至关重要的。

我和 Michael Herzfeld 在这方面志趣相投，特别是在对官僚的不满情绪会怎样形成并渗透欧洲人民的生活及其直接斗争的方面。尽管书中没有直接说明，这些斗争却是本卷的背景。这些背景引导我去细致地考察在特别困难时期，货币政策的效果如何逐渐依赖于一种语言能力——货币政策通过语言去引导市场情绪和预期的能力。不容忽视的是，这些对公共环境的观念已成为对中央银行家的主要关注点。尽管我的论述缺乏 Michael 叙述中的文采，但我认为人类学的结论是类似的。

我很庆幸在项目的早期阶段和 Julio Rotemberg 进行了深入的

沟通。他聆听了我当时还很粗略的研究计划，并在人类学家怎样阐述兴趣的问题上以及这与货币经济学家（甚至是中央银行家）的关系方面提供了慷慨的建议。我尽力遵循他的指导，并如前所述，最重要的是要意识到中央银行家会面临很多人类本性方面的挑战。

Christopher Hanes听取了部分该项目的指导性想法，并进一步从人类学家的角度提炼我提出的关于中央银行业务的观点。

同时我很庆幸成为Meridian 180和Tobin项目组的一员，因而可以很便利地参与到他们正在进行的由Annelise Riles和John Cisternino分别精心组织的前瞻性对话中。从由Annelise和John组织的那些与学生、学者和政府官员的沟通中，我受益良多，难以言表。我很清楚当自己在写本书时，我关于中央银行操作的思考越来越和这两个引人注目的项目的目标和议程相对应。我希望我的做法对它们是公正的。

尽管关于本卷的研究持续了十年左右，但大部分重要的观点是在2008年9月至2010年8月通过和较小范围的一组人员的一系列讨论得出的。

这段时间我搜集到的信息如下：首先，我所研究的货币机制是关于语言和沟通的；其次，从广义角度上理解，这些沟通的最终目的是将公众与中央银行家联系起来，双方共同合作以实现货币政策的目标。我还意识到这个货币体系是和一个产生人类知识和智慧的奇特智库相联系，且当前的货币体制是某一特殊制度历史的产物。该历史以2008年雷曼兄弟倒闭为开端，它是预测什么即将成为金融和货币危机的历史。下列人为我的结论提供了有用的信息：在惠灵顿的Arthur Grimes、Mike Hannah和Tim Ng；在法兰克福的Jens Ulbrich和Regina Karoline Schuller；在斯德哥尔摩的Stefan Ingves、Lars E. O. Svensson和Anders

Vredin；在伦敦的 Neil Ashbridge、Chris Piper、John Young、Peter Andrews、Rosie Smith 和 Gareth Ramsay。最后，直到 Arthur Grimes、Mike Hannah 和 Jens Ulbrich 提出，Anders Vredin 和在瑞典中央银行为其工作的人员进一步讨论，我才认识到当代中央银行家的任务包含了为公共利益发声。

本书参考了很多资料，这些资料都是由各中央银行用英文撰写或翻译而得的，特别是瑞典中央银行、德意志联邦银行以及欧洲中央银行。很多原因铸就了英语的主导角色。最明显的是每个中央银行都需要与全球的人沟通，而当前基于经济与金融的学术传统之上的研究报告和政策声明都是由美国人撰写的。我所研究的机构使用口头英语和书面英语时十分严谨，并经常性地采用高度微妙的语言用法，因而我的研究曾长时间被英语解读问题阻滞。实际上，我还曾在一个中央银行找过这些翻译人员，并借此开始理解他们在行话创造中起到的作用。我终究没有刨根问底，但我从这些机构专攻用词的技术性写手和编辑那获益良多（Smart 2006）。

芝加哥现代理论中心（3CT）的成员在完成本稿的关键时刻提供了极富价值的文献，他们是 Andreas Glaeser、Gary Herrigel、William Sewell、Lisa Weeden 和 Anwen Tormey。

本书对他们富有见地的评价给予了众多反馈，而"公共货币"这个概念就是其中一个。

很多人都曾或多或少地审阅过本书较早版本的手稿。我很感激 Julia Elyachar、Neil Fligstein、Vinny Ialenti、Daromir Rudnyckyj、Evan Schnidman、Josh Reno、David England 和 Peter Andrews 为我提供的评价和建议。

同时我从学术报告、客座讲座和专题讨论会中获得了同事和朋友们对于本书基本架构的各方面评论。他们包括：参与了由加利福尼亚大学尔湾分校人类学研究中心资助的专题讨论会的 Paul Rabinow、Bill Maurer、Genevieve Bell 和 Don Brenneis；芝加哥大学的 Susan Gal、Kaushik Sunder Fajan、Joseph Masco 和 John Kelly；斯德哥尔摩大学的 Christina Garsten、Anette Nyqvist、Ulf Hannerz 和 Helena Wulff；耶鲁大学的 Michael McGovern；多伦多大学的 Michael Lambek 和 Andrea Muehlebach；新学院的 Ben Lee；芬兰国际事务研究所的 Mika Aaltola；康奈尔大学的 Terence Turner 和 Holly Case；莱斯大学的 Dominic Boyer 和 Jim Faubion；伦敦大学学院的 Michael Stewart。

在多伦多、巴塞罗那和布达佩斯的一系列会议上，Gavin Smith、Don Kalb 和 Susana Norotzky 慷慨地在欧洲中南部正遭遇主权债务危机时邀请我参加关于欧洲发展状况的讨论。Gavin 和 Don 还提供了生动的记录——金融与政治活动的互动不只是相互抵消，还是不可替代的反馈。这提醒并支撑了我们对欧洲的早期研究的信念。

Ivan Karp 和 Cory Kratz 多年来都是我们坚定的读者。他们跟踪这个项目的进展，并提供不懈努力的智囊团队和精神支持。我希望 Cory 意识到她和 Ivan 对此项目的贡献，但愿 Ivan 在有生之年能看到我们的成果。

在奥塔哥大学，当我首次跟我当时的院长（Robert Hannah）表达出开启这个项目的意愿时，他显得有些疑惑，甚至有些质疑，但不久他就变得为此兴奋。我很感激他为这个想法的开展提供了最初的支持。本项目最早的资金支持源于哈珀学院院长（Jean-Pierre Mileur）的拨款。她的资助对项目的成立和设计起到了重要的作用。

Mileur 院长同时批准了两个学期的学术假期，让我能够专注于此研究。这个时期成为研究开展相当顺利的时间段。其中野外考察工作是由 Wenner-Gren 基金慷慨资助的。

宾汉姆顿大学的一些学生参加了我的人类学研究组和研讨会。无论是通过自己在研究工作中获得启发还是与我合作，他们在这个项目的不同阶段作出了贡献。他们包括：Priscilla Bennett、Brian Escobar、Annemarie Fischer、Rui Gomes Coelho、Vinny Ialenti、Carmita Eliza D. Icasiano、Polly Ilieva、Changkyu Lee、Chris Loy、Jackson Malle、Alysa Pomer、Amy Robbins、John Rogers、Giusi Russo、Hande Sarikuzu 和 Cheng Sun。

Priya Nelson 为芝加哥大学出版社的 David Brent 提供了专业协助，并促成了本书的出版。此外，我要特别感谢 Ruth Steinberg 对本文认真且缜密的校正。

我的朋友在我研究和编写这本书的很长一段时间里表现出了极大的耐心。Robert Ku、Nancy Um、Eliot 和 Oliver，还有 Nat 和 Katherine Bouman，在宾汉姆顿的 Harper 和 Otis，在纽约的 Sara Cicalo，在得克萨斯州的 Bob Reichlin、Amy Blakemore 和 Chip Briscoe，都表现出了友好和理解，让我甚是感激。

我的家人给予了我坚定的爱和支持。Mel Pipe、Mike Nyland、Jinna Zwanikken、Andrew Cohen、Sarah Prouty 和 George Holmes 在过去几年给予我的关心是无价的。我将本书献给 Pamela Smart 和 Eli Holmes。他们直接或间接地参与了这个研究的方方面面。Pam 审阅了本书大量的草稿并不知疲倦地使描述和分析更清晰。Eli 几乎用了他的一生来开展这个项目漫长而吃力的创建工作。同时，他们试图劝说我辞掉我的工作来完成这个项目。他们竭尽全力来让项目的成功成为可能并得到好的结果。我向他们致以无尽的感激之情。

道格拉斯·R.霍姆斯

目　录

第1章 货币制度的建设

我已经说过很多遍了，我是欧元先生。这毫无疑问，因为货币是我们印发的，银行票据是由我签字的。我的签名就在票据上。

——Jean-Claude Trichet（欧洲中央银行主席（2013年11月））

这本书本质上不是关于金融危机的，而是关于货币制度的建设的。这个制度源自一系列危机前进行的沟通实验的启发，且这些实验结果在风暴期间得到了进一步完善和调整（Blinder 2004；Bernanke 2012）。在这些实验中，无论我们自身知道与否，我们都是参与者。事实上，这些实验的纲要曾成为处理一些最棘手的问题的手段，而这些棘手问题则是源于2008年9月雷曼兄弟倒闭后"唤醒"的金融市场机制失败问题和接下来的金融崩溃（Roitman 2013；Tett 2009）。

这些沟通实验被狭义而简单地视为"通货膨胀目标制"，它们构建了货币系统的知识结构和监管机制。关于货币系统，我曾界定了它和"公共货币"这个概念的关系，"公共货币"一词英格兰银行行长 Mervyn King（2003，13）[1]也曾使用过。这个制度的核心是一个意义深远的预设：中央银行需要将广大民众的力量结合起来与央行共同实现货币政策的终极目标，即价格稳定和维持对货币的信心。

Alan Blinder（2004）主张的通货膨胀目标制草案对央行操作有革命性的作用，我正是通过集中考察这个草案开始我的研究。我的研究将按照展现创新实践的过程进行，之后我将说明这些创新操作被重铸成一个新的货币体制的灵活"部件"。这样的货币体制基于一个截然不同的分析形态，并旨在促进央行银行家和来自不同阶层及部分的民众的协作关系。

这个难题的关键在于重新定义这些沟通实验的受众，从而公众应该成为完全参与到货币政策管理当中的主角（Boyer 2012；Lucas 1997；Dewey 1927；Lippman [1927] 2002）。

1.1 什么是中央银行？

从全球来看，近几年中央银行广泛进行的一个操作是：在平衡透明度的前提下，直接描述它们的意图和功能。英格兰银行是这样描述它的职责的：

核心目标 1——货币稳定

货币稳定是指价格稳定和对货币稳定的信心。价格稳定是由政府的通货膨胀目标定义的，央行期望通过货币政策委员会决定利率，公开透明地解释这些决定，并有效地在货币市场中执行这些决定，来实现这个通胀目标。

---

① Mervyn King（2004）使用了专有名词"公众货币"，但据我所知并没有附带解释。在本文中我用了数个可能与King的原意及其后来的思考不相协调的方式进一步阐释了这个概念。

核心目标 2——金融稳定

金融稳定牵涉到察觉和缓解整体金融系统的威胁。这些威胁由中央银行监管和市场情报功能发现，并可通过加强基础设施，以及在国内外实施金融及其他操作来缓解，后者包括在特殊情况下作为最后贷款人出现。

我关心的是其中第一个核心目标，货币政策领域，即向经济体提供货币的方式和方法，因为货币政策这个领域曾是刚刚所提及的主要中央银行在过去 30 年里改革创新的核心。

行长 King 这样精简地总结货币政策的当务之急——货币数量、利率和价格之间的关系，以及公众在这些动态关系中起到的关键作用：

大部分人都认为经济学是有关金钱的，但大部分经济学家的对话中鲜有"金钱"这个词出现。奇怪的是这对央行银行家也是如此。我认为这个明显的难题的答案是这样的。关于通货膨胀的基本理论没有改变过。不同国家通胀的区别以及通胀随时间的改变，显示出货币和价格之间的紧密联系。经济学家和央行银行家懂得其中的联系，但他们在讨论中使用利率这个词而非货币当量。大体上，这是因为货币需求方面出乎意料的改变意味着央行选择设定利率，并让公众去决定在给定利率条件下弹性供应的货币当量。（Mervyn King 2002，174）

如行长 King 暗示的那样，公众和央行银行家和金融市场一起参与到这个永无休止的货币"戏剧"中[①]。

---

① 在金钱、价值和交换方面有着丰富的人类学文献，例如，从 Marcel Mauss 和 Branislaw Malinowski 的经典作品到诸如 Marilyn Strathern、Terrence Turner、Stephen Gudeman、Bill Maurer、Keith Hart、Chris Hann 以及 David Graber 的当代学术成就。然而，在本书中，我尝试介绍一个人类学家们基本都不熟悉的非常迥异的理论体系。这些理论广泛地囊括了货币理论的传统观点，尤其关注了 J.M. 凯恩斯的作品和许多当代货币经济学家的成果。

金融稳定（核心目标2）是至关重要的——最重要的是央行的最后贷款人身份——但本书并不旨在系统地探讨这些监管功能。所以我为了探究货币政策的操作而展开的很多见解都与维持金融市场和银行系统的操作整体性的挑战相关。

中央银行家是由政府任命的精英组成员，全球共有几十人。为了本书内容的一致性，"中央银行家"是指那些货币政策委员会的成员，他们决定其所代表的中央银行的货币政策。但这些人物不只是简单执行技术官员的程序，他们在很多情况下是这种新的货币制度的设计者；正是他们精心设计了货币制度独特的语言和沟通特性。此外，中央银行家们认为激励他们的机构和想法是进程当中必然的一部分；从他们的角度来看，他们的劳动的最终状态是不确定的，需要进一步完善和改变（Bernanke et al. 1999；Bernanke 和 Woodford 2005；Woodford 2012；Goodhart 2010；Grimes 2001；Mervyn King 2004）。

这些机构的高级官员私下里相互之间都很了解，所以他们都知道彼此的政策立场，并做了充分准备在极端的情况下通过协调政策干预来解决全球经济和金融体系可能面临的威胁。

这些人物在关于危机时期货币政策的历史、理论和方法问题方面以及涉及货币和信用的技术问题方面有相同的理解。即便如此，他们是针对各自的中央银行进行国家传统研究、分析和决策，并从法律的角度为不同国家的选民和不同形式的立法监督负责。尽管在最先进的货币政策实践上已达成共识，中央银行家们的意见并不总是统一的，且分歧远非如此。我们将会看到，在每个机构内部也会在政策和实践上出现不同的观点和立场，并且高级官员会强有力地表达自己的意愿（Blinder 2004）。

中央银行家们还承担着象征性的角色，这点在 Jean-Claude Trichet 有关"欧元先生"的奇特言论中有所透露。但这远胜于单纯的名声或虚荣心。Trichet断言中央银行家们必须持续"发声",为了他们各自的通货和监管他们的货币机构:他们口头和书面的沟通有义务在语言上建立和公众相互信任的关系。这就是我所提及的当代货币政策的决定性特点。

我拓展了中央银行家的范围,把其他参与政策审议但不一定是货币政策委员会成员的高级官员包括进来,其中包括高级研究人员和负责沟通政策的银行人员。中央银行也依赖于学术中介以及在商业、金融及新闻业的观察员网络,而这些观察员可以通过改变和解读信息来对货币政策的规划和沟通施加影响。

2001年,我开始考察这些知识分子的日常工作,这些通常可以告诉我们当代中央银行业务的操作。在对联邦储蓄银行的纽约分行进行初步访问之后,这个项目对象成为了欧洲中央银行的法兰克福总部以及德意志联邦银行。在过去十年,项目得到了扩展。我也在新西兰联邦银行、瑞士央行和英格兰银行做研究。这项研究的背景是正在进行的对美国联邦储蓄局的政策和实践的评估。

最重要的是,这本书关注的是在中央银行内部的特定沟通,即技术报告、演讲、展示、简报和政策声明的起草(Elyachar 2013; Smart 2006)。

我尽可能多地包括了文件或者是文件摘录便于读者自行评估和解读,它们是我研究的基础。这些文件绝不仅仅是机构过去事务的日常记录,而是作为劝说工具,用来塑造预料之中的经济和货币状态(Riles 2011,2006; Sunder Rajan 2006)。在这点上,我一开始采用的是Bruno Latour在他经典的研究《法国的巴斯德化》(The Pasteurization of France,1988)中使用的方法。Latour论证了细菌学中的突破如何像沟通现象一样展开,并在 Revue Scientifique、Annales de l'Institut Pasteur 和 Concours Medical 三个学术期刊上连载。这些期刊不仅报告同时期科学创新的发展,还给科学突破赋予了知识的形态和内容。相较而言，货币政策领域沟通的动态运行重要性更深远，正如我接下来要论证的，因为市场的功能需要语言来实现[1]。

为了这个研究，我跟踪了在各央行连载的报告，包括新西兰储蓄银行的货币政策公告（Monetary Policy Statement of Reserve Bank of New Zealand）、欧洲中央银行的月度报告（Monthly Bulletin of the European Central Bank）、德意志联邦银行的月度报告（Monthly Report of the Duutsche Bundesbank）、英格兰银行货币政策合同的备忘录（Minutes of the Monetary Policy Committee of the Bank of England）以及瑞士央行货币政策会议执行委员会的备忘录（Minutes of the Executive Board of the Sveriges Riksbank's Monetary Policy Meeting）。通过这些文件，我将展示在清楚表达政策立场的基础之上，对央行政策评估的定期沟通对一个货币体制的出现和改善所起到的决定性作用。此处我的观点是这些公告不只是在解释，而是让经济本身成为沟通领域并且作为经验事实。

第一个例子中我关注的是传递这些报告信息的研究实践，并进一步展示这些文件是如何建立机构和公众的关系的——在这样的关系中，公众成员作为主角接受质询（Althusser 1971）。相比起央行能够定量衡量的政策公告的反应和有效性[2]，我将说明这个货币体系的最根本特点是与公众合作关系的构建。因而将公众看作主角是理解本书中重要沟通事件的关键基础；更深一层次，

---

① 再次说明，"市场是语言的函数"是由 Annelise Riles 首次向我提出的。

② 中央银行家们可以评估他们有关利率的政策决策对金融市场中资产相对定价的影响（见 Zaloom 2009）。他们也可以通过调查来测量通货膨胀的态势。以英格兰银行的名义开展的常规调查清楚地道出了其希望探究的议题："这些季度调查提出的 9 个问题寻求着公众对于 MPC 过程、利息率的预期以及通货膨胀的认识、理解和态度，并希望得到其对英格兰银行的'工作'方式的满意或不满意评价。每年问及的 5 个问题涵盖了对利息率与通货膨胀之间关系的理解以及对利率设定方"是谁"的认知（Bank of England, n.d., "Bank of England/GfK NOP Inflation Attitudes Survey"）。"

这是理解知识实践重要性的基础，这些知识实践是机构研究的组成部分。

分析模型——Karin Knorr-Cetina（1999，2007）称其为"认知机器"，在机构中用以进行研究的分析模型必须同时被视为联系的工具，使得无论是相同还是不同的环境下，模型都能被政策描述出来，且应将政策与持续建立和处理着经济关系的个人和企业紧密联系在一起。正在兴起的货币体制是基于不同的研究和分析模式的。其中一个方式尤其重要：概括地说，这种方式涵盖了本书中以及某些现实中对经济和金融现象的分析和描述。

中央银行建立了对话者网络，这个网络催生出数量相当于人类学知识的大量知识，这些知识有关经济体的社会和文化特征，因为语境和情境信息而富有活力，而传统的宏观经济和金融分析通常不会包括这些信息。和这个网络或者网络之中的对话构成信息互换的沟通，中央银行家们借助信息互换来模拟整体经济或经济体内部——Michel Callon 及其同事称为"浑然一体的"经济或者经济体"体内"，由此影响商人以及公众同时期的决策。

上百甚至上千的对话者，与包括无数其他联系的二级和三级网络形成庞大的沟通回路，贯穿其中不断产生"经济情报"。不同的联系组进行描述性、解释性和解读性的工作，并实时完善经济现象的概念本质。货币政策的有效性部分依赖于这些联系中的代表企业，而央行必须通过这些联系去建立经济稳定和增长的应急方案。

公共货币这个概念，在没有正式介绍之前已经或多或少地作为研究经验的累积成果逐步出现在文本中，这些研究经验结合了我所观察到的变化情况和困境。类似地，我对语言以及对具体的经济现象语言模型的见解，其展开方式也和研究细节——我自己的实践和我的目标对象的实践——无法分开。

因此，这个项目采用民族志探讨的形式探索合作的多种类型，与 George Marcus 一起完成。如上所述，我发现研究实践——实际上是人类学实践——独立于项目在现场工作中运行时的繁忙和复杂。我面临的挑战是：在每个转折点，我要将我的项目和特定实验相结合，并提出我认为对当代人类学重要的问题。其中，这些特定实验是被机构人员认为重要的且超出货币经济学界限的。因而这本书代表了我和 Marcus 主张的一个实验案例，一个由我们那个时代的人类学实践构成的知识战略与挣扎的探索（Marcus 2007，2008，2012）。

1.2 绝境下的知识焦虑

有一个相关的也是最后的要点：我最初就强调过，本书不是关于金融危机的。不过，这种说法有一个重要的限定条件。如上所述，中央银行家的先行部队不只是当代货币制度的管理者，而是构建者。他们敏锐地意识到，货币政策整体上，以及特别是通货膨胀目标制——他们的创新之处——早已充分暗含在金融危机前的历史中了。

被 Jordi Gali 和 Oliver Blanchard 称为"神圣的巧合"的观点，即"严格的通胀目标制无论是对通胀还是产出都是好的"这个共识，对这一观点的坚信造成了整体的政策状况，这种状况加剧了灾难性的冒险行为和自以为是的监管，这些都给危机埋下伏笔（Blanchard 2008，10-11）[①]。

---

① 完全地校正中央银行的错误无疑需要花上相当长的时间。值得一提的是，中央银行的职员正在重新探讨这些议题并评估他们在过去十年或者二十年间的作为，以及对一些理论和方法的盲目推崇正确与否。事实上，央行内部所进行严格审查的范围很可能等于或超过外部机构的评定范围。迄今为止，我发现 Claudio Borio（担任货币与经济部的副部长及国际清算银行研究和数据部的主任）的作品在研讨关于通货膨胀目标的基本议题，特别是就通货膨胀目标是如何与危机产生的背景相关联这方面，能够提供很多信息。

国际结算银行（Bank of International Settlements，BIS）货币与经济部门（Monetary and Economic Department）副主任及研究统计组主管 Claudio Borio 简洁地描述了这个悲剧的趋同现象：

> 危机撼动了外表无虞的中央银行世界的根本。危机前期，人们认为中央银行任务的精髓是明确直接的：通过对短期利率的控制将通胀稳定在一个狭窄的区间，其他的一切都会自洽。所有的事情都简单、整洁和安逸。危机之后，很多的必然不复存在。价格稳定被证实无法抵御主要的金融和宏观经济的动荡。（Borio 2011，1）

再一次强调，本书不是关于危机缘由的，我们只能说这些事件——这些央行业务的智力失败——会影响本书所有对象的思考，当然也包括我自身的想法（Miyazaki 和 Riles 2005；Miyazaki 2013；Riles 2011；Stoler 2008）[1]。

---

[1] Ann Stoler（2008）已敏锐地将这些不确定性界定为"学术的焦虑"。这种普遍存在的疑问出现自这种情况：组成技术统治论者专业技能的分析性工具被证明在用于调节和管理时是不合适也不足够的——正如我们即将看到的，完成这样的任务需要的是有创造力的行动，而非仅仅是遵守规则。Stoler 仔细研究了可能看起来非常迥异的历史情境，即荷兰在印度尼西亚的殖民统治。但她也捕捉到了对几乎所有形式的技术统治论管理来说的基本挑战。她证明了这种学术上的焦虑并不只是荷兰殖民政府官员所处的偶然的情感状态，而是在其行政实务中所遭遇到的主要困境。这些官员不断地遇到这样的情形：组成他们专业技术的工具在监督和管理他们负责管理的世界中并不合适。概念上的分类、行政系统以及会计协议在展示东印度殖民地的高度复杂性和多变性的任务上是不够用的。Stoler 的分析让我们看到，殖民系统的管理是如何在诸多方面以及在几乎所有党派的参与下随性无序地运行的。

第2章 沟通规则

这是一个全新的时代。不久之前，银行发言人的官方目标还是让银行与新闻报道完全隔离开来。

——Richard Lambert（英格兰银行货币政策委员会（Monetary Policy Committee of the Bank of England）成员（2003年6月））

很多年前，以意大利东北部某一农村人口生活为例，我考察长达几个世纪的经济和文化困境。在那项工作中，我遇到了困扰我的目标对象以及我自己的一个问题。这些农村群体，在由残酷的数字会计制度形成的极其残忍且不公正的农业制度下生活了约一千年之后，他们的农民后代经历了一个变化。在20世纪后期，他们饱受非农业情绪的影响。令我和他们惊讶的是，如果不认定是"乐观主义"，那他们正在享受一种被构想成"希望"的东西（Herzfeld 1992；Holmes 1989；Kalb 1998；Miyazaki 2004；Muehlebach 2012；Narotzky 和 Smith 2006；Scott 1979；Smith 1999；Stiglitz 2009）。这种希望是第二次世界大战之后对意大利人民的整体允诺；是在欧洲社会模式下，对实现幸福和尊严的承诺重新燃起的期望。未来不再仅仅是恐惧和绝望；对人们而言，未来变成了可以看到和依照的未来。这个对于未来的情绪和期望上的奇特转变，将我的研究转向了一些世界上技术性最为复杂的机构——中央银行。

在最广的意义上说，我研究中央银行怎样使未来变得可见以及怎样使公众对未来的信念和信任成为可能。

为此，我将文本和一系列由德意志联邦银行最初设计并由新西兰储蓄银行完善规范成为政策的实验结合起来研究。这些实验期望影响未来情绪——不仅是关于未来的情绪，也包括未来时刻的情绪——以形成推动市场经济动态最根本的期望，即价格的演变（Woodford 2001）。连接短暂的期望和未来的情绪的桥梁，一定程度上是由语言通过我所说的"语控经济"（Holmes 2009）①的建模技术建立的。让我更技术性地来解释这个问题。我对以下几个方面感兴趣：经济怎样用语言从而用沟通的模型模拟；经济如何可能并且必须被理解成社会性的和期望的沟通行为；语言是如何通过 Kaushik Sunder Raja 提到的"约定的愿景"（2006，115）来维持信任和情绪的。

这些实验遵循的逻辑如下：如果像 Irving Fisher、J. M. Keynes 和 Knut Wicksell 最早在 19 世纪 20 年代提出的那样，价格的行为是"可预料的"，那么一个将央行行为投射到未来的先行政策将变成一种影响这些预期的手段（Wooford 2001，2003）。如你如我，当我们这些"经济人"将政策意图化为自己个人的期望时，我们便完成了央行的工作。

---

① 语言经济学"一词回归到了"口述的传统"，如 Mary Morgan 所提出的一样，它先于 20 世纪下半叶新古典经济学提出；口述的传统大部分都被利用数学描述经济运行过程的新古典主义经济学所取代。Morgan 提供了一个对经济建模史的完美诠释，充分地认可了叙述体的复兴能力，其对于建模以及由经济学家发展并实践过的推理方式来说是不可或缺的一部分（Morgan 2012，217-55）。

简单地说，这恰是这种"自我实现型政策"会起作用的原因：如果我们担心在未来几年零售价格会上升5或6个百分点，且假如我们将持续根据预期的通胀率调整我们的工资需求，那么我们会推高价格，则工资作为关键组成部分会升高。或者，如果我们相信货币权威机构会在较长一段时间内让物价增长维持在每年两个百分点，那么像我和你这样的公众就会倾向于降低我们的预期工资需求，因而维持物价上涨（Merton 1948；Hilgartner, Nelson and Geltzer 2008）。

为管理期望而发展的工具在官方公告（一般在五百到几千字之间）中得到了最简洁的诠释。这些官方公告即是世界上重要中央银行每一个月或两个月发布的，旨在辅助那些可以让经济活动节奏加快、延缓或保持不变的利率决策。

Alan Blinder和Ricardo Reis称之为"计量经济学暗喻"：当有说服力的劳动力被唤醒时，公众的行为将成为叙述的那样。而这些"计量经济学暗喻"是建立在机构的全部智力资源的基础之上的，包括人员的学术洞察力、判断力和经验。他们对未来大致一到两年的经济和金融状况进行了预测，并对各自银行的利率政策应该怎样将物价维持在1到3个百分点的通胀目标区间之间（或一个单独的目标值，比如2%）给出了解释。一些关键理论家如下定义这个实验的要素：

> 通胀目标制是货币政策的一个框架，这个框架由两个方面刻画：关于在一个或多个时间段的通胀率官方定量目标（或目标区间）的公告，和对稳定的低通胀是货币政策长期主要目标的明显认同。通胀目标制的其他重要特征包括与公众在货币权威的计划和目标方面的沟通，以及许多情况下，强化央行达成这些目标的责任感的机制。（Bernanke et al. 1999，4）

本章主要关注那些计量经济学暗喻——它们是持续严格地依

据数据编写的——的连载与定期的更新，以及如何通过沟通工具透露市场情绪与期望从而维持目标值框架（Latour 1988，1999）①。再强调一次，由于我们将政策意图公告融入我们个人的期望之中，我们实现着央行的职能。由于我们对价格的预期因这些计量经济学暗喻变得稳定甚至固定，我们调整自己的行为并因此参与到未来物价的总体发展当中。现场叙述是货币政策的主要工具，常与公开市场操作相配合（Bernanke and Mishkin 1997）。而这里的公开市场操作指通过买卖政府证券来增发和回笼货币。

我将焦点放在这些计量经济学暗喻的创造和表达上，并聚焦于央行历史上一个特别动荡的时期。在那个时期，我们看到，形成公众期望是极其重要的。此外，在那个时期，央行人员对宏观经济最烦恼的一些问题的分析过程揭示了通货目标制度的一个重要甚至激进的特性。

他们开发的解决方案面临因（政策）透明度的新承诺而产生的双重挑战。他们不得不在他们的技术观察中使用经济学中最先进的思想，但同时他们必须让公众相信他们的解决方案是可行的；该解决方案还必须连贯地提供信息从而产生有效的政策。

由于这些智力投入和形成公众期望的目标，那些与利率、通胀和就业等相关的货币经济学经典问题必须被重新阐释。配合教学的和行动的目的，这个制度下的货币经济学变为沟通行为的战略形式。本书主要关注的正是这类第二种智力实践，但是这种分析劳动力的第二种形式当然预测或意味着一个全球性的沟通场所，我们都将参与到这个场所的经济现象模拟当中。这也意味着

---

① Donald Mackenzie 巧妙地描述了 Latour 及其后继者的贡献的更广泛的意义——深层的转变性的语法："对科学知识活跃且转变性的构筑过程的深入关注推翻了教条式的观点，即存在着一个完全异于'语言'的'世界'，并由此动摇了标准参考观念：'言语'有着它们所指的独立的可观察的'东西'"（2006,22）。

一个重要的改变，经济演员将被视为有能力运用理论解析数据中的模糊和信息中的异常的反思对象。换句话说，货币政策对每个通胀目标制框架都设定了一个与现象解释相关的角色，同时我们将看到，经济演员的苦恼，也是我们的苦恼，变成了政策的支点。

2.1 从预测科学到表现艺术

首先，这些叙述的产生提供了通往央行"认知文化"的道路（Knorr-Cetina 1999）——通往那些构成了这些机构每天操作的学术实践、政策审议和组织价值。这些叙述从而成为了实验工具，服务于货币政策的形成和沟通这种影响深远的实验，区别于央行实践中维持"安静的变革"的沟通规则（Blinder 2004）。再一次强调，我的观点是这些公告不是在单纯地表达一种解释性的考量或评论，而是让经济本身变成沟通领域和实证事实。这构成了述行性假说的进一步说明，特别是对 Michel Callon 和 Donald MacKenzie 所描绘的述行性假说。MacKenzie 是这样表达假说的："金融理论是否成为自己所说的那样？金融理论的实践是否使得经济过程或者经济过程的结果与它们的理论描述更加相似（2006，253）？"

Callon 提供了这些分析和行为互动的框架："经济学……表现、形成和规范经济，而不是单纯观察它是怎么起作用的"（Callon 1998，2）。在我对述行性这个概念的详细阐述中，述行性假定经济体以沟通领域的身份运作，在这个沟通领域经济思想和经济信息——数据——的产生具有通行性。这些信息从哪里来以及怎样将它们连贯成为技术性的描述或暗喻是本书的一个核心。

我认为，在过去三十到四十年时间中"改革"央行业务实践的沟通规则已经不仅仅停留在机构责任或公众关系上——尽管这段时间仍然坚持其透明度原则，沟通规则还体现在数据层面上。在央行内部，数据至少有三个表现形式：作为分析性、代表性和工具性的现象。央行多多少少按照顺序使用这三种表现形式：数据从分析角度来看是基于传统经济学理论的，有代表性地重置从而为政策决定提供信息，并作为工具被重新传达到目标群体——公众——从而影响他们未来的行为①。

　　在20世纪中期，产生了一种希望，甚至是信仰，认为社会和行为科学——特别是经济学——会成为预测性的科学。本书主要观点认为，从那个新时代早期的优势来看，经济理论已经成为塑造经济机构和经济思想的影响最深远的表达工具，而非预测科学。我将在下一章讨论 J. M. 凯恩斯提出的一个行为经济学的智力基础。在这种行为经济学中，数据和数据的展现形式具备说服力极强的权威。我也将进一步提出央行银行家已经成为这个行为艺术的实践者（Hawtrey 1970； Heikensten 和 Vredin 2002； Leeper，Sims 和 Zha 1996）。

2.2　安静的变革

　　我对20世纪90年代早期的央行感兴趣，在那个年代起草了马斯特里赫特条约（Treaty of Maastricht）并随之创立欧盟（1992）。条约中只有很少的段落提及创设货币当局来管理当时还未命名的新货币，对此我感到震惊。欧洲货币联盟的这个目标，

―――――――――

　　① 参见 Mackenzie 对"通用的、有效的、Barnes 式的"运作的精彩描述，这种运作有种不一样的启发性作用。

同时是条约中影响最深远的议程项目，在1999年催生出新的机构——欧洲中央银行（European Central Bank，ECB），负责管理后来被称为"欧元"的货币事务。我对欧洲中央银行和德意志联邦银行——现在也是欧洲中央银行的重要成员——的兴趣，像我在之前的章节中提到的那样，从那时起扩展并涵盖了新西兰储蓄银行（Reserve Bank of New Zealand，RBNZ）、瑞典央行（the Sveriges Riksbank）、英格兰银行（the Bank of England）和美国联邦储蓄系统（the United States Federal Reserve System）。

Alan Blinder 曾对这些机构参与的安静变革发表见解，从他的见解开始，我将本书规划成一个记录，记录这些出了名喜欢保密的机构——在20世纪90年代，这些机构在很多重要事件中仍坚持认为，维护政策保密的神秘性对他们发挥职能是至关重要的——是怎么开始在透明度的庇护下开展深入沟通实践的（Blinder 1998，2004；Blinder 等 2008）。显然，这些沟通规则不是单纯告知市场和公众央行的政策和操作的，也不该被误解为是政府官僚或中介的一种传统的信息或公关职能。如上所述，这些叙述能产生沟通领域，而经济体就是在沟通领域并且由沟通领域创造、再造和恢复的。

Blinder 曾对变革的一些关键因素进行回顾。他首先就央行沟通的旧体制引述了 Karl Brunner 尖锐的文章《中央银行业务的艺术》（Art of Central Bank，1981）。"央行业务……的发展是基于大众普遍对它的印象[央行]……是门难懂的艺术。只有创设它的精英可以接触到这项艺术并恰到好处地加以实施。这种艺术神秘难懂的特性，更因为其无法用明确且可理解的词句表达出来而体现"（Blinder 2009，1）。

1996年在伦敦政经学院，Blinder 在 Robbins 的讲座上回顾了他自己的研究。远超出 Brunner 所提出的对神秘操作的使用，他认为当代中央银行家的价值在于坦率地传达他们的目标、方法和意图：

> 更大的公开性实际上可以加强货币政策的有效性……（因为）关于央行未来行为的预期提供了短期利率和长期利率之间的必要联系。一个更加公开透明的央行……自然而然地通过给市场提供更多的其认为可以驱动货币政策的根本因素来调整预期……因而创造了一个有效的循环。通过使央行本身更容易被市场预测，市场对货币政策的反应也更容易被央行预测。这就为管理经济创造了很好的机会。（Blinder 1998，70-72）

这个简短历史的第三个因素，也是最重要的一个，是由Michael Woodford（2001）提出的，他主张货币政策的核心是关于管理预期的艺术："成功的货币政策不是对隔夜利率的有效控制……而是影响……市场预期的演变……（所以，）保持透明度对货币政策的有效执行是很有价值的"（Blinder 2009，1）。Woodford的评价直击问题的核心，即中央银行家最强大的工具是沟通。

关于央行业务，Blinder进一步总结这些革命思维的重要性：

> 学术上的这些新思维对央行的实际操作有深远的影响。自1994年，甚至是美联储也增加了沟通，当时的主席艾伦·格林斯潘还一度为自己"不连贯的喃喃自语"而自豪。此外，美联储在这个意义上并不算是真正的领导者。实际上，自从欧洲中央银行（European Central Bank，ECB）向商业开放，人们会认为欧洲央行比美联储更加透明公开。新西兰储蓄银行和英格兰银行很早就积极转向透明化工作，并成为这个意义上的领导者，尽管挪威银行和瑞典央行现在是先锋。还有许多其他的例子。那些认为Brunner是在拙劣地模仿的想法应该被淘汰。（Blinder 2009，1）

这场革命的影响可以通过追溯既往来衡量[①]。

追溯物价行为的图表论证并且传达了通货膨胀目标制的有效性，特别是预期管理的制度有效性。不论是在1999年引入欧元之前还是之后，欧洲央行定期发布和更新如下图（图1），用以描述银行政策机制如何调控价格。

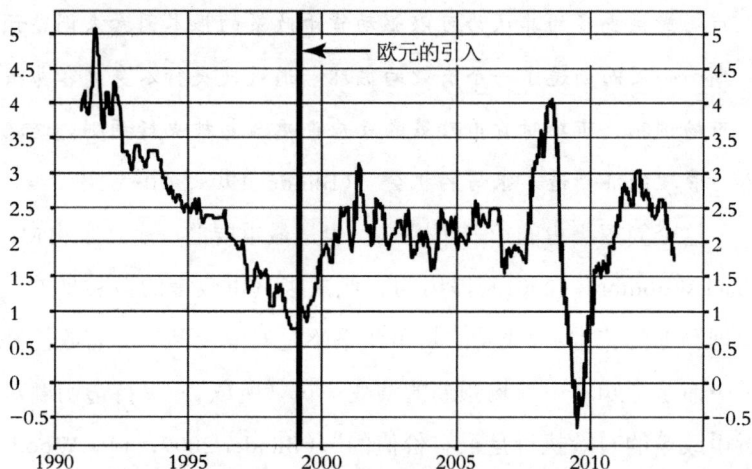

图1 欧元区的通货膨胀率（年度百分数变化量，未进行季节调整，使用调和物价指数测算）

欧洲中央银行的目标是简单而明确的："欧洲央行货币政策的主要目标是维持物价稳定。欧洲央行的中期通胀率目标是低于但接近2%……通货膨胀是指物价的总体增长，由在所有欧元成员国之间调和的指标测量，即调和物价指数（Harmonized Index of Consumer Prices，HICP）。调和物价指数是通货膨胀的测量指

---

① 通货膨胀目标制的效力绝非已解决的问题："Laurence Ball 与 Niamh Sheridan（2005）研究了大量国家的样本，结果表明，通货膨胀目标制的采用并不能解释最近的稳定而低通胀趋势。货币政策在启用与未启用通货膨胀目标的国家都已得到改善。这次世界范围的通货膨胀结果的改善有可能是因为世界经济不必再应付供给冲击，正如其在20世纪70年代所经历的那样，又或是因为中央银行家们已从20世纪70年代的经历中认识到应不遗余力地避免高通胀。但有证据表明通货膨胀目标制度并非好的货币政策的必要前提"（Mankiw 2006，16）。同理，参见 Borio（2011）对这些不足及其结果的系统评定。

标，理事会用该指标来量化定义和评估欧元地区作为一个整体的价格稳定性"（ECB 2013）。

1999年之前的消费者物价通货膨胀率的下降（见图1）某种程度上是可预测的，它是由沟通政策引起的，这套沟通政策在引入欧元概念之前被精心策划并实施，且将欧洲央行的重心转向追求联邦银行激进的通胀斗争政策。有关价格的期望被还不存在的中央银行政策的预期所锚定。

2008年末，我在访问新西兰储蓄银行的过程中注意到了术语上的一个微妙变化。我注意到人们开始关注"框架"而非"通胀目标框架"。我曾认为前者只是后者的缩减，而且这可能就是全部的原因。但在雷曼兄弟倒闭之后的金融危机中，这个微小的术语转变变得非常重要。"通胀目标"在那个时期是一个更广义的框架，这个框架提出了敏锐的分析问题，挑战货币经济学根本传统，而不仅仅是通胀问题。值得关注的是，这个框架为让公众参与到解决已展开的危机的队伍当中提供了沟通工具（Krugman 1999）。

中央银行家们敏锐地意识到这些实验是如何以对语言的自觉使用为基础的。例如，人们可以从他们的办公室找到比如说Deirdre McClosky有关经济学修辞特性的书，或者，热切希望提高语言简洁和微妙程度的职员桌上摊开着的一本剑桥英语字典。但是如我已提及的，我对这个变革中更深的文化问题感兴趣的程度超出了对最优货币政策的考虑。经济学暗喻是用来塑造公众预期的，它们也交互地提出"数据"的力量和局限，以及一个依赖信息运行的世界的脆弱性，而我们往往不能判定这些信息是否是从那些经济学家传统收集数据的量化模型中收集（Gusterson 1997；MacKenzie 2006；Masco 2010）。

2.3 活体中的宏观经济学

一开始，我的智力实践完全由我所研究的内容所得出。特别的，我注意到"民族志"的特性在中央银行技术专家统治的环境中是相似的，在这个环境中"对象"本身——中央银行家们——在面临获取同时期情况以及获取驱动经济行为的所有想法和见解的经验挑战下，创造性地进行实验（Holmes and Marcus 2008；Westbrook 2009）。在千变万化的"现实世界"中——浑然一体的经济体或者经济体内部——是中央银行家持久不变关心的问题（Muniesa and Callon 2007）。

下面是一个例子。Timothy Besley是货币政策委员会（Monetary Policy Committee，MPC）9个成员中的一员，为英格兰银行制定利率决策，但是他在2009年5月的一个采访当中明确表示，他很注重人类学家和中央银行家在智力实践方面的互补关系[1]：

你知道我花了很多时间来与企业家沟通，而这也是在MPC工作的一大乐趣。就在上周，我在离伦敦40到50英里的路上和几个企业家聊天。如果你愿意从人类学角度看全球性危机，一切将变得很有趣。你可能与一个企业家一起坐下聊天，他也许经营着一个小公司，也许是中等规模的公司。他们将为你展示他们自己对全球性危机的看法，有趣的是关于全球性危机如何影响他们，他们每个人都会有特定的自己的故事。在关于宏观趋势的交谈尾声，我们将意外地看到预期是怎样在特定

---

① 2010年Besley教授在与我的一场简短的对话中指出，早年他在东非的生活与研究让他充分地意识到了人种志方法及人类学思维的潜在价值。

背景下实现的。你会很快意识到一件事：尽管宏观蓝图的趋势是相似的，但没有一个模型可以描述全球性危机在如此微观的层面上是如何施加影响的。（Besley 2009）

Besley 教授随后提出了一个人类学主张。他提到在他外出进行实地考察的时间里，他能观察到的是他称之为"信心流"的退潮和涨潮，而这一现象不能用他作为一个经济学家的传统视野完全或自然地得到。"我们一遍又一遍地听到信心流对经营商业的人极其重要。作为经济学家，有些内容我们学过，我们的确讨论动物精神和信心的心理学，但有些内容我认为无法像实地考察聊天那样充分地得到认识"（Besley 2009）。实地考察为 Besley 提供了形象的视角，即关于他作为 MPC 成员所做的决定是如何形成预期和推动信心流的。他的实地对话让他接触到经济演员在各种商业领域运作的动机和反馈，让他可以参与到活体内经济创造性的动态活动中。这种动态活动不只也不该被简化为亚当·斯密的看不见的手和阿尔弗雷德·马歇尔的供给与需求函数（Mankiw 2006，8）。

Besley 利用智慧网络在英国安插（经济学）演员，从而参与到经济的基础动态活动当中，而这种经济是深植于学习和经验的（Riles 2000）。关键地，他不是援引人类学的视角来描述英格兰银行的特异行为，而是考察核心关注点——信心的动态变化——这种情绪的累积表现推动并形成了预期。英格兰银行投资了大量的资源在其值得关注的沟通员网络上，此内容在第10章将详细探讨。特别地，我考察了银行是如何积极地将其政策、专家对7 000次交谈的意见，以及它们对所面临的困境的看法相结合的。通过这种方式，英格兰银行解释了货币政策有效性是如何依赖于参与这些对话的企业的，不同于经典经济学理论中抽象的"理性个人"。不过银行的领导人必须精心设置保证经济稳定和增长的应急预案。

因此，繁忙和复杂的人类学实践独立于我的项目在现场运行。我因而能够通过这种有益的巧合带来的合作可能性来指导我的工作（Holmes，Marcus 2008，2012；Riles 2011）。

这种智力追求与民族志形态看似无关的趋同，实际上具备方法论的重要意义，其意义超出了中央银行家的智力实践和人类学家的学科思想：它直接与量化数据的性质和操作相联系。

随着我们追求精确、可靠、抽象、"科学"的数据，我们渐渐远离那些核心信息——社会的、历史的及文化的信息，而这些信息对于理解当代世界是至关重要的。这不是一个新颖的想法。这是 Emile Durkheim 在他的经典专著《自杀论》（[1897] 1997）中的中心论点。在这部专著中，他通过对某种行为的实证审查来研究本性变化的现象，这种行为既构成也阻碍分析性的理解（Berger and Luckmann 1967）。这是与中央银行家紧密联系的挑战。他们敏锐地意识到他们使用的分析工具的局限性，并暗自理解数据的历史定位、社会构成和社会阻碍的特性。他们吸收民族志形态——允许对信息的重组和解释——来实行互补分析手法，恰与我最初的想法相符。但我现在更倾向于进行一项特别但还未被注意的智力实践，以描述技术专家基础上当代知识的产生情况（Fischer 2007；Masco 2009）①。

———————

① 我最初对凯恩斯作品的兴趣部分是源起于其坚持"稀疏平常的表述"就能够抓住经济现象的复杂内容与相互联系："他们专门假定涉及的因素之间遵循严格的独立性，而假如这个假设被否定，他们将失去可信度和专业性，这本身就犯了用象征性的伪数学方法来建立一套经济分析系统的极大错误；而在正常的表述中——在这种表述中我们并非盲目地操纵而是始终清楚我们在做什么以及言词所代表的意思，我们可将那些必要的保留、限制及调整——这些我们随后不得不做的工作——'置之脑后'，某种程度上，我们不能将复杂的偏微分置于几页代数算式之后假想它们都不存在。最近数理经济学的很大一部分内容不过是奇怪的混合体，与其基于的最初假设一样不准确，这使得作者在一个夸张做且毫无帮助的符号迷宫中忽略了真实世界中的复杂性和相互依存性"（Keynes[1936]2007，297-98）。在我早期的研究中，我把这一针对语言建模的补偿性转变看作是避开量化分析内在局限性的手段。随着项目的推进，我确信这种运用了语言的对经济现象的建模并非一般地重要，它是通往在实体经济学中自然运行的精彩动态的桥梁。

Besley 在他简短的旁白中阐述了针对货币经济学的根本问题，这些多样化的形态是如何产生分析观点和稳健视角的。我将在接下来的篇章中提到，对数据性质的纠结持续推动了经济作为一个沟通场所和经验事实的产生，即使这样的事实是动态变化的、不稳定的以及神秘的。Besley 的观点进一步揭示了经济为何应被理解成沟通行为——语控经济——被社会性地实现并由预期引导[①]。我将讨论，这些民族志形态回避了技术专家知识的经典问题（Hayek 1948a，1948b；Riles 2011）。

2.4 统一货币

中央银行追求的不断累积的实验中什么是吉凶难卜的？过去三四十年的实验积累创造了统一货币。

由持续的实验和学习得出的复杂沟通实践锚定（或拴住）了这种货币的操作。换句话说，一个简单的政府"命令"是不充分的，甚至可能是不可行的：

由于纸币内在基本无价值，那什么决定了一个面包到底是值一美元还是三美元呢？忽略复杂的解释，一个简短的答案

---

① Dominic Boyer 对 Jürgen Habermas "沟通理性"概念的解释如下："Habermas 认为，长期来看，就沟通来看，合理性无法建立在非标准化的、利己的考量上，而是仅仅基于主体间的协调和标准化……对 Habermas 而言，这种更加合理协调的社会化模式蓝图在合理沟通的逻辑功能中始终处于未被发掘的状态。在语言学中指代结构存在着还未被开发的潜力，显然是因为主语未完全涵盖'组合的潜力…'"（Boyer 2005，237）。总的来说，我认为这正是中央银行家所追求的沟通活动以及他们所尝试开发的语言潜能。使问题变得复杂的是，在努力处理预期的过程中，中央银行家们不断地遇到对理性思考和合理性漠然或者是与之完全敌对的人类感情与动机。关于这一点，Kaushik Sunder Rajan（2006）的作品具有决定性意义。他对生物科技公司的'夸张宣传'的管理风格的分析说明了不完整或不必要的理性的预期塑造是如何推动或瓦解创造性活动的（见 Keynes[1936] 2007，161-62）。

是：在一个纸币体系中，需要对货币政策施加一种额外的限制，叫作名义锚，即在特定时间内将价格水平限定在一个特定的值……一个对长期价格稳定的有效承诺就是这样一个名义锚，因为（给定当下的价格水平）公告的通胀率目标暗示的是央行在未来的特定日期希望达到的物价水平。（Bernanke 等 1999，19-20）

Ben Bernanke 和他的同事提到的名义锚，是一个远远更加复杂的有关智力和货币体制的抽象概念，是一个激进的提炼。这种体制将一种通货的稳固与公众的困境，以及他们的情绪和预期直接联系在一起。

下一章将展示这个研究的理论基础，特别将进一步解释货币政策的方方面面是怎样通过表述实现的。我也将概述 J. M. 凯恩斯对货币经济学的构建，展示他是怎样通过沟通来建立经济模型的，以及他是怎样构建关于情绪和预期的行为经济学的框架的。

第3章　市场靠语言发挥作用

　　凯恩斯提出的最深刻的问题是：是货币引发了经济的异动吗？抑或不确定性引发了货币的异动？在这两种观点的较量下，货币政策理论依旧能找到一个平衡点。

　　——Robert Skidelsky（约翰·梅纳德·凯恩斯的传记作者）

　　在18世纪，英格兰银行的董事们在银行的屋顶上树立了一个风向标，作为指导货币政策的工具。平稳的东风预示着轮船将在几小时内抵达泰晤士河港，在沿河的码头下客和卸货。商业活动的蓬勃发展随之而来，并产生了货币需求，因此银行需要增发货币。在航海时代，微风预示着未来的货币状况①。

　　2010年6月，我在伦敦和英格兰银行的官员Gareth Ramsay进行了交谈。在交谈中，我们对一张图表进行讨论，这张图表预测了接下来两年英国的国内生产总值（GDP）。这张图表还追溯了英国自2006年以来的历史GDP，同时刻画了经济的下滑幅度，而

---

　　① 我第一次听到这个故事是从英国银行的一位档案管理员那里。这个故事也被银行的其他职员复述过。

这标志着经济危机的开始。这张"扇形图"在一定程度上是不寻常的，它用图表形式清晰展示出MPC对GDP不确定性的判断：

　　　　没有人能完全肯定地预测未来经济走势。对预言家们来说，更现实的做法是在描述他们的预测时承认这种不确定性。结果，人们对GDP增长的预测总是以概率形式来呈现。这些"扇形图"正是那些概率的图示（见表2）。

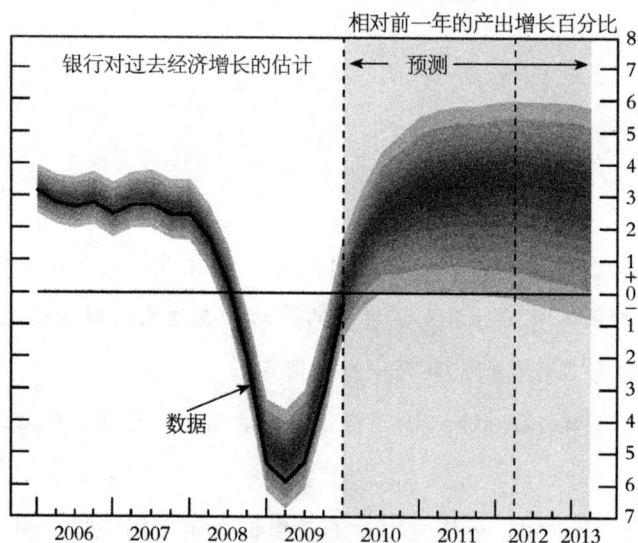

图2　英格兰银行GDP扇形图（来源于《通货膨胀报告》，2010年5月，
图中黑线采用标准、线性形式的数据来表现国家统计局
（Office of National Statistics，ONS）的GDP测算值）

　　图2中色带的宽度暗示了货币政策委员会对未来通货膨胀的不确定性。（较窄、颜色较深的线条代表了预测分布的中心部分，围绕着这个中心路径的扇形部分捕捉了围绕中心估计值的不确定幅度）。委员会利用过去的预测误差来为其判断提供参考。但MPC并不是机械地推算这些误差以校准每一个预测的不确定性，而是基于当时的经济情况作出了主观估计……

　　鉴于官方利率的变化同其对通货膨胀的影响间存在一定的滞

后性，MPC"扇形图"的预测是政策制定的关键因素。但必须强调的是，无论是我们对通货膨胀的中心估计，还是对预测窗口通货膨胀分布情况的估计，都与货币政策的制定没有固定不变的关系。（英格兰银行 2002，48-49）

英格兰银行对其扇形图引以为傲，因为这些图不仅说明了预测过程中内生的局限性，还清楚地展示了英格兰银行的政策立场如何影响经济活动。如此简单的图表却总结了极其复杂的历史情况，这不得不令人叹服（Tufte 1983，1990，1997）。

当我们在讨论对英国经济复苏预测的不确定性时，Ramsay 先生发表了有关这张图的评论。他注意到这张扇形图也能向后预测，也就是说，它同时描述了过去和现在的概率分布①。截至 2010 年 6 月，经济下行的幅度和英国当时复苏的情况依旧是不完全明晰的，就像未来一样，它们只能用概率分布来刻画。我们无法完美而精确地理解我们正在经历的危机的影响程度。

3.1　"浑然一体"（In the Wild）

即使人们普遍愿意用实证数据来建立数学模型，对经济的描述也只是脆弱的文化构建。Ramsay 先生的话让我想起了中

---

① 银行进一步详述了扇形图所展示出来的代表性劳动力，如下所述："MPC 对于 GDP 增长规划以一幅扇形图的形式表现出来，而不只是一个简单的点预测，因为未来从本质上是不确定的。但历史同样也是不确定的。随着新信息的流入以及测算方法的改进，GDP 的历史增长率的官方数据也经常被修改。在其规划制定的过程中，MPC 允许'数据不确定性'的存在，但一直到最近，无论是这些调整的范围亦或是不确定性的范围都没有得到过明确的报告……[扇形图]因此展现出了 MPC 对成熟的 GDP 增长估计的最可能的途径以及对其不确定性的最优整体判断，包括二者的过去和未来"（Bank of England 2007，39）。

央银行的官员们，其在追求货币政策的实效性时总是不自觉地卷入如何刻画模型的挑战中。更明确地说，他们纠结于该采用什么样的模型来描述我们所处的经济困境。英格兰银行的扇形图和其他不计其数的技术性图表不仅是对经济现象的抽象描述，更是内生于经济运行过程之中的[①]，有关"浑然一体"，我将在下文中说明。

这些对经济现象的描述和模拟分析实践有着根本的沟通属性。经济数据并不是相互分离的，而是作为动态的沟通性术语，不断地被重新定义和诠释。当然，这种观点是不言而喻的：所有表达形式都具有沟通的属性。然而在这里我想要论证的观点可能不那么显而易见：这些表达实践是基本的，并且确实，对于把经济创造成经验事实，且其运行核心具有沟通属性来说，它们很重要（Latour 2005；Poovey 1998；Rabinow 1986）。正如MacKenzie、Munieesa和Siu所言："Michel Callon提出我们不应该将经济学视作一种描述既定经济状态的知识体系，而应该将其视为工具和实践的集合，它们有助于构建经济环境、参与者以及经济制度"（2007，3-4）。同时，正是由于这种"语言"和"行为"——描述和干预——相互交织，我们创造了"操演性"这个概念（原文是"performativity"，可以翻译为"表演性"或者"操演性"，但是可能依旧无法反映出行为与语言之间的关系。这个词源于奥斯丁的语言哲学，是指使用语言完成某种非语言的行为，因而本书翻译采用"操演性"这个译法——译者注）。中央银行的银行家们有一个很重要的特性：他们充分意识到货币政策具有操演性，同时他们也全身心地致力于挖掘这种潜力（Lucas

---

① 反之，经济需要商业、政府以及群众间不断产生的多样而又矛盾的表现（通常是误传）来使其运行。经济条件的持续表现尝试着去创造性地解释——虽然不是总能解决——现实世界中人类的困境。

1997)。操演性行为被明确设计成有说服力并且有效的，它在这些环境下是公开的。

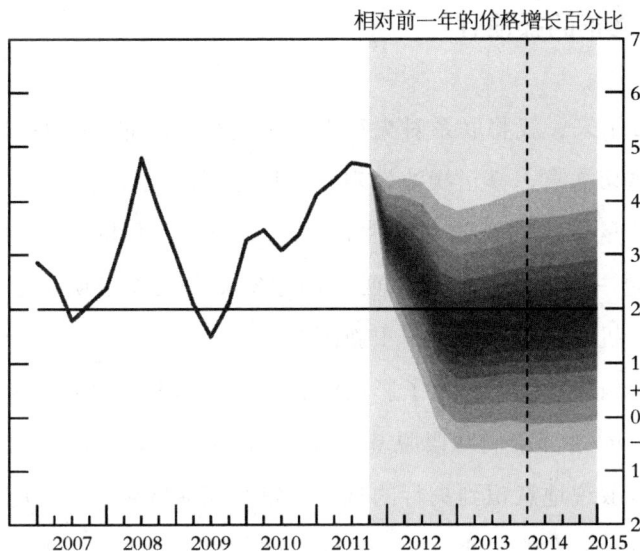

相对前一年的价格增长百分比

图3　英格兰银行2012年2月CPI扇形图

　　与其他许多英格兰银行的图表一样，图3展示的不仅仅是对经济的预测，更是一种表演性的工具。根据预测，2015年的CPI将从2012年2月的4%以上降至接近2%。与对一些自然现象（如天气）的预测不同，CPI是英格兰银行想要尽力控制的一项指标。这张图就像是央行发表的一项声明：央行将尽其所能实现目标。这就是其述行行为有效的基础。央行试图通过公开展示其政策意图来影响市场与公众对未来的预期，从而引导各市场主体根据央行未来可能的动作调整各自行为。因此，这张扇形图应当被视为央行设计的用以影响未来价格走势的政策工具，而不仅仅是对未来经济状况简单的概率描述。图3中深灰色的线条展示了说服的过程。

3.2　修正的操演性

接下来，我将联系对央行内部、央行之间的同时期知识创造的迫切需求，修正操演性观点。目标制的表现类型——为了突破计量方法内在的局限性，处理在计算、测量范围内出现的问题——带来了些新东西：沟通实验，我将说明沟通试验对述行机制的参数进行了重新配置。

正如前文所述，为了影响业界和公众同期作出的决定，中央银行的银行家们对摆脱基于经济环境的抽象方程非常关注。他们也敏锐地意识到央行的规划与审慎能活跃生产、分配、消费的每一层面的思想行为。同时，他们也意识到央行所发表的声明成为了计划中非常重要的部分。在这个经济体内部，语言对于内涵的传递有决定性的作用，这些内涵形成了数据系列、统计方法和经济预测。从各种角度来说，世界市场不断变化和调整的动力来源于语言，更明确地说是在灵活运用中不断修正和完善的语言。

至关重要的是，语言模型更具有针对性和说服力。与传统的去掉"无关"细节的经济分析不同，经济体自身拥有信息，拥有视特定情况而定的经济条件，拥有自己的态度与视角，并拥有作为相关分析材料的经验。人们的预期存在于这个经济场景中，并且接下来还接受改进和完善。史无前例的情况能被细致地描述，新想法与新暗喻随之兴起，同样，在这个沟通交流的平台上，争论也内生于每一个层面。经济体自身，只要其不是由一个简单加总的总体构成，就可以根据环境中各主体的立场进行观测。学习和审慎对这些经济体中的参与者而言是不可或缺的，并且在其语言模式的各个方面都体现出经济范畴的可塑性①。

经济活动中的参与者们可能是难以驾驭的，他们从这个世界中学习，并用自己的行为影响这个世界，但却很少考虑货币当局的态度或者经济理论。正如凯恩斯提到的，出于动物本性，他们的期望变得非理性，他们的情绪相互影响。对央行来说，其面临的挑战是如何用具有说服力的叙述方式来引导人们的预期形成。这些叙述方式要能连续不断地传递信息与分析结果，并以一种精确慎重、前后一致的形式来表述。为了应对这个挑战，这些机构掀起了一股实验的思潮，该思潮并非将焦点放在实验室上，而是放在某经济体或者各经济体之间的自由运行上：

> 这些实验性活动是研究活动，其目的不仅是观察和代表研究主体，更确切地说，也是为了干预这些经济主体：控制它们，修正它们的行为使之平稳运行，也使它们产生某些具体的行为。实验就是通过组织测试来尝试解决问题。这些测试的结果将被视为这些经济主体未来采取行动的起点。实验就是行动和反馈。(Muniesa，Callon 2007，163)

在这些背景下运行的实验思潮具有连续不断的特性。人们分析的观点在演进，这些观点被不断地提炼以应对不断变化的市场和经济现象。

我对于操演性的看法是基于这样的前提：由央行统筹的这种实验通过交流这一途径建立起与公众的合作。在这一过程中，研

---

① 在一篇发表于20年前的具有影响力的文章中，一位著名的人物，Lawrence Summers，描述了经济思维的转变是如何构造人类学话题的先决条件的："优质的经验证据可以无视分析的准确方式来讲述其故事。很大程度上是其简洁性使其具有说服力。物理学家不会争着去寻找更精准的方式来观察掉落的苹果。相反，他们取得进展是因为已经透过理论从广泛的经验现象中得到启发。宏观经济学家也可以通过同样的方式取得进展，但只要宏观经济学家们在与真实世界的证据作斗争之前仍需要披上随机伪词的盔甲，要取得进步就不太可能"(Summers 1991，146)。

究普遍存在并且由善于反思，有思想的行为主体付诸实践。这种实验是双向的，政策制定者和公众都参与了进来（Miyazaki 2013）。接下来我将要揭示，在央行正式发布的经济和货币政策分析的影响下，存在着另一种不引人注目的知识创造方式。它是一个复杂的认知系统，直接运用了参与日常经济运行的经济主体的智力判断和决策。正如 Louis Menand 所言，这些经济主体都是同一个"形而上学俱乐部"（metaphysical club）的成员；它们不是共享"一些想法，而是一个想法"。这个俱乐部的创立者们（O.W.Holmes Jr.，William James，Charles Peirce 和 John Dewey）认为"观点并不是已经存在而等待被发现，而是像刀叉、芯片一样，是人们发明的用来探索世界的工具。他们认为这些观点并不来源于个体，而是来源于由个体组成的群体，这些观点具有社会性。他们认为这些观点并不是依据某种自身内在的逻辑而形成的，而是像细菌一样，完全依赖于它们的携带者和环境。他们也认为由于这些观点是对特定的和不可复制的经济环境的临时反应，它们能否存续取决于其适应性而非免疫性"（Menand 2002，xi-xii）。我们将在下一章中讨论这种实验的观点，它描述了一种用来思考和改善我们共同困境的替代性方法，并承担了提供这种萌芽中的货币制度所依赖的相关知识的责任。

3.3 其他条件不变

由中央银行家们组成的这一小部分市场参与者参与了有关经济自我实现的问题分析，这一问题具有很重要的人类学的特点。我提出了"语控经济"这一概念以涵盖这些数字模型如何富有语言性和交流性地描述了在计算和测量范围内运行的经济现象。这些语言性的实践对数字领域而言，绝不是无关紧要的或对立的。在第一个例子里，它们形成于不同形式的统计方法和数量分析所展示的分析困境（正如图3所示）。

集经济学家、人类学家、语言学家于一身的凯恩斯在本书中发挥着十分重要的作用，他毕生的事业都致力于科学的分析和经验性地描述浑然一体的经济。在本书中，我多次引用凯恩斯的著作，尽管是因为一些并不为人熟知的原因。在凯恩斯的《就业、利息和货币通论》一书中，有一段著名且很有趣的旁白，他用语言描述了在捕捉经济不确定性本质时的动态关系链：

> 现在我们首次将货币引入我们简单的分析中，我们可以看看货币数量的变化如何影响经济系统。然而，如果我们断言货币是促进经济体运行的饮料，我们必须提醒自己在杯子和嘴唇之间可能存在一些错位。在其他条件不变的情况下，货币数量的增加将使利率下降，但这一结果有可能不会发生，如果公众的流动性偏好比货币数量的增加得更多。在其他条件不变的情况下，利率的下降将使投资量增加，但这一结果有可能不会发生，如果资本的边际收益比利率下降得更多。在其他条件不变的情况下，投资量的增加将增加就业，但这一结果有可能不会发生，如果消费倾向也在下降。最后，如果就业增加，物价会上升，一部分是因为实物供给函数的形状，一部分是因为由货币量增加而引起的单位工资上涨。

> 当产出增加，物价上升，其对流动性偏好的影响将导致必要的货币量增加以维持给定的利率水平。（凯恩斯 [1936] 2007，155）

如果我们突破"在其他条件不变的情况下"这一封闭的系统，不确定性将大大增加，我们可以断言所有的事物事实上都达不到均衡，不确定性存在于每一个经济关系之中，因此在每一个展示模型中我们都必须考虑到杯子和嘴唇之间的错位，这是经济体自身无法避免的属性和真相（Nelson and Katzenstein 2010；Skidelsky 2009；Tett 2009）。在我们的世界、我们的时代，"其他条件不变"并不一定成立，理性和非理性共存甚至不可分割，知识是不完美的，经验有时或必然传递我们的判断。正是在这样的情况下，人类学家有话可说（Callon and Law 2005；Collier 2011；Elyachar 2005；M.Fisher 2012；Guyer 2004；Ho 2009；Lepinay 2011；Maurer 2000，2005；MacKenzie 2006；Muehlebach 2012；Miyazaki 2013；Riles 2011；Roitman 2004，2013；Rudnyckyj 2010；Tett 2009；Zaloom 2006）。

在浑然一体的状态下，我们的经济生活是靠多种多样的动机和目的推动的，这些动机和目的可以并经常超出了理性的界限。凯恩斯很熟悉这些变幻莫测的动机，并将其总结为"动物精神"：

> 除了投机带来的不稳定性之外，人性的特点也带来了不稳定性。我们的绝大部分积极活动是源于自发的乐观而不是理性的预期，不管是道德上的还是经济上的。可能我们作出的大部分积极决定，其全面结果要许多天后才能知晓，这些决定只能被视为动物精神的产物。这种动物精神是一种自发的选择去做而非不做的冲动，并不是通过量化的收益乘以概率的加权平均的结果。（凯恩斯 [1936] 2007，161-62）

George Akerlof 和 Robert Shiller 已展开探究这种全人类的"动物精神"："此术语的古拉丁语与中世纪拉丁语形式是'spiritus animalis'，在其最初用法中，'animal'一词表示'发自内心的'或'生气勃勃的'。它意味着基本的精神能量和生命力。"

他们进一步指出，是他们更深入地阐释这些富有能量的感觉（指动物精神）能引发很大的经济变化，因为它们持续不断地形成故事，形成经济寓言："经济危机主要是由思维模式的变化引发的，这一观点违背了标准的经济学思维。但是当下的经济危机见证了思维的变化在危机中所扮演的角色。这场经济危机正是由我们不断变化的信心、诱惑、羡慕、愤怒和诸多幻象引起的，尤其是由关于经济本质不断变化的故事引起的。"虽然我完全赞同他们的词源解读，但我并不认同 Akerlof 和 Shiller 关于动物精神是如何体现的观点。接下来我将详尽阐释这些"变化的故事"和"思维模式"并不像 Akerlof 和 Shiller 所说的仅仅存在于人们的意识中，而是根植于广阔的沟通领域。在沟通的过程中，观点和信息是可塑的，通过对话者的互动被不断配置和再配置，在不同的背景和变化的环境中形成了危机。

我在本章中曾提出一个观点，虽然含蓄，但在根本上与行为金融的假设相反，后者以 Akerlof 和 Shiller 为重要的理论倡导及支持者。理论从根本上驳斥了以 Akerlof 和 Shiller 为核心的理论学家所倡导的行为金融学的假设。我对操演性理论的修正不仅和 Muniesa 和 Callon 的著作（2007）相关，而且还是对行为金融学假设的批判性替代。我强调的是知识创造，科学分析并不只是学术观察者对经济行为的实证抽象，而是完全根植于经济生活并对其运行发挥重要作用。更进一步，正如我在上文中所论述的，这些分析故事不断地被提出，再改进，又被推翻。而且它们是普遍的，它们体现了在有思考能力的各主体之间相互交流和作用的经济架构中孕育的实验思潮。

我的基本前提是，要想整体上理解经济，必须把经济看作是运行于错综复杂的沟通领域、贯穿在相当于人种志的场景中。我反对简化概括"经济行为"的分析，这些分析除去的正是环境信息、情感和期待的丰富多样性、不稳定的矛盾以及对事实的陈述及歪曲，它们不仅驱动市场，而且也是经济和金融现象的基本组成部分。市场发挥作用依靠语言，依靠在环境中全面而强烈运行的分析制度[1]。

还有另一个方面，或许是最重要的方面，也是央行的银行家们最关注的一点，那就是未来（Guyer 2007；J.Friedman 2008；Marcus 2012；Miyazaki 2006b；Munn 1992；Rabinow 2008；Rabinow et al.2008；Sunder Rajan 2006）。

中央银行家们面临一个典型的技术挑战；他们只能使用明显滞后的数据在当下作出关于利率变动的决定，同时他们也意识到他们的政策干预只能在未来某个不确定的时间产生可以度量的结果。人类学家们大都意识到了预测未来和注重未来的实践是很困难的。这也是本书所定义的一种矛盾形式。我再次指出，在短期预期和未来敏感性之间的桥梁是通过语控经济的技术模型用语言搭建起来的[2]。

---

① 这从某种程度上讲是一场人类学争论。我仍能从 Akerlof 和 Shiller 身上，以及更广义上的行为金融学里学到很多。

② 货币经济学家 Michael Woodford——与 Robert Lucas Jr.（1986）的监测报告相呼应——追溯着这些创新性的实践的轨迹，并在这里提出一个本质上是人类学的问题："中央银行家并不像是在操纵着一艘油轮，或者甚至是给一架飞船引航，而这些所沿袭的轨道都是取决于不断变化的因素，而不是机器本身预期的目的地。因为在一个经济体中关键的政策制定者是具有前瞻性视角的，故中央银行家们通过他们对期望的影响来影响经济，就像他们通过中央银行隔夜现金市场交易而带来的直接的、机械的影响一样。结果是，中央银行就有了充分的理由去致力于寻找政策制定的系统方法，它不仅为行内的政策制定提供了一个清晰的框架，也可以用于向公众解释央行的决策。"（Woodford 2005，2-3）Woodford 正在把被人类学家们称之为"自反对象"的概念引入货币政策领域，也即具有未来导向性的感知力的人——这种感知力能够影响经济活动的过程和规模。中央银行的沟通性准则是基于经济活动领域内的这些反身的代理人的"出现"而设定的，这些具备能力与潜能的代言人能够被动员起来，通过信息与思想的系统交流，达到中央银行的特定政策目标（Mervyn King 2005b；Lucas 1986）。Woodford（2012）在其复杂的建模工作中试着将中央银行家的政策制定及他们对新信息的反应合并到他关于价格和利息率的项目中。George Soros（1994，2008）则花了很长时间去艰苦地说服经济学家相信反身主体在金融市场的运作中扮演重要角色。

3.4　分析领域

Jean-Claude Trichet指出，各中央银行试图在一个部分由它们自己创造的动态分析框架下运作时，它们往往会陷入由计算限制带来的智力困境，因为它们难以掌控该动态分析框架的深层机制。作为欧洲央行行长，Trichet指出了为什么在这样的情况下语言至关重要：

> 由于经济在不断变化发展，人们不得不紧跟经济发展的步伐。当冲击（不可预知的事件，如战争、自然灾害、商品价格剧变、财政混乱等）较为温和，或者经济结构以一个较慢的速度变化时，不完全的信息和学识不会使我们与私人部门之间的交流过度复杂化。但有些时候，经济变革会日趋激烈，经济结构变化也在加速进行。这些变化将会使情况变得严峻。就是在这些情形下，经济参与者持续不断的学习对系统整体稳定性有暗示作用——某种程度上独立于恰逢其时的货币政策。（2005，11-12）

精心构造的叙述方式结合支持性数据与图表，这将成为分析不远的未来的桥梁——通过重现历史和当期数据估计未来经济状况来指导经济活动的工具。这些言论由中央银行内部某个小组草拟，经过谨慎的检查、调整，由专家发表出来，其中就包含着前文所述的沟通中的重要信息，这些言论并不仅仅预测未来的经济活动，还作为一种工具塑造和定义未来。

公开声明对于央行的运行来说非常重要。正如一个专业人士曾明确指出的："告知公众中央银行的目标、计划和愿景将会影响公众行为和宏观经济的产出"（Bernanke 2007）。

当新西兰储备银行行长——或者欧洲中央银行的货币政策委员会、美联储、英格兰银行、日本银行、印度中央银行、加拿大银行、瑞典央行的高层们——决定提高或降低利率，或者决定不做任何改动的时候，他们其实完全是在智识传统下行事。曾经有一个著名人物对此传统表示深深忧虑，这个人就是凯恩斯。众所周知，他对货币经济学贡献卓著，尤其是在中央银行的实践方面，他的理论举例说明了这种智识传统。

在第一次世界大战的前中后期都可以看到凯恩斯的身影。他是布鲁姆斯伯里文化圈（Bloomsbury）的名人，他为战争筹款作出了政治和经济上的努力，他起草了《凡尔赛条约》（也因此被大众谴责）。这些都和他在分析领域的突破密切相关。凯恩斯很清楚，他在19世纪20年代的理论突破是基于一种全新"语言"的创造：在我看来，这种语言既源于他在布鲁姆斯伯里文化圈中的交流，也源于他在英国财政部和英格兰银行的工作（Maurer 2002b）。

Robert Skidelsky 在为凯恩斯撰写的三本传记中不仅仅讲述了这段智识史，还准确评价了凯恩斯理论的运行情况——其分析的权威性与局限性——以及凯恩斯试图为货币和货币政策找到一种语言所做的努力：

同昔日决裂是突如其来的，新想法如潮水般涌入新时期，并急欲尽情表达。自1942年开始，凯恩斯就知道他想做什么和为什么要这么做。但是他仍然需要找到一种语言以使他的想法具有说服力。部分语言产生于19世纪20年代。那是一种政治经济学的语言。他试图说明为什么现代工业社会不能容忍自由放任主义政策。他提出了流动性理论与黏性的概念来解释新旧工业化生活的矛盾并准确地指出对新的政治才能的需求。建立一套新的经济理论十分困难。凯恩斯意识到他所学的经济学简单地忽略了真实经济生活中的"狂飙运动"：街上突然爆发的骚乱、齿轮的磨损或堵塞、发动机遭扣押的停工……从他后来的追忆中可以清楚地看到凯恩斯为找到这种语言所付出的努力。

然而，这种对新语言不完整的探索存在脱离语境的危险。很多新的语言都产生于演讲和采访，它们在很大程度上是对当前发生的事件所作出的反应，或者是对某些事态和争论的反应，这些语言在当时观众或读者的脑海中非常鲜活，却离我们很遥远。（Skidelsky 1992，174）

凯恩斯发人深省的叙述创造了一个分析领域——该领域从很多方面看都同人种学框架一致——在与公众、政客精英、银行家、学者、商人、记者的交流中，这些主体构成其分析内容的一部分，从而使其特征容易受到政策干预的影响。

经济学方法及理论的可能性和局限性根植于20世纪早期特定的历史环境。凯恩斯十分清楚，经济和财政格局是由当时世界中能够批判性思考和行动的主角们构建的。在改进这个政策的过程中，他不仅仅试图去辩论、去说服和影响这些主体，而且还向他们学习。"经济学人的任务是去发掘适合这个时代的风格——这和美学、逻辑学紧密相连……凯恩斯总是强调'谨慎观察'在成功的理论建设中的重要性。在他看来，理论是对时代主流的抽象和重新定位，来源于对重大事实的反映"（Skidelsky 1992，211）。

在凯恩斯努力让"经验"变得和"理论"一样有意义的同时，他还描述了一种教育学惯用语——通过货币政策和财政的语言沟通——作为干预工具，这种惯用语使得经济现象如公众演说那样有意义。至关重要的是，这种语言和教育法很明显是未来导向的，特别关注预期的演变。在这种教育法特点下，教育的技能和知识智慧——我们常把这些和经济学之父凯恩斯教授相联系——对于中央银行家们的作用来说，成了某种典范，即使不是唯一正确的典范（Krugman 2007；Skidelsky 1992）。

3.5 货币理论

对"货币数量论"的批判在剑桥大学经济学院如火如荼地进行，这些评论建立起以凯恩斯为核心的货币改革运动的分析议程：

货币数量理论是一种价格水平理论。它简明地指出，价格随着货币数量的变化而变化，货币数量决定了价格水平。货币供应量越大，货币价值就越低，也就是说商品和服务的价格越高；反之亦然。和其他商品一样，货币的价值取决于供求关系。但是货币的特别之处在于，我们对货币的需求其实是对货币所能购买的商品和服务的需求（Skidelsky 1983，214）。

凯恩斯在白宫的印度办公室供职期间，远程监控了印度央行的运行，他观察到对卢比的需求呈现季节性波动。这种敏锐的观察开启了他对货币理论的批判之路。"在短期内，人们使用现金的速度（也就是经济学家所说的流通速度）的变化会改变价格水平，这种改变独立于现金数量的变化。他发现，人们在物价上涨或预期上涨时会加快现金支出，而在物价下跌时减缓现金支出"（Skidelsky 1992，156）。

凯恩斯进一步认识到，央行可以干预并调节货币需求和价格水平：

凯恩斯的著作（《论货币》）的亮点在于他关注"货币需求"的变化，并强调央行对于货币需求的控制是稳定物价的关键。他给出的建议是相同数量的货币可以支持更低或更高的价格水平，这取决于人们在给定时间内想支出多少。银行体系信用或存款的创造能力是使其成为可能的技术基础。由于较少的钞票可以撬动大笔信用的产生，这类似于一个倒金字塔结构，可能只有较少的信用和钞票的发行直接相关。当人们使用钞票时，如果钞票流回银行系统，那么银行信用在存款准备金未增加的情况下被创造出来……因此我们可以通过调节信用创造的程度——利率或借贷成本，而不是钞票的数量来控制价格水平，从而平衡购买力需求的变化。(Skidelsky 1992，162)

通过调节借贷成本，央行可以影响一个经济体中的价格水平。这是如何做到的呢？

在通货膨胀目标制时代的早期，英格兰银行的一份官方报告描述了这个过程是如何展开的：央行关于官方利率的决定通过许多渠道影响经济活动和通货膨胀，这些渠道统称为"货币政策传导机制"（英格兰央行1999，3）。

银行的研究人员进一步描述了四种传导渠道：

第一，官方利率决策在不同程度上影响市场利率（如抵押贷款利率和银行存款利率）。与此同时，政策措施和公告将影响人们对未来经济的预期和对预期的信任程度，也会影响资产价格和汇率。

第二，这些变化会反过来影响经济中个人和企业的消费、储蓄、投资行为。例如，在其他条件相同的情况下，更高的利率会鼓励储蓄，而不是鼓励消费，同时使得英镑在外汇市场的价值增加，这使得外国商品相对于国产商品更便宜。所以官方利率变化影响人们对英国商品和服务的需求。

第三，在劳动力市场上，相对于国内供给能力的需求水平会对国内通货膨胀的压力产生重要影响。例如，如果对劳动力的需求超过了供给，往往会使工资上涨的压力增加，一些公司可能会提高产品价格以将这种压力向消费者转移。

第四，汇率变动会对进口商品和服务的国内价格产生直接影响，对进口商品的竞争品和使用进口原材料的商品价格产生间接影响，因此对总体通货膨胀中的进口部分产生影响，虽然这种影响经常会滞后。（英格兰央行1999，3）

这份简洁概述（整个报告围绕此展开）的核心内容对于理解货币政策极其重要，且这种简洁的方式本身对项目目的也很重要。我的意思是，这或多或少像教科书式的总结一样是有效的，因为它教育了公众，更准确地说是公众中的精英代表们，一个全新的货币政策框架是如何运行的。事实上，这个报告是为了回应监督委员会、下议院和上议院委员会有关货币政策的建议而提出的。从公众货币的角度来看，重要的是这份报告用语言形象地描述了传导机制的运作过程，就像标准英语一样，能达到货币政策的沟通、教育和说服目的。

通过提高或降低银行间拆借利率，也就是美联储的"联邦基金利率"、新西兰储备银行的"官方现金利率"、欧洲央行的"主要再融资操作利率"或英格兰银行的"银行利率"，或什么都不做，央行就可以调节银行体系的信贷量。通过调节信贷成本可以影响经济活动的步伐。但要达到这个目的，需要有说服力的解释和理由。简而言之，公众需要的是一个故事。而这正是央行在运行过程中最难以言表又最精彩的一部分。

中央银行不仅要公开它们在当前经济形势下所进行的操作，更要对未来一段时间内的经济形势作出预测。更具有挑战性的是，央行必须委婉地暗示或直接地沟通它们基于这些预测在未来对可能出现的场景采取的行动计划。用当前的术语来说，央行的决策已成为"一切都靠预测"。因此央行的研究人员显得尤其重要。标志着金融危机即将到来的经济形势急需这种教育和叙事的框架，因为传统的货币政策效用有限。

3.6 "极端货币政策"

凯恩斯早在1930年就预测出了2008年底的经济形势，他还设计了一个全新的解决方案：

> 在他的论文《关于货币》中，凯恩斯坚信，一旦经济收缩，当时英格兰银行所实行的传统货币政策将无法迅速处理这种状况。他强烈建议央行必须采取"公开市场操作至饱和"或"极端货币政策"的补救措施。他还小心地指出，这样的政策就意味着中央银行将在一段时间内面对其在公开市场操作上蒙受的损失。（Leijonhufvud 1968，20）

凯恩斯认为，大规模和及时的货币干预策略，即"极端货币政策"，可能会阻止这种灾难性的经济衰退；但他也完全理解这样的政策在当时的社会环境下是行不通的。

他和英格兰银行高级官员密切合作的经历使他得出了这样的结论：银行的高层不允许在其资产负债表中使用这种非正统的方式。他也理解，若在银行的资产负债表上增加巨额负债来拉动需求和阻止一场金融灾难会被视为更糟的做法。然而这一观点也预示着另一个解决方案，即凯恩斯在《就业、利息和货币通论》中提出的财政政策手段：

> 对于列德尼都尔街的老太太（英格兰银行的绰号）应该采用这种方式管理业务这一建议——如果可行——1930年被提出的时候，甚至比之后几年凯恩斯"有缺陷的"财政政策实施期间引来更多恐慌。凯恩斯在他还是麦克米伦委员会的成员

时，与英格兰银行官员的共事经历非常清楚地表明了没有必要将他的精力投入到宣传这类货币政策中。如果央行不能为社会福利的总损失承担后果，政府必须站出来。（Leijonhufvud 1968，20）

在2009年，英格兰银行面临着与1930年同样严峻的挑战。然而，此时的行长和高级官员并没有像他们的前辈那样束手束脚。英格兰银行描述了危机带来的困境并提出了它的应对计划——采用"量化宽松"这一"非正统"的策略：

银行利率的显著下降目前已经提供了大规模的经济刺激，但当银行利率接近于零时，利率的进一步下调对市场利率的传导、需求和通货膨胀的影响可能不那么有效。而且，利率不可能小于零。

因此中央银行需要进一步的刺激来拉动更广泛的需求。它通过购买资产，例如政府债券和公司债券，来增加货币供应量——我们有时也把它称为"量化宽松政策"。中央银行直接提供额外的货币，而不是通过降低银行利率来增加经济体中的货币量。这并不涉及印刷更多的钞票，而是通过创造电子化的货币，在出售资产的公司账户上进行贷记来支付。这些额外的货币将用于更多地拉动经济体中的支出，以使使未来的通货膨胀回到既定目标。

其实，当商品和服务上的支出过低时，通货膨胀率将低于其目标。当银行利率已经处于极低的水平时，需要通过增加货币数量来进一步地刺激经济。（英格兰银行，北达科他州，"对量化宽松的解释"）

因此，随着危机的发展，货币政策的干预从对货币价格的干预（通过调节利率）转向对货币数量的干预。由于通货膨胀的风险被通货紧缩的危害所取代，全球主要的中央银行——最重要的是美联储，利用资产负债表创造出大量货币来避免这场被公众认为即将到来的经济灾难（Bernanke 2002a，2009a）。为了使货币干预发挥作用，央行不得不告知公众；它们必须塑造公众的预期，但这预期不仅针对消费者价格，更是对央行将进行更广泛的货币政策运作的预期。信心成为了最关键的因素。

在极端情况下，中央银行家们不得不赋予未来可辨识的特征，同时以信念和信用来为未来担保。如果这么做，他们将面临形而上学的问题：在标准的分析工具和论证还可疑的时候向公众传递信心。Akerlof 和 Shiller（2009，12）在回应 Soren Kierkegaard 的同时，描述了货币政策在危机中是如何取决于信心的：

> 信心在字典上的解释是"信任"或者"全部的信仰"。这个词来自拉丁语的 fido，意思是"我相信"。我们正在经历的信任危机也被称为信用危机。信用一词来源于拉丁语 credo，意思是"相信"……信任的意思正好就是超越理性。事实上，真正容易相信别人的人常常忘记一些特定的信息。她甚至没有用理性去处理那些信息；即使她理性地处理信息，她仍然可能采取非理性的行动。她按照她相信是正确的方式去做。（Akerlof 和 Shiller 2009，12）

再重申一次，我并不是在讨论词源问题，但是正如我在上文中所提出的，推动人们行动的信心和信仰，通过无数的对话，在我们的世界和我们的时代中完全展开。像宗教一样，信心可以产生强大的认知状态，但它是从能被清晰表达的场景中抽象出来的动态的交流氛围。这种氛围不仅或必须是由心理情绪构建，而是由多样且时常互相矛盾的情感交织而成。

我关于信心的观点与通货膨胀目标和货币体制的隐含假设是紧密联系的。我的意思是说，假设经济主体都具有反身性，正如在前一章所提到的，他们能够运用多种理论分析数据的模糊性和信息的异常性。这些主体构成了一个多元化的公众群体，中央银行家们不得不和他们建立一种沟通交流的关系，从而在此基础上建立和保持信心。

在下一章中，我将开始审视这种沟通交流的关系是如何在研究过程中产生的。通过语言，中央银行家们提炼出一种可替代的经济学，它与在经济体和货币领域中自然运行的分析实践紧密相连，并对央行的运作极为重要。下一章还将讲述在我最早开始研究时的流行趋势。

第4章 诚惶诚恐

"轶事：秘密的、私人的、迄今未公开发表的故事或者历史细节……对一个分离事件或者单一事件的叙述，这些事件本身是有趣的或者引人注目的"。

——《牛津英语词典》

离约定的时间还早，我向百老汇大街上的圣保罗教堂走去。这是12月中旬一个阴沉的下午。人群在废弃办公大楼周围的施工架下移动。聚光灯照亮整个工地现场，游客们和正在午间休息的工人们正向那儿涌去。旅游车紧靠着媒体车辆和施工车辆排成一列，路边小贩正兜售着纪念品。

圣保罗教堂灯火通明，轮班的工人是它的临时居住者。教堂墓地前面贴满了无数遇难者的照片，上面写满了亲人、朋友们悲痛的追悼词。几面墙挡住了重建工作的景象，墙上面挂着成千上万的各色横幅和手写的标牌，它们来自国家的每个角落，孩子、警察、消防局、各种官方或者非官方组织，都借此表达着它们会与遇难者家庭团结一心。几个街区以外，几处的圣诞灯和装饰开始让金融区的景象变得正常。我转过少女巷，走向一栋堡垒似的建筑，窗户上装着沉重的铁栅栏，那里是联邦储备系统的纽约分部。我曾经在2001年年末来过这里，采访了该银行研究部门的官员。

从20世纪90年代末，我一直在尽可能地阅读关于新欧洲央行建立以及"欧元"来临的文章。同时，我也密切关注了其他央行的公开声明，尤其是美国联邦储备系统的报告，更具体地说是联邦公开市场委员会（Federal Open Market Committee，FOMC）的报告。

联邦公开市场委员会由12个成员组成——7个为联邦储备系统理事会理事，1个为纽约联邦储备银行行长，还有4个由其他11家联邦储备银行行长轮流担任，任期1年。轮值席位从下面4组银行中分别选出（每组选1个）：波士顿、费城、里士满，克利夫兰、芝加哥，亚特兰大、圣路易斯、达拉斯，明尼阿波利斯、堪萨斯城和旧金山。未被选中的储备银行的行长也会出席委员会的会议，参与讨论并评估当前经济状况以及美联储的政策选择。这本质上是委员会建立共识的过程。

联邦公开市场委员会每年会定期举办8次会议。在会议上，委员会会评论当前的经济金融状况，决定适当的货币政策立场，并评估物价稳定和经济可持续发展这两个长期目标的风险。委员会遵循"监管公开市场操作这一国内主要货币政策工具"（FRB，n.d）的原则。它管理货币政策的法定权力主要通过设定利率实现，这使得委员会成为管理金融市场的单一机构中权力最大的一个。

在联邦公开市场委员会2000年末到2001年初的总结报告中，提及了一种看似不合适的数据。这些报告基于所谓的"轶事数据"，支持着一些政策上的改变。正是这一术语的使用促成了我从新西兰到下曼哈顿地区的旅行。

4.1 轶事的使用

中央银行面临的最关键的分析困境是它们必须利用或多或少有些过时的历史数据，在当前作出决策。并且，它们的管控措施只会对未来几个月之后的经济产生实质影响。中央银行如何解决数据时效性带来的窘境是构建有效的货币政策的关键之一，然而，在其他方面中央银行还面临着更加严重的困境。

Jean-Claude Trichet 描述这一困境时提到了"产出缺口"的估计和随后的校正。"产出缺口"是一个众所周知、很难校准的基本指标，它被用于度量潜在 GDP 和实际 GDP 的差异：

> 产出缺口的首次估计一般在基准年可以获得，然后在随后的年份进行修正。需要注意的是，最终的估计要经过很长一段时间才能获得：例如，1999 年的估计在 2004 年进行了不可忽略的修正。每次修正的改变量也很大：有时甚至会改变正负号和量级。在这一例子中，我们今天已知的 2000、2001、2002 年修正过的产出缺口的估计均为正数，但是它的实时估计却为负数。产出缺口的预测是在每年年初存在的唯一的有关产出缺口的估计，它具有较大的不确定性。例如，2005 年产出缺口的实时估计由欧盟委员会、国际货币基金组织和世界经合组织于 2005 年春季发布。这些数据与它们在 2004 年末的预测平均相差 25%。如果我们把过去观测到的平均修正量加入对 2005 年产出缺口的实时估计中，我们得出的结论可能会是−3.6%到 0.8%之间的任意值。（Trichet 2005）

因此，在现实中，对经济是通胀或者还是衰退的估计可能会产生错误的信息，这些信息需要经过多年的修正和重新计算。在面对这类问题时，中央银行会做些什么呢？

在 2000 年年末至 2001 年年初，互联网的热潮开始减退，一场总统选举给国家的政治命运带来了巨大的不确定性。从 1999 年 6 月 30 日开始，联邦公开市场委员会通过六次会议，开始逐渐将美国联邦基金利率从 5% 提高到 6.5%。这一紧缩举动旨在阻止在经济中逐渐凸显的通胀压力。到 2000 年 5 月，联邦公开市场委员会的成员们相信他们已经稳定住了物价，并停止了紧缩政策。在 2000 年接下来的 6 个月里，他们让利率保持在了 6.5%。

然而，在 2000 年 12 月，有证据表明，经济开始失去动力，尽管部分证据并不明确。FOMC 的成员开始面临他们的紧缩政策作用的过于"出色"的问题：他们所计划的经济放缓可能变成一次严重的衰退。FOMC 的成员试图在 12 月的会议中解决这一问题。然而，他们再次决定保持联邦基金利率不变。但他们在附加的声明中声称经济面临的风险已经改变，这暗示着经济放缓的可能性增加，"由于能源价格上升导致需求和利润下降，消费者信心受损，销售行业大幅削减的报道以及一些金融子市场的压力，都表明经济增长可能进一步放缓"（FRB 2000a）。下行风险的"非对称"评估暗示着即将到来的政策转变。

仅仅 15 天之后，在一次临时的电话会议之后，FOMC 发布如下惊人的公告：

> 联邦公开市场委员会今天决定调低联邦基金利率 50 个基点至 6%。……我们决定采取这一措施是由于生产销售的进一步疲软，消费者信心下降，高能源价格导致家庭和企业的购买力减弱。此外，通胀压力将依旧受控。然而，迄今为止，没有证据表明科技及其相关收益的长期发展有所减弱。
>
> 委员会依旧相信，基于维持物价稳定和保持经济可持续发

展的长期目标，在当前已知信息的背景下，我们将主要考虑可能会导致未来经济疲软的情形所带来的风险。（FRB 2001a）

FOMC 在接下来的两年半里继续将联邦基金利率降到了 1%。没人能够预料到这份简短的公告会是货币政策史上最具决定性的事件的前兆。正是这跨越 2000 年和 2001 年的 15 天吸引了我的注意。

特别是电话会议记录里的几句旁注表明，"轶事证据"在做决策时是一个很有说服力的元素。我所不知道的是 FOMC 12 月会议的讨论就集中在"轶事证据"带来的几个具体问题上。在会议的机密记录被公布之后我才得以确认。

4.2 形容词：暗示经济衰退

在 2000 年 12 月 19 日早上 9 点，50 人出席了在华盛顿举行的 FOMC 闭门会议。会议开始时先进行了电话会议，之后宣布了降低联邦基金目标利率的决定。所有参与投票的成员都在场。委员会的候补成员，一只由 12 家联邦储备银行的高级官员组成的队伍也在场。研究和数据统计部门、货币事务部门和其他一些联邦储备系统的关键成员也参加了会议。

会议的开始，高级经济学家们评论了美国和其他主要经济体当前经济金融形势，形成的报告在 2 份文件——被称为绿皮书的《当前经济和金融形势》（"机密"标记），和被称为蓝皮书的《货币政策备选方案》（"绝密"标记）——中有更新的和更详细的阐述。美联储工作人员在会议前一个星期准备出这些材料并发放给委员会的成员。绿皮书中呈现了由美联储宏观经济模型作出的预测，附加的报告中传达了美联储工作人员在准备和修正这些经济预测时的一些想法。书中的讨论主要分析了经济师对随后6至12个月的经济金融形势的预测，尤其是经济增长、货币和信贷增长、劳动市场状况、利率、汇率和核心通货膨胀。

蓝皮书记录了一个特定的会议议程，这个议程中提出了关于设定联邦基金利率的3个建议：提高0.25%，降低0.25%，以及维持不变。蓝皮书中同时提出了对外的声明草案，草案内容包括目标利率的设定以及经济"风险平衡"的详细评估。值得注意的是，为了说明备选建议和每个方案的依据，工作人员也评估了市场和公众对每一个政策可能作出的反应。这些陈述之后是委员会成员关于设定联邦基金利率时的问答和讨论的细节。第三份简要文档，名叫《联邦储备区关于当前经济形势评论的总结》，也被称为黄皮书，记载了这些讨论，并为12家地区银行提供"轶事报告"的总结。

副主席William McDonough（纽约联邦储备银行）对委员会在2000年12月中旬面临的特殊情况做了概述："已知的官方和私人数据都表明扩张速度已经减慢到低于趋势增长的水平。通胀似乎已经不再增长，但并没有减弱。然而，压倒性的"轶事数据"正显示经济要比已知数据表明的放缓更快，"轶事信息"更加具有前瞻性。在我看来，经济增长的速度比我们希望通过紧缩政策得到的更慢"（FRB 2000b，58-59）。委员会的另一位高级成员艾伦·格林斯潘主席，更加具体的地强调了轶事数据的重要性和它们所传达信息的紧迫性："我和你们一样听到了一类形容词，它们被用来描述一切都向坏的方面发展。我们应该非常谨慎地意识到如果我们将"轶事数据"作为实打实的数据来使用，我们将不会看到百分之二点几的GDP增长，这个数可能接近零。我们必须考虑该如何解读这类证据"（FRB 2000b，71-72）。

委员会的其他成员更加谨慎，对于这些数据，他们怀着矛盾的心理。芝加哥联储主席 Michael Moskow 说道："我同意，相对于我们的模型，'轶事数据'指向了一个更低的经济增长率。但它们毕竟都是轶事，我认为我们应该在这些数据和其他的信息中找到更多可靠的证据，来帮助我们认清当前的局势"（FRB 2000b，76）。

另外两个成员对委员会决策的公众反应持谨慎的态度。波士顿联储主席 Cathy Minehan 指出："我认为我们不应该因为很大程度上是'轶事的'和与期望相关的数据而忘记了经济中仍然存在的那些力量。如果市场很顺利地接受了我们今天所做的一切，这些力量很可能发生转变"（FRB 2000b，78）。Roger Ferguson 理事将期望的政治学带入了讨论之中："市场不会认为我们愚蠢到基于'轶事证据'的信息下而不作出转变。但是我们要提醒他们，或者在某种意义上安慰他们，我们已经警觉。如果事情朝着不好的方向继续发展，我们将做好准备去回应。"

于 2001 年 1 月 3 日早上 11 点开始的临时会议持续了大约一个小时[①]。电话会议的开始，格林斯潘主席发布了一份关于过去 15 天所获得的新信息的报告，特别是劳动部门的数据显示的失业率上升以及 "轶事数据"暗示着的经济中出现的一系列问题。里士满联储主席 Alfred Broaddus 提到："市场情绪明显向消极转变，从我所在的地区可以看出。我接到了很多我平时不会亲自去处理的电话"（FRB 2001b，9）。副主席 McDonough 进一步强调："我相信全球的市场和大公司的领导人都处于心理危机的边缘。关于经济走向的悲观情绪不断加强，这可能导致扩张放缓的程度比国家利益放缓更深"（FRB2001b，6-7）。

---

① 没有预先安排好而召开联邦公开市场委员会会议是少有的事情。这些会议的召开通常是因为在常规会议中间出现了对经济和金融系统造成了不可预见的冲击的事件，或者，如同这个案例中的那样，是因为在两次常规会议中间，委员会已经取得了与政策制定相关的新数据。

这个会议中的大多数讨论都没有涉及一个待作出的决定，这个决定涉及一次不平常的大幅度利率下调以及它的市场反应，下调幅度和1987年股市崩盘时一样。Lawrence Meyer理事强调委员会有机会去重置市场和公众关于经济健康和委员会干预意愿的心理基调和期望（FRB 2001b，18）。因此，委员会的成员转变成他们自己决定的听众：他们在自己身上对决策进行压力测试。他们也思考了一旦决定被公开之后，他们将要作出的评论。格林斯潘主席建议"战略性迟钝"："我建议，你们的回应要考虑周到，它们要是概念性的，其中引人关注的地方应该去掉（笑声）"（FRB 2001b，30）。尽管格林斯潘在半开玩笑，委员会成员还是对"情绪结构"产生了极大的兴趣。凯恩斯的动物精神中的"恐惧"和"贪婪"让他们着迷，他们也专心于构建更多微妙的情绪和理解。

4.3 紧要关头

2001年年末，这件事使我来到了下曼哈顿。在那个下午，我和一个人进行了交谈。在不断变化的经济环境下，他在纽约联储的管辖区内建立了自己的人脉，并负责收集信息。同样的报告又一次被起草，并发放给了12个联邦储备系统的分部。这些报告总结了各个地区具体的经济形势。12份报告被汇集起来，并在结尾加上了一份总结报告，形成了黄皮书。这是一份螺旋装订的报告，一共40页，每一页2倍行间距，并加上了黄色的封面。FOMC会议上的讨论证实，这些轶事报告的目的是解决或者绕开几乎所有联储依赖的定量度量和数据序列中存在的滞后问题。但是，在轶事报告的基础上，当然还有更深层次的意义：经济信息的社会调解（Latour 1999，2005）。

接下来的材料是从和分析师 Jason Bram 的谈话中得到的。他进行研究并起草了纽约地区的黄皮书条目。值得注意的是，美联储没有规定特定的准则来进行这项研究。12个地区的联邦储备银行的研究机构都是独立进行这项工作的。事实上，它们互相竞争，以得到美国经济的描述性刻画。在提交报告前的一周，Bram 和一个小团队开始联络他们的联系人，并在最后的几个小时起草这份报告，以保证报告的信息是最新的。

Bram 和他的联系人们培养了极度深入的关系，他们监视着经济战略领域的日常事务。这些人，通常是银行家、制造商、房地产经纪人、批发商。他们办理贷款，接受或取消订单，实时跟踪店铺销量。因为他们实时参与到经济中，所以他们能提供对经济中的一些要素最准确的估计。

纽约地区的黄皮书条目于9月10日完成。在突然袭击灾难发生的第二天，纽约联储的一群高级官员聚集在一起，评估灾难对经济的影响。由于少女巷的银行大楼被关闭两周，他们在家里联络了自己的联系人，这些人在纽约地区的各个经济部门都有着决定权。按照黄皮书上的条目，他们得出了一份更加详细的机密报告。这份报告被起草并送至华盛顿，作为政府应对灾难造成的经济问题的基础。

在重新起草后，这份文件成为了11月24日黄皮书条目的基础。Bram 在文章中严格地总结了灾难的各个元素。这份报告和那些参与经济体、具有反身性的对话者有很多联系——这种联系使得报告具有影响力和洞察力，现在这些联系都从报告里删除了，正如以下简短的摘录所显示的：

> 上份报告公布以来，纽约及其周边的房屋销售额大幅下降，房屋出售和租赁的价格都减少了约10%。大体上，多数联

系人都指出受到最大影响的是高端市场。和袭击后最初的期望不同，曼哈顿的写字楼市场并未趋紧。9月底的利用率比一个月前略微提高。酒店、出租车、百老汇剧院市场在9月中旬经历了一次急剧的下降，但是据报道这周有所恢复。最后，在10月最新的调查中，银行家再次报告了疲软的贷款需求、更紧的信用标准和适度升高的拖欠率。（FRB 2001c）

Bram 将他的自主学习方法描述成人类学家所熟知的一种形式："这是一种艺术，你需要熟悉和你交谈的人。""我不能把它总结成一个公式，这是充满投机性的。""它是非常开放的。""当你开始做这行的时候，你就开始学习了。我已经干了四五年了。当你开始时，你会问一个零售商关于销量和存货的问题。但是后来我学到我要知道零售商们如何解释这些数字。……这是一件非常主观的事情。你需要学会问什么样的问题。""你要学会找到一般的思路。"尽管 Bram 的方法缺乏正式的认同，但是它提供了一种精确分析复杂经济活动和人类行为的办法。在所有的定量数据都突然变得过时的时候，在彻底转变的经济条件下，对轶事证据的系统性分析为得到当前经济的实质情况提供了关键的方法。在文章中的几页，一个前所未有的复杂情况被赋予了相机抉择的和有情势的特征，为政策制定者提供了连贯性。

在 2001 年 9 月 13 日下午举行的 FOMC 临时电话会议上，提到了另外一种渠道的轶事信息。波士顿联储行长 Minehan 和亚特兰大联储行长 Jack Guynn 提及了他们前一天在地区董事会的讨论会上得到的信息。董事会由官方的消息人员组成，在危机蔓延的时候，他们和每个地区以及各个联储分支银行的高级官员有持续的联系。他们经常在黄皮书的准备中做相关咨询工作，他们也是地区银行的研究部门所培养的非正式谈话对象的一部分。

4.4 分析性刻画

12家地区储备银行和它们的24家分支银行都有自己的董事会。地区银行的董事会由9名指定成员组成,分支银行的董事会有5到7人不等。这些成员任期3年,主要负责收集关于美国经济详尽细节的轶事报告。根据他们的专业,这些人被分为不同的类别。地区储备银行9名董事中的3人被分为"A类"董事,代表该地区的持股的会员银行,一般是银行高管①。3个"B类"董事(由地区储备银行指派)和3个"C类"董事(由美联储董事会指派)被选为代表公众。他们不能是官员、董事或任何银行职员。选择他们是"充分而不独断地考虑了农业、商业、工业、服务业、劳动业和消费者的利益"(FRB 2001)。分支银行的董事会也相似地被分为了由地区储备银行任命和由美联储任命两类。

除了负责监管12家地区银行的运行,董事会成员也作为战略性的谈话者,他们就经济中的关键部门,以及地理上局部的和高度集中方面的情况作定期报告(Granovetter 1985; Riles 2006)。270多人的地区和分支银行的董事会成员中包含了各个行业的公共和私人组织。这些成员包括农场经营者、农业综合企业的高管、食品加工商、农场合作社的管理者、信用社、公共事业公司、软件公司、建筑公司、国防承包商、医院、生物公司。这些人中也有律师事务所的合伙人、旅馆老板、房地产开发商、

---

① 对区域及分支主管的完整工作描述,参见FRB, n.d., *Role and Responsibilities of Federal Reserve Directors*。尤其关注近期《Dodd-Frank法案》中对他们角色作出的限制,包括总统及第一位地区分支副总统的选举以及主管对机密监管信息的访问权(41)。

快餐连锁店运营商、零售商、制造商、保险公司高管、职业介绍所、会计师事务所、经纪人、物流供应商、货运代理人，甚至大学教授。另外还有管理顾问、旅游运营商、出版商、环境服务部门的管理者、石油开采商的高管、社团领导、大学管理人员、各种政府机构的官员和慈善组织的管理者。

董事会成员的工作经验和责任范围也各不相同，从那些运营国际大型企业的人到专业知识集中在某一方面的高管，正如以下例子说明的。第二区的董事会——覆盖纽约州、新泽西东北的12个县、康涅狄格州的费尔菲尔德县、波多黎各和维尔京群岛——包括摩根大通、阿迪朗达克信托公司（Adirondack Trust Company）和西班牙大众银行的主席和CEO（A类）；通用电气公司、辉瑞公司和洛斯公司的主席和CEO（B类）；美国劳工联合会–产业工会联合会和纽约市合作组织的主席、哥伦比亚大学校长（C类）。董事会的组成反映了美国经济的复杂性和地域特殊性。第十区的东边部分在大平原地区，包括俄克拉荷马州、堪萨斯州、内布拉斯加州和密西西比州西部的1/3。第十区的西边部分在洛基山脉上，由卡罗来纳州、怀俄明州和新墨西哥州的北半部分组成。它的成员有 Agee Energy 的董事、the Mill Creek Lumber and Supply Company 董事会主席和 Chickasaw Nation 的管理者。第十一区——包括得克萨斯州、路易斯安那州北部和新墨西哥州南部——的董事会包括西南航空的创始人、阿纳达科石油公司和杰西潘尼百货公司的首席执行官。

这些人多为高级管理人员，他们可以得到很多的专有数据——确切的定量数据，但是他们也可以和客户、消费者和同事交谈：汽车高管走在展示厅，和潜在的汽车购买者交谈；银行高管和贷款对象就他们的业务和对未来的展望进行交谈；制造商和他们的顾客讨论未来的需求以制订资本支出计划；社团领导在协商合同时对劳动力市场进行评估。通过从这些谈话者中收集信息，美联储能够接触那些深奥的、难以捉摸的引导经济的力量：由社会形式形成的期望和情感。这种社会形式跨越了错综复杂的、地域上多元的沟通平台，其中的内容和知识要用语言来进行动态建模。

4.5 可塑性

为什么要用轶事建立经济模型？在这一章的前面，我引用过 Jean-Claude 董事的话来阐述在构建货币政策时定量数据带来的问题，特别是这些数据的时效性问题。我曾试图去论证中央银行家们是如何使用轶事形式的以及其这么做的原因，我本以为他们是用它来制定补充性的分析策略。后来，我意识到这些形式是通向决定性的知识实践的桥梁，它能够解决很多技术专家治国论的核心问题。轶事数据展示了一种重要的，但未被注意的认识论，即经济现象必须通过语言学来建模。为什么？

谈话者的人脉不但能产生详细的、可比较的信息，这些信息使得中央银行们能够对他们负责管控的情况产生细致的理解，而且能质疑个别经济金融现象的构成——如何定义以及表述它们。在危机发生时期，这和如何度量它们同样重要。就业、失业、生产、投资、储蓄、贸易、赤字、盈余、销售、存货等，以及这些概念之间的联系、它们不断变化的性质需要持续的审视。

数据的概念完整性、它们的经验值不断受到认识论上的质疑。美联储将人脉网络的运作称为"经济情报"，承认这些各种各样的谈话者在经济中从事着描述性和解释说明性的工作，这些人分析他们所在的领域并提炼出经济现象的概念本质。

因此，美联储设计了一套复杂的系统来持续产生关于经济在社会和文化所扮演的角色的知识。这些知识是由那些量化分析外的主观信息形成的。FOMC 的成员不是外在的观察者，他们也不应该是。他们深入地参与并全身心投入到对信息提供者的广阔人脉的理解中，因为这些正是推动经济的主角。被轶事证据掩盖的信息构建了沟通交换的网络，它被 FOMC 成员用在自然状态下模拟经济，并用语言学来建立经济变化多端的特征。在轶事数据的伪装下，对经济运行至关重要的具有代表性的劳动在进行着，并且被赋予根本的沟通实质。"信心的货币"被创造出来，并衔接着不断变化、充满不确定性的沟通领域 （Callon 1986；Latour 1987，2005；Law and Hassard 1999）。

美联储组建了一个在经济体中运作的智库，它由谈话者组成，谈话者不仅仅代表着经济状况：他们积极地参与其中。组成这个正式智库的270个谈话者与他们的次级和三级人脉网络连接起来。二、三级人脉网络是他们自己构建的，由无数的联系人组成。这些联系人不仅能接触到广阔的沟通领域，而且是这一领域重要的一环。

这个智库提出了一个问题，它是本书分析的中心：公众在货币体制中的性质和地位是什么？我们知道，"公众"在地区和分支银行的董事会成员分类中有一个法定的地位。显然，这一系统是为了公众利益而运作的，一方面是公众成员在地区银行主席选举中担任角色，另一方面是他们对具体银行政策的产生和结果进行监管。然而，如果我们将人脉网络视为智库，那么公众利益则显现出一些关于银行经营的内在的东西。FOMC 的成员都深入参与了与谈话者的人脉对话之中——不仅包括地区和分支银行的董事会——他们与公众合作，渗透到他们的沟通领域中，并且注意到他们显露出的困境。进一步来说，如 FOMC 的文字记录中暗示的，委员会的成员善于在面对公众不同部门时，对机遇与挑战用语言学进行建模。他们会按照惯例对政策进行仔细检查，首先会看政策对于他们自己是不是可靠、具有说服力的，然后企图预见中央银行的消息是如何被公众接受的。当我在寻求轶事数据的意义时，当前货币政策沟通的迫切性开始逐渐明晰，最值得注意的是对于公众的动态关系的一种建模方法。

4.6 待解释的地方

在这项研究早期出现了很多问题，一些是偶然的，一些是次要的，另一些则是重大的。在这里，这三类问题都值得提及。

第一，我很好奇通胀目标制是如何被合并为美联储的一个官方政策的。里士满联储主席在 2000 年 12 月 FOMC 会议上的旁注十分引人注意。他暗示美联储曾想利用一项立法中的一个改变作为机会正式地引入了"通货膨胀目标制"，该立法监管联邦储备系统向国会提交的定期报告。但格林斯潘立刻搁置了这个主意。在 2012 年 1 月，FOMC 才宣布了一个正式的通胀目标："通过计算个人消费支出的价格指数的年度变化，从长远来看，2%是与联邦储备系统的法定使命最一致的"（FRB 2012a）。

第二，这段时期，越来越多的注意力集中在为什么在 20 世纪 90 年代，失业率保持很低，同时通胀一直不活跃。"大稳健时代"开始得到密切关注，特别是为什么失业率下降到了"自然状态下的失业率"之下。根据相关理论，在这一失业率下，通胀应该加剧（Freidman 1968；Phelps 1968）。一种新论点被提出来，它认为由科技进步促进的产出改变了基本的经济结构模式，允许了较长时期的低通胀率和低失业率（Bordo and Orphanides，即将出版）。通胀目标制也被认为有助于消费者物价的稳定。

第三，也是最重要的，在2001年11月10日，一份995页的外交条约被签署，中华人民共和国正式成为世界贸易组织的成员。无疑，我们的精力都集中于9·11袭击的惨剧上，但是在2001年末，约有13亿人悄然加入了全球经济。

中国的崛起影响了整个研究。然而某种程度上这种影响很难去描述，更别说去度量。正如我们将在第10章看到的，在英格兰银行的联系人在20世纪90年代产生的最重要的观点之一就是坚持认为全球物价的变化是由于"中国制造"，虽然这一观点起初遭到经济学家反对。中国的影响确实是巨大而且空前的，它的存在挑战了很多国际经济运作机制及其研究方法的假设。

接下来的两章将讨论促进通货膨胀目标制的历史环境，以及将目标制框架作为中央银行的运行准则时制度上的关键问题。

第5章 文化的影响

首先，德国央行代表的是一种稳定的文化。

——Jens Weidmann（德国联邦银行（即德国央行）行长）

在法兰克福东区的莱茵河畔坐落着一座庞大的废弃建筑物，Großmarkthalle，法兰克福市内历史悠久的批发市场。2002年3月，在欧洲中央银行（European Central Bank，ECB）副行长Lucas Papademos（2002—2010）的主持下，欧洲央行向法兰克福市政府买下 Großmarkthalle 及其附近土地用于建设央行总部新大楼，与此同时还发起国际城市规划和建筑设计竞赛为大楼遴选优秀的设计方案。

2005年初一个冬日的下午，我前往法兰克福城市博物馆观看此次设计大赛入围前三名的设计作品展示。就在几个星期前，欧洲央行行长Jean-Claude Trichet公布了比赛结果，来自维也纳的 Coop Himmelb（l）au（蓝天组）建筑师事务所凭借其设计作品赢得大赛。报道在宣布比赛结果的同时还对 Coop Himmelb（l）au 给予了很高评价，称赞其设计最符合"欧洲央行提出的功能和技术要求，有几个亮点成功传达了欧洲中央银行的价值观并把这些价值观转化为建筑语言"。在早前宣布入围作品时（2004年2月20日）同时公布的另一则声明中，Papademos曾表示，评委会希望看到的是能够传达出一组特殊的沟通价值观的"视觉具象"。Papademos进一步对Coop Himmelb（1）au设计作品中不同于他人的闪光点作了下述评价：

> 在评委们眼中，其设计概念很有力量，形象表现了欧洲中央银行诸如透明、沟通、高效、稳定等价值观。同时，这也是非常有吸引力而且复杂、精致的设计，它清晰可辨，构成法兰克福天际线上强烈而独特的标志。在大楼的高层，两座塔楼扭曲成雕塑般的造型，双塔之间则由中庭连接。这个多功能的中庭在我们看来正体现了透明和沟通的价值观。我们相信，该设计项目能够融入整个法兰克福莱茵河地区的城市规划设计。不论是外部可见度还是内部的建筑衔接，Großmarkthalle本身都保存得很好。

这个设计使通货膨胀目标制治理哲学变得具体可感。关键是，它试图表现如何将机构内部进行的沟通行为转化成由透明介导的公众话语（Garsten and Montoya 2008，79-96；Grossman，Luque and Musiena 2008，97-116）。

赢得大赛的建筑师事务所在为其建筑设计方案写的设计词中毫不避讳地表明，希望大楼的建筑设计可以创造出激动人心的文化宣言：

> 我们基于城市视野和锥形的视角开始对法兰克福市的城市景观进行研究，在研究基础上设计出这座东西朝向的多角形的双平板塔楼。塔楼轮廓侧面看上去比较窄的一侧如孤立的剪影般突出，从法兰克福市中心区所有重要的观察点都能看到它。……双塔的形状和表现力都使之成为法兰克福天际线的醒

目标志物。……我们通过强调欧洲央行动态的内部沟通文化，在城市环境中创造出一个前所未有的建筑形象来作为欧洲中央银行在欧洲乃至世界范围内的公共标识。（ECB 2009）

前三名建筑设计方案模型在美茵河对岸的建筑博物馆进行首次公开展示和陈列，此后移至法兰克福市的博物馆，我因此有幸近距离欣赏这些作品，设计师们为了具体表现欧洲中央银行的价值观在作品中倾注了许多心血。

我觉得获胜的设计作品非常引人注目。Coop Himmelb（1）au 设计中两个主塔都采取了不同于其他参赛设计的半透明处理，抓住了欧洲央行总部大楼设计任务书的关键：透明，象征欧洲新秩序的透明。同时，每个主塔都锚定或者以其他方式连接至大幅翻修的批发市场 Großmarkthalle，后者被视为贸易和商业的旧经济象征。玻璃塔的设计在我这个不太懂建筑的人看来尤其迷人。和一般显露出建筑物结构要素的现代摩天大楼不同，两座塔似乎被一只无形的手悬挂着，就好像是双塔的承重部分是隐藏的（ECB，n.d.，"New Premises"）。

为什么设计中大量使用玻璃？一些人怀疑中央银行坚持采取隐秘的政策行为，这种半透明设计是为了象征思想和信息的自由流动，与上述（历史上正确的）怀疑形成鲜明对比。玻璃的使用还说明欧洲央行的行为接受审查监督，央行应该与市场和公共部门合作实施货币政策，并且沟通交流可以居间促成上述合作进行。尽管采用半透明设计，大楼传递的象征透明的信号绝不仅仅是暂时的；透明构成知识型体制的重要承重元素，其由包括文化在内的一系列价值观、思想和实践活动组成。欧洲中央银行新总部大楼的建筑设计传递了一个理念，即必须在一个大的沟通领域界定和管理欧元的稳健运行，在这个沟通领域中信心不断被塑造和包装成公共话语。欧元的设计初衷，是成为加强沟通的公共货币。

5.1　货币量目标

央行总部大楼为什么大量使用玻璃这种传递透明度信号的材质，如果说原因可以追溯到另一法兰克福著名金融机构，德意志联邦银行（即德国央行），曾经发表的技术出版物中的内容，这种说法也不算太夸张。1974 年 12 月 5 日德国央行首次公开声明，将货币量增长率 8% 作为第二年（1975 年）的货币量增长目标，这个货币量目标遂成为银行的名义锚（Issing 1997）。考虑当时的环境，1973 年布雷顿森林协议崩溃，其最后一丝痕迹也荡然无存，再加上 20 世纪 70 年代初期的石油危机造成经济极大不稳定，对此德国央行公开宣布货币目标值是为了能对国内物价发展施加影响①。

以黄金和美元直接挂钩、各国货币和美元直接挂钩为特征的固定汇率全球货币体制结束，这之后又过了一年多一点，联邦银行开始调控德国马克的价值，将其限定在公开宣布的货币量增长目标附近。第二次世界大战后的这段时期，布雷顿森林体系要求各中央银行采取严格界定的货币规则，布雷顿森林体系瓦解后这些央行需要采用新的方法，相机抉择的方法，以担负起管理货币

---

① "早于 1972 年 10 月 31 日，第一次石油冲击发生之前，欧洲共同体理事会通过了一个决议，号召成员国：循序渐进地降低[广义的]货币供给增长率……直到其与真实的[GNP]相等。广义货币供给会随着名义价格的提高而提高，而名义价格往往与经济的整体目标一致，并考虑了货币供给和国民产出之间关系的结构性发展。这个目标最迟将于 1974 年底实现"（Posen 1997）。在 1973 年 9 月德国联邦银行月度报告的一个分区中，一篇名为"通过控制中央银行货币供给实施货币政策"的文章指出，"这项政策是基于这样的考虑：银行对中央银行货币的需求最终取决于银行贷款的扩张程度"，且放出额外的中央银行货币只限于当这样的措施与其货币政策目标——减少通货膨胀导致的超额货币供给——相一致的时候"（Posen 1997）。

价值的责任——也就是，"取代金本位制度，给国家法定货币设计一个名义锚"（McCallum 2008）。[1]

公布货币量增长目标后，联邦银行试着推行相机抉择的货币政策。关键地，央行借助公众力量，在之后形成的反通货膨胀"文化"中让公众成为积极主动的参与者。德国央行制定的一些内容后来成为通货膨胀目标制的关键特征，不仅如此，央行还开始全面试验经济思想和经济理论的行为特征（MacKenzie，Muniesa and Siu 2006；MacKenzie 2006；Muniesa and Callon 2007）。

1957年颁布的《德意志联邦银行法》，特别是在第3条里，规定把"维护货币稳定"即稳定物价作为货币政策的首要优先任务。20世纪20年代的恶性通货膨胀——政府不计后果，甚至是以令人吃惊的速度大量增发纸币引起了这次恶性通胀——严重破坏和扰乱了德国的社会结构和政治秩序，为国家社会主义（纳粹主义）的破坏性狂热铺平了道路，采取适当的货币政策显得非常紧迫。1922年8月到1923年11月这15个月内，流通中货币量激增 7.32×10^9 倍，刺激通货膨胀率升至平均每月322%，这和联邦银行希望在战后时期建立货币体系的初衷截然相反（Salemi 2008）。

因此，反通货膨胀不仅仅是避免"非最优经济表现"的技术性问题，还是严重的社会关注问题，后者对重建战后联邦共和国来说非常关键。德国民众对这段通胀历史有着惨痛记忆，联邦银行的领导明白这一点，并借此征召民众参与到反通货膨胀的战役

---

① 布雷顿森林体系在货币政策实施中只允许极其有限的自由。"布雷顿森林体系中货币的协调集中在新的固定汇率体制的建立上。在与IMF的会晤中，各成员国同意给它们的币值设定一个预设的利率水平，并承诺始终将其在国际市场上的货币交易限定在2个百分点的上下区间内（也即在预设的利率上加减一个百分点）。在实践当中，对汇率波动的厌恶使得欧洲国家将汇率定在美元上下3/4个百分点这样的小边界内。尽管设计初衷并非如此，但布雷顿森林体系很快演变成了盯住美元的固定汇率制度，这个制度反过来将黄金锁定在了每盎司35美元"（Mc-Namara 1998，74）。

中。不过对抗通货膨胀的议程还是有理论——货币主义的一种缩略表述——支持的，这个理论向德国民众讲述了一个宏观经济寓言，让他们觉得货币政策和价格稳定两者之间的关系是似乎合理和连贯的。货币主义，作为一种公共寓言，欺骗性地表达了如下简单观点：只要控制住货币量增长就能控制通货膨胀。或者更正式一点，米尔顿·弗里德曼（Milton Friedman）在题为《货币理论中的反革命》的演讲中首次提出其经典论断："通货膨胀无论何时，无论何地都是一种货币现象，即在一定意义上，通货膨胀是而且也只能是因为货币数量急剧增加的速度大于产量增速引起的"（M. Friedman 1970，24；斜体加点的是原文）。

德国央行的机构独立性要求全新的、"非政治"的问责制度基础，而宏观经济和货币理论的"科学原理"承担了这一角色。当前的广义货币供应量是否包含未来物价走势的信息？根据这个分析性问题来决定采用何种货币体制，这种做法的可靠性要用数据来说明。就像我们即将看到的那样，对宏观经济调整来说，这个问题的相关性会随着时间发生变化，并且越来越值得怀疑。

5.2　象征性资本

联邦银行的领导，即董事会，已经明白他们需要讲述一个关于现在和不久的将来的不断展开的故事，并且通过中央银行官员充满艺术和内部一致的沟通方式取得公众信任，借此维持德国货币价值稳定。宏观经济寓言强调广义货币供应量、中央银行基础货币（central bank money，CBM）以及货币量与物价变化之间的关系，在这一宏观经济寓言中联邦银行政策的显式锚居间调控货币的稳健运行。联邦银行的领导者开始系统性地解读物价的动态变化，认为物价动态变化取决于中央银行的沟通行为。他们清楚，要使这些沟通变得合法，从而影响预期的形成，建设知识型体制是必要的（Knorr-Cetina 2007）[①]。

20世纪70年代初期联邦银行信奉货币主义还有一个特别的原因。凯恩斯主义货币和财政激进主义的权威——凯恩斯主义控制经济周期的效力——已遭到质疑；失业和通货膨胀之间的反向关系——被称为菲利普斯曲线——正在动摇。"降低失业率的代价是通货膨胀有一定程度的上升"，然而这个显而易见的政策权衡在20世纪60年代面临挑战，因为这一时期通货膨胀和失业率发生同步变化，高通货膨胀率和高失业率并存（Tobin 1999—2010）。凯恩斯主义框架下，政府可以通过牺牲通货膨胀率把失业率长期维持在较低水平，反过来也是一样。20世纪六七十年代凯恩斯主义的激进政策并不奏效；这些政策没有产生承诺的效果，不仅如此，"它们带来通货膨胀压力，而缓解这种压力只能通过高经济成本的方法"（Bernanke et al. 1999，11；Bordo and Orphanides，即将出版）。比如1973—1974年以及1981—1982年严重的经济衰退现象和随之而来的高失业率，政府解决通货膨胀问题的成本非常高。对于这些凯恩斯主义无法说明的新情况，米尔顿·弗里德曼给出一套似乎可行的分析方法作为替代，并且提供了对应的政策框架。"1968年，弗里德曼说服经济学界：坚持用货币政策把失业率降至'自然失业'（和凯恩斯提出的"充分

[①]　事实上，CBM一开始就被选作总目标的主要原因是德国联邦银行注意到了CBM在透明度和与公众的沟通方面的优势。德国联邦银行用以下的话来解释对CBM的选择："[CBM]尤为清晰地引出了中央银行对货币扩张的责任。银行系统整体的货币创造与中央银行的货币创造通过流通中的货币以及银行维持它们在中央银行一定比例的存款的义务而紧密联系起来。包含了这两个部分的中央银行货币也理所当然地成为二者的指示器。中央银行货币以一定速率上升，不仅显示出银行系统货币创造的规模，也显示出中央银行为银行的货币创造提供资金的程度"（Posen 1997）。

就业"状态相对应的失业率)以下，这种做法只会推动通货膨胀率爆发式增长。弗里德曼进一步得出结论，货币政策不应该干预失业率、生产，或者其他实际变量，这个结论至今仍非常有影响力"(Tobin 1999—2010)。弗里德曼关于货币政策属性的另一重要主张，强调货币政策对实体经济的影响"是滞后的，且滞后是长期而多变的(就是说，每次使用货币政策的效果都不同，而且基本上没办法预测效果如何变化)。因此，弗里德曼认为，货币政策工具虽然强大，但是无法实现精准实施"(Bernanke et al. 1999，12)。

卢卡斯(1976)则提出另一强有力的批判，并强调预期的作用。卢卡斯批判是用隐喻替换的方式表达的：

> 经济中的个体与被动的"火箭"有很大的不同，人会尝试理解和预测他们的'控制者'(政策制定者)的行为，而火箭不会。更具体一点，卢卡斯指出，用最优控制的方法分析指导政策时，如果不考虑公众对未来的预期可能会随政策变化而变化，那么最优控制方法可能会失效。公众对未来的预期，包括对未来政策行为的预期，会影响当前的经济行为，因而非常重要。因此，卢卡斯认为，政策制定包括部分政策制定者和公共之间的战略博弈。分析二者的博弈比指挥火箭要困难得多。(Bernanke et al. 1999，12)

卢卡斯的预期理论中，理性经济人类似于反身性主体，他们可以收集信息掌握政策制定者的意图，从而预期到政策制定者的干预行为，这似乎让政策制定者精准控制经济变得危险，不管是什么样的精准程度(Soros 1994，2008)。

弗里德曼还指出另一个造成不确定性的原因，"现代民主政治中，公众和政治家对公共政策问题的观点有短视倾向。更迭频繁的选举，以及几乎瞬时进行的投票结果报道，这些给政治家带来很大压力，因此他们很难意识到，有时候观察等待才是最好的政策"（Bernanke et al. 1999，13）。弗里德曼的观点中，政治公众人物对政策采取相机抉择——这里指随意操纵货币政策的自主权——的操作方式，不可避免地会削弱政策可信度，而对于维持货币和信贷管理的可持续性与一致性，从而控制物价稳定来说，政策可信性是必需的。

因此，联邦银行在20世纪70年代开始试验它的新框架，它以前瞻的方式公布了非常明确的货币政策目标以及这些干预行为的明确结果。通过这种做法，央行建立了新的问责制度，以一种公开透明的方式监督自身行为与公众利益一致。每一年央行的表现都展现在公众眼前：德国央行的政策是否成功控制住物价并从而维持德国马克正常运行？一种简单的消费者物价衡量方法，即德国所有项目消费者价格指数——这个指数本身就是创造公众货币过程中的一项重要创新——可以作为所有人判断的标准（Strathern 2000）。

5.3　务实的货币主义

央行货币框架的核心要素，以宏观经济理论中的技术问题的形式出现，它们被转化成一系列务实的制度性指令，推动联邦银行形成反通货膨胀的文化。央行货币框架依赖于一定民众，招募这些民众是为了锚定货币价值，但同时他们也起着人才辅助的作用，迫使银行的领导透彻思考货币经济学中的基本问题。关键地，通过这样的透彻思考，抽象理论的问题可能转而成为德国社会各个部门和各个阶层合作的实质性基础。在仔细考虑银行和公众关系的过程中，央行的领导出于构建沟通领域的目的，精简和强调其研究和政策制定的内部做法，央行的话语能够在上述沟通领域内传播，且由此影响预期。

　　阐明下一年货币量增长目标，除了公布简单的目标数字之外，还要配合积极活跃的教学方法。经济和货币理论中的技术问题要重新组织语言再直接传递给德国民众。最初，这些沟通只是针对极小一群商业和金融界专家，但是，随着银行从货币的技术性问题转向消费者物价，这种教学式的演说越来越需要传达至更为广泛的观众。联邦银行选择性地公布数据以及分析，公众通过这些数据和分析能够追溯了解银行的决策。政策用"修辞"的手法塑造市场预期，敏锐地捕捉到政策的修辞特性是央行的关注重点，通过这种方式给货币政策和德国经济增加了一种教育性的动态机制（Brenneis 1999）。如果真的像卢卡斯说的那样，公众能够预期到政策变化，那么中央银行就可以相应地建立教学式框架，除了传达信息之外，还可以通过这个框架和公众分享解读货币政策的方法。对公众的劝服成为制度的固定组成部分。那么，央行试图传达的经验教训是什么？

　　另外，上述教学法的核心观点可以简化为 Friedman's（1970）中的著名主张"通货膨胀无论何时，无论何地都是一种货币现象"，这个主张可被重新表述成货币政策的综合规则，以及"不管当前宏观经济条件如何，货币存量都应该是逐月增加的，而且事实上可能的话应尽可能地逐日增加，保持年平均X%的增长率，其中X的范围在3到5之间"（McCallum 2008；斜体加点为Friedman's原文）。

　　在上述规则下，衡量货币供应量的增长或减少成为主要的智识挑战：

　　　按照严格定义，使用货币量增长目标制意味着，所有预期外的货币量波动对央行来说不仅包含丰富信息量……而且还是

一个定量问题，要改变利率或储备金比率，从而完全抵消预期外的波动……由此使得货币量增长率恢复到最初设定的目标率。（B. Friedman 1995，5-6）

过去，德国央行衡量货币供应量的方法只是以简单的数值形式捕捉上述动态变化。"根据数量方程，实际产出增长率与通货膨胀率之和等于货币供应量增长率与（定义恰当的）速度变化率之和"（Bernanke et al. 1999，57-58）。因此联邦银行"推导货币流通量变化的目标增长率……首先估计未来一年的长期生产潜力增长率，加上不可避免的物价变动率……再减去多年来货币流通量的估计变化"。按上述方法推导出货币量增长的明确目标，如果货币量增长保持这一目标值，就能支撑长期的经济扩张，扩张速度与可接受的物价增幅一致。根据这个框架，中央银行可以通过管理短期利率来保持货币量增长目标，从而确保货币正常稳健运行。"采取这种方法，联邦银行能够声称自己在制定政策时没有对经济周期做任何选择。它也不再强调对实体经济的预测进行任何公开讨论，进一步使得货币政策远离那些产出和就业率预期变动的对话。因此，数量方法通过限制中央银行的职责清单……能够把某些项目从货币政策议程的考虑中排除。"换句话说，这种策略根本上划定了政策干预关注范围的界线，至少从公开披露来看是这样的。

每年最后一个季度，德国央行在形成货币供应量目标之前会先推测物价目标。计算德国所有项目消费者物价指数的增长率后代入数量方程，推导出下一年货币创造的目标。从目标的推导就能很清楚地看到，控制货币供给是为了维持价格稳定，使得物价从中期来看与德国经济的增长潜力保持一致。到20世纪80年代中期，央行放弃"不可避免"的通货膨胀的概念，转而"假定中期价格稳定在2%"（Bernanke et al. 1999，58）。通货膨胀因此被设计到货币体系内，物价和德国经济潜力的增长一致①。

实际上设定货币增长率目标是非常困难的，为解决这些难题联邦银行进行了制度微调。最明显的，一个是德国央行的货币增长从所得固定目标转变为所得目标加上或减去1%到1.5%形成的目标区间范围，同时德国央行改变了所选目标货币的货币供应量衡量方式（从 CBM 到 M_3）②。1991年德国统一，期间出现过实际货币供应量偏离目标值的情况，而且是显著偏离，央行对此详细解释说明了其合理性。经过一段时间，德国央行有"自信能对目标偏离作出解释和对公众重新定义，这点在其设计的报告机制中也有所反映"（Bernanke et al. 1999，60）。这已经不仅仅关于解释那些传递给公众的利害攸关的信息，而是，这里要再一次提到，把积极的教学法设计进货币制度中，联邦银行要通过这样的货币政策取得德国人民的信任。因此，需要知识型体制以合法化央行的法定独立性，用研究来保证央行的可信度。

信任和可信度还可以通过其他方式建立，通过来自商界、企业界、贸易工会以及新闻媒体的关键人物组成的网络，通常这些人更常频繁交流有关设定工资和价格的信息以及经济数据。银行高级官员的频繁演说、技术报告和数据的定期出版，以及对央行机构独立性和章程规定的问责制度的谨慎关注，每一处都在加强

---

① 这2%一方面是为了补偿消费者价格指数低估了商品质量的提高而夸大通货膨胀的趋势，另一方面也是为了避免0下限的问题，这个问题会在第9章详细阐述。

② "从1975年起一直到1987年，德意志联邦银行每年都宣布中央银行货币储备的增长目标（CBM）。CBM被定义为流通中的货币加上活期存款、4年期以下的定期存款以及储蓄账户存款和4年期以下的储蓄债券。后三个组成部分由其从1974年1月至今各自的法定准备率加权得到。从1988年起，德意志银行开始使用 M_3 的增长作为其宣布的目标。除了未包括长期限的储蓄账户存款和储蓄债券，M_3 和CBM间的主要区别在于，后者是加权总和，而前者是简单加总。这两种总量的增长间的巨大差异的唯一来源是，相较于存款而言持有现金量的显著波动。这种潜在的差异在1988年面临财政动机的转变时（导致了总体目标的转换）以及随后在1990—1991年德国货币统一之后又一次的转变中变得至关重要"（Posen 1997）。

央行可信度；然而，央行领导制定的政策是与德国和欧洲不断展开的政治情况相协调的。联邦银行的官员们在政治家、商人以及劳工领导"误解"央行立场时会毫不犹豫地纠正，而对那些参与协商制定工资和价格的代表，或者是参与决定德国预算、监管以及税收政策的政治领导，如果他们的行动会威胁德国货币的稳健运行，央行官员们并不羞于表达他们的敌意。

我要明确一点，德国央行绝对称不上是完美的。德国央行也存在判断错误、计算错误、不够坦白以及各种政策不适当的现象。银行推行的透明度试验，按照现在的标准来说，还远远算不上是最佳的（Nergiz and Eichengreen 2009）。德国中央银行不发布预报，也不进行政策讨论的任何实质报道。它也不公开政策商议中使用的数据范围和分析模型。确实，和完全按照数量方程的要求相比，德国央行当前的分析议程更加综合。央行现在严厉审查几乎所有的数据序列、所有和德国经济表现有关的统计报告，并且详细考虑政策和实施的所有可能结果：

> 货币目标从来都不是政策的实际目标或者唯一准则……[T]公布的货币目标从来都不会被盲目服从……众所周知，德国在20世纪八九十年代，实际年平均值和目标范围相差约50%。远比这更重要的是，按照央行自己的说法，以及根据历史记录，德国央行制定政策时除了货币之外还考虑更大范围的信息。如果通货膨胀和货币量预测出现分歧，联邦银行会对前者作出回应。此外，联邦银行还对一系列短期冲击和挑战作出回应，即使这些冲击和挑战并不直接影响通货膨胀或者货币量。（Posen 1997；斜体部分是原文）

正如Adam Posen明确表明的那样，央行有两个目标——货币和通货膨胀——并且随着对货币主义理论的信心的渐入低潮，通货膨胀目标制开始占据优先权，而货币降到第二重要的位置。

前德国央行董事会成员以及欧洲央行执行董事创始成员 Ot-mar Issing 讲述了欧洲中央银行吸收货币分析的目标之后目标是如何发生转变的。货币供应量的衡量方法因此成为交叉检查分析的基础，而不再是有独立存在意义的衡量标准。"货币供应量变化带来的中期通货膨胀或通货紧缩的压力信号的实时提取"作为一种手段，能够克服"其他指标可靠性有限，比如产出缺口，以及经济分析无法避免的限制，如宏观经济假定"这些难题（Issing 2005）。

5.4　协作系统

在过去的四十余年里，央行建立了一种文化，这种文化远不只表现为给货币量增长和信贷增长设定目标这样一种机制。通过沟通的方式赋予未来一些可辨别的特征，控制通货膨胀从而保证德国马克的稳定运行就是依靠上述沟通系统来完成的。联邦银行构建起控制预期的框架，要求以一种至少是公开的方式，如果算不上完全透明，也要规范自己的行动符合公众利益从而控制预期。银行货币框架的核心要素不完全（或者必然）取决于数量方程，而是取决于宏观经济寓言，根据寓言需要招募民众来锚定货币价值。通过一种让德国民众觉得连贯和似乎合理的方式仔细剖析货币经济学中的抽象和理论部分，这是机构间协作的基础，机构间的协作机制需要同时塑造与众不同的文化观点。再一次，设计的货币政策实验事实上是更为深远的历史学和人类学实验，它从整体上反映了德国社会（Herzfeld 1992，2004）。特别是，董事会已经充分意识到自身努力可以达到的范围。他们明白自己给德国马克增加了全新的沟通特征；他们也明白，信心无论何时，无论何地都是通过文化传递的，沟通的文化使得不久的或者中期来看的未来对德国民众来说貌似可信。这是怎么做到的？

反通货膨胀锚定了个人和家庭、中小企业的家族所有者经理、大型工业制造商的高管、工会、小型出口商、制订公共支出计划的技术官僚等的可认知的资产负债表。在预算、投资、存货盘点、扩大或缩减招工，以及最重要的工资谈判、商品定价、计算各种商业利息率等的实际计划中，有关物价演变的预期变得明显。德国民众乐于根据他们自己的预期采取行动，这种做法像是预见了未来的情况并使其稳定，如果算不上给定精确的特征，至少也是确定了未来的轮廓。信任——虽然是有条件、需要从数据中获知并且需置于计量经济学寓言中来看的——使得计划，以及德国社会至少是各部门（如果不是每一个个体）的多样化预期能够转化为行动。银行官员——特别是，比如像前德国联邦银行行长 Hans Tietmeyer（1993—1999）这样的人物——拥有才智通过语言塑造经济的形态结构，采取一种使得央行日程与公众的计划和预期保持一致的方式。冲击和不确定性——尤其是那些伴随着德国统一而来的——不断形成和考验着经济现实，而且冲击和不确定性还与德国人民一起无情地修正经济现实。

不管是中央银行基础货币（CBM）还是广义货币供应量（M_3），货币供应量的衡量都成为很有说服力的工具。有关物价变化的描述如果不是完全坦白，至少也应该是前后一致的，这种描述有利于制订计划和采取行动，货币量作为工具在分析准确度上的表现还比较一般，但在维持上述有关物价变化的叙述至少前后一致的能力上较有说服力：

> 货币目标被央行视为问责制度和透明度的主要来源，因为货币目标要求央行必须定期就一定基准对政策进行解释。更进一步，对公众作出的政策解释应该是非常详尽的，而且这个解释应该是关于整个经济（不只是货币的发展）的。这种解释的

动力不止停留在回答是否能在规定时间内实现特定目标这个问题上，后者实际上并没有像预想地那样提供有用信息。（Posen 1997）

正如我之间提到的那样，上述数据有教学特性，起到更深层的"解释动力"的作用。央行的教学行为让民众对更宽泛的叙述充满信心，这种叙述把所有德国人民联系在共同的经济命运上。如下的历史任务，即对现在和不久将来进行叙述，以及进行修改并且能够随数据更新进行描述，为计划和行动提供了可认知的模型，该模型可以从数不清的角度进行校准。反通货膨胀的文化从而锚定了更宽泛的叙述，叙述的内容是关于德国政府以及德国政府通过保持公民预期和国家利益一致来管理未来的能力。再一次，这不仅仅有关控制恐惧、贪婪这些动物精神，或是有关抑制投机过度，而且还有关更加微妙的情感与愿望，正因为这些情感与愿望，货币政策能够承诺出现新的宪法秩序。

通货膨胀目标制文化锚定了沟通领域，在这个领域中，经济持续不断地经历了由无数演员参与的分析性审查和语言模型；货币政策在世界范围内的运作，是在一个有机体内，与市场和公众协作进行，并且透明度能够维持上述合作，这种观点的可信度在沟通领域也得到认可。通过微妙的沟通调解，情感和预期成为行动计划的公开基础。超过二十年的时间里实验逐渐增加内容，这除了建立德国央行的象征资本，即其信心储备，还给如何设计欧洲中央银行提供了有力的示范（Scheller 2004）。

5.5 欧洲央行的习惯

有关欧洲中央银行的制度设计，从早先在这方面的商讨中可以看出，欧洲央行的新制度以及新设计的用于管理的货币，欧元，取得公信力的重点是吸收德国央行的文化。把德国央行的公信力转移至欧洲央行是新项目的关键。在项目运行的第一个十年里，欧洲央行除了宣布货币增长量的目标之外还做了很多。确实，除了几个值得注意的例外，引入欧元及新中央银行的运行，二者的几乎所有方面都被定义为在严格控制的公共话语内运行。透明地安排货币政策，欧洲中央银行试着明确其中透明度的含义：

> 透明度意味着中央银行将采取公开、清晰并且及时的方式，向一般公众和市场提供所有与其战略、评估、决策以及程序等相关的信息。

> 现在，包括欧洲中央银行在内的大部分中央银行都把透明度看得很重要。尤其对它们的货币政策框架来说更是这样。欧洲中央银行就把与公众进行有效沟通作为优先处理事项……

> 透明度有助于公众理解欧洲中央银行的货币政策。公众对政策理解得越好，政策就越可信并且有效。透明度意味着欧洲中央银行将解释央行如何解读自己的命令，而且央行将公开宣布其政策目标。（ECB, n.d.,"Transparency"）。

欧洲央行执行传统货币政策后有时候还要接着采取有破坏性且痛苦的行动，欧洲央行希望通过事先持续不断地塑造市场预期以避免最后不得不采取上述行动，央行通过明确且前后一致的方式传达目标来塑造市场预期。在不久的将来，欧洲央行运作中将面临文化挑战，至少从理论上说，重视预期管理的货币政策能解决这一文化挑战：

> 欧洲中央银行公开宣布其货币政策，并且公布对经济发展的常规评估结果。这有助于市场理解货币政策对经济发展和冲击的系统性反应模式。由此，中期来看市场更容易预测政策实

行。市场预期的形成从而更加有效、更加准确。

如果市场代理人能够大致预期政策的反应，货币政策就能够迅速对金融变量起作用。这反过来加快货币政策传递到投资和消费决策的过程。所有必要的经济调整因此都会加快，并且货币政策的效果可能增强。（ECB, n.d.,"Transparency"）

所以，透明度不仅仅指坦率、开放，或者更一般的，民主问责制。透明度还对定义面向未来的行为有帮助。本文的基本论点是，央行"创造"或者说传递了一种与众不同的知识，这种知识超越了我们平时理解的"经济"。欧洲中央银行新总部大楼的建筑传递了如下主张，即欧元的稳定运行必须在一种沟通领域中定义和管理，在这个沟通领域中信心将不断地被塑造成公共话语。

欧洲中央银行采取的货币制度，其完整框架还借用了另一类似试验，即受聘于新西兰储备银行（Reserve Bank of New Zealand，RBNZ）的年轻经济学家小组在新西兰展开的试验。和德国央行一样，新西兰储备银行的模型也植根于文化项目，而不仅仅来自货币经济领域的偏狭试验。话虽如此，两个货币试验的设计者都关注同样的经济理论问题，而新西兰人无疑精明地察觉到德国央行的创新之处（Brash，即将出版；Grimes 2001）。比较我们现在的情况，新西兰储备银行的例子特别合适，因为新西兰储备银行的试验是在财政、金融以及宪政危机中展开的。严重危机中重新设计银行制度，如此彻底的再设计充分定义了通货膨胀目标制的关键要素，同时形成公众货币的基本原则。

第6章　把握时机

Montague Norman（前英格兰银行行长）对于中央银行有一条著名的评论："央行应该从不解释，从不道歉。"不过 Montague Norman 是错的。

——Alan S. Blinder（美国联邦储备委员会副主席（1994—1996））

当我穿过威灵顿政治与官员选区，在去拜访新西兰储备银行（Reserve Bank of New Zealand，RBNZ）的官员的路上，我有一点分心。这是一个典型南方早春的下午，风刮得很厉害。在通往市植物园的路的两旁，山茶花、杜鹃花、粳稻以及零散的几株樱桃树正在抽出花蕊。新西兰国会与其他政府部门都降了半旗来悼念毛利女王-圣母 Te Atairangikaahu 的逝世，女王的葬礼正在俯瞰怀卡托河的山上举行。今天早上，她的长子 Tuheitia Pakim 被任命为她的继任者，并继续领导始于 1858 年的 Kingitanga 运动来统一毛利分散的部落，这些人曾是新西兰的原住民。

电视上对葬礼进行了大量的报道，内容包括基于人类学方面的评论、毛利人葬礼复杂的仪式以及仪式现场全面的直播。媒体也对女王的品德、风度和美貌以及对她作为土著文化主要弘扬者的事迹进行了细致的回顾。她的一生可谓是新西兰那段错综复杂甚至有些灰暗的后殖民时期历史的写照。

我穿过潮湿的街道，从国会走向由钢材与玻璃搭建的新西兰中央银行，去了解一项更为严峻的文化上的转变：这种转变是新西兰进行的一次实验，而这次实验也是始于 20 世纪 80 年代的中央银行"革命"的典型范例。到 2006 年 8 月我这次拜访新西兰储备银行的时候，全世界几乎所有主要的央行都或多或少地借鉴了最初在威灵顿被检验的创新举措。一方面，我对推动那场发生于 20 世纪 80 年代新西兰央行的超常规创新活动的特定历史与政治环境很感兴趣；另一方面，我也对实验中使用的货币政策的分析方法，尤其是跨期问题中隐含的中央银行信用不确定性的问题特别感兴趣。Mervyn King 在他的"货币政策制度"（2004）中，十分准确地表述了这项挑战："公共垄断（由中央银行执行）意味着当下货币需求量取决于市场对未来总货币供给量的预期。有关公共货币的一个核心问题就是我们如何防止政府（我们自己）滥用其未来的发行能力"（Singleton et al.2006，138）。我十分好奇，新西兰储备银行是如何制定出一系列的制度协议来保证其远期信用和解决 Mervyn King 行长上文提到的问题的。

当大部分的新西兰人都沉浸在 Te Atairanfikaahu 女王葬礼的盛况与塑造了他们双重民族文化的回忆中的时候，我正全神贯注地研究另一项绝大多数新西兰人都没有意识到，但却使他们几乎所有人都置身其中的一项转变。这种转变脱胎于一种前瞻性的观点，这种观点与以往由土著身份与殖民历史所造就的认知方式有很大不同。这种观点需要得到无需过多解释的政策工具的支持。

6.1　1984年

　　新西兰储备银行成立于1934年，起初是效仿英格兰银行组建而成。直到1989年，新西兰储备银行一直负责多项宏观经济目标，包括管理通胀、促进就业、维持汇率稳定，以及收支平衡。而且与那个时代央行的典型做法一样，新西兰储备银行的运作与决策制定是很不透明的，并且央行的决定受制于政府指令。以货币政策为例，内阁给储备银行的指令通常是机密的并且优先事项经常发生变更，而且货币政策经常需要服务于多项矛盾的目标（RBNZ，2004）。然而，被视为未来政策奠基框架的1989年的《新西兰储备银行法案》对20世纪30年代的法律进行了重大修改。该法案的制定不仅恰逢新西兰20世纪80年代开展的一系列全面改革，而且赶上了一次特别的政治事件——1984年的提前全国选举。新西兰的中央储备银行改革实验在严峻的新西兰元危机中逐渐拉开了帷幕。

　　1984年7月的选举由于原政府首脑国民党领袖Robert Muldoon和新政府首脑劳动党领袖David Lange倡导的不同观点而引人瞩目，前者主张在政府规划、政府管控与价格管制的基础上维持原有经济发展模式，后者则倡导改革和重建[①]。新西兰的危机在很多层面上来说是有教育意义的。因为这次危机不仅揭示了为什么一个左翼政党会支持大范围的自由化改革，尤其是会强调一种改良的"审查文化"，而且展现了这种制度性改革是如何使货币问题被大家不断地讨论的（Strathern 2000）。事实上，这次危

---

　　① 这次临时选举是由国家党议会大多数的失败而引发的。而这种失败是因为一位议会成员Marilyn Waring宣称她打算跨过走道与对手劳动党一起投票。随后，Waring被指派到新西兰储备银行理事会就职，她在那儿从2005年工作到2009年。

机在新任政府开始掌权前就已经发生了。

一个极为关键的政治人物，同时也是后来成为新西兰社会自由化的设计师的 Roger Douglas，回忆了危机发生的始末：

> 在 7 月 15 日星期日，1984 年选举的第二天，晚上 9 点，新西兰储备银行宣布暂停外汇市场业务，何时重启另行通知。原因是在选举前 4 周的时间里，外币的大量撤出抽干了储备银行的外汇储备，并造成地方市场中新西兰元短缺，甚至导致日常的借贷活动都难以为继。从提前选举宣布以来，有近 14 亿元流出新西兰，几乎与储备银行一年的外汇交易量相当。市场普遍认为新西兰元将大幅贬值并且有大量资金撤到了离岸市场。
>
> 情况十分糟糕以至于之前与储备银行建立备用信贷额度的外国银行都找各种理由拒绝向储备银行提供贷款。7 月 18 日，普选后的第四天，储备银行宣布暂停外汇业务后的第三天，David Lange 宣布新西兰元将贬值 20%，并且废除上届政府对汇率施加的一系列管制措施。"严格的固定汇率制度与外汇管制并没能阻止投机行为。我们很幸运能在危急中成功履行了我们对外的责任。尽管政策的调整十分突然，代价也十分高昂，但这是不可避免的。新西兰曾差点破产"（Douglas and Callan 1987，136-37）。

这次危机的发生实际上源于当时新西兰的经济结构与经济状况。危机前新西兰经济曾经历超过十年的低速增长，并面临高失业率、高通胀率、工业生产率低下和超过 GDP（1983—1984）9%的内部赤字问题（Douglas and Callan 1987，136-47）。另外，上届政府尤其是 Robert Muldoon 首相本人的不作为与对公众故意混淆、扭曲、掩盖上述问题的行为也加剧了经济的恶化。事实上，很少有人知道 80 年代早期形势有多么可怕，新西兰政府差点就破产了。

Douglas 在新一届劳动党政府中出任财政部长，开启了对中央储备银行的改革，并将其作为他对新西兰公共财政与国有部门全面改革的重要环节。很快，新一届劳动党就废除了对外汇的所有管制，采用浮动汇率制度，并且通过立法开启金融自由化、公司化，随后又进行了国有企业私有化、公共部门改革、福利改革、劳动市场改革与贸易自由化改革（Bollard and Karagedikli 2006，3-4）。后来很多新西兰人民再次回忆起这些被称为"罗杰经济学"（因为 Roger Douglas 的大力推动）的全面改革时，心里虽然不能说是厌恶，但也是十分矛盾的。那些将他们的国家认同感扎根于原有的公有制经济的新西兰人感到他们所坚守的联盟被这场范围极广的改革大大削弱了。

即便如此，一旦所有人都意识到残酷的经济现实不可逆转时，改革与重建不仅要继续，而且要在新西兰社会中全面展开。

讨论到这里，一个最引人关注的问题是之前十年来不断累积的通货膨胀，正如 Peter Nicholl 与 David Archer 在 "An Announced Downward Path of Inflation" 中所描述的：

> 自第一次石油危机（1973 年）以来，新西兰在大部分时间中都经受着两位数的通货膨胀。1974 到 1988 年（包括 1988 年）累积通胀率（以 CPI 计）高达 480%。仅 80 年代早期通胀率就出现了一次短暂的低于 5% 的下跌，但却造成了工资、物价、股利的扭曲与利率冻结。在这一期间，货币政策需要解决多重不断变化的目标，这些目标很少被清晰地定义，而且很少用于降低通胀。得益于这段经历，通胀预期被深深地印在每个新西兰国民的心中。（Bernanke et al.1999，88）

稳定物价成为新一届政府和中央储备银行改革的核心议题以及当务之急。通货膨胀目标制的实验就这样无意间展开，与此同时还有另一项以人事问题形式呈现的重大改革项目。

此时，政府即将面对的议题是如何构建一套全面的方案来管理新建立的国有企业（State Owned Enterprises，SOEs），但是这项议程的影响远不限于此。Douglas 为新西兰引进了一套高度集中的审计制度来严格控制公共支出。在新制度的安排下，公共部门的负责人被授予了更大的管理权限，但规定他们"直接对产出负有责任，比如每个部门被委托或要求交付可衡量的产品或服务"（Sherwin 1999，1）。因此，劳动党政府为整个公共部门制定了严格的商业模式，而这也引发了一个随后于 1986—1987 年审议的关键议题，即如何为中央储备银行行长起草"聘任合同"。另外，令劳动党领导人纠结的问题是如何衡量央行的"产出"，使得财政部长能对央行行长的工作进行审计。

Murray Sherwin，前任新西兰储备银行副行长，回忆如何解决"产出"这一棘手问题：

> 对中央储备银行来说，很难定义一个科学的"产出"。有些人建议采用一些基于货币的衡量方法，但是这些方法很难执行，因为很难找到这一特定"产出"与最终的目标——价格稳定——之间的确切关系。另外，我们的政府官员希望建立一个独立的央行。（Sherwin 1999，72）

在这一问题上，最终的结论是"央行并不对产出负责，而是对就什么是最适宜的产出作出的判断本身负责。"因此中央储备银行最重要的目标变为"创造与实施货币政策以实现一般水平下的物价稳定的经济目标"（Sherwin 1999，73）。在这种情况下，央行行长的聘任合同上就将通货膨胀目标作为一项明确的责任。

在对这些问题进行后续讨论的过程中，Roger Douglas 在经过精确计算的前提下，成功地定义了这次实验的关键方面——"名义锚"——为通货膨胀制定一个数字目标：

> 在没有咨询政府官员或是他的议会同僚的情况下，Doug-

las 在 1988 年 4 月 1 日的一次电视采访中声明在接下来的几年中，货币政策将致力于将通货膨胀率降到 0 或 0 到 1% 之间。这次声明不仅使央行感到措手不及，也使得民众普遍感到十分吃惊。通过这次声明，Douglas 计划引导通胀预期并借此减少通货紧缩引发的不可避免的损失。不过接下来的几周，在听取了来自各方官员的建议后，最初的声明被修正为最迟于 90 年代早期实现 0 到 2% 的通货膨胀率目标。（Sherwin 1999，73）

新货币政策的关键元素是在政府专家全面审议或干预之前，就通过直接的沟通向公众公布。Douglas 戏剧性地将公众这一成员带入新制度，可见这项声明不是草率提出，而是经过巧妙设计的。

在由新西兰国会全票通过的新的法律框架下，一项新的法规明确了使新西兰的物价在特定的时间内保持在明确的目标水平下是央行行长在合同中写明的义务。

如果这一目标没能完成，那么至少理论上央行行长有职位不保的风险。由此，一个单独个体要对整个经济中物价水平的变化负责。

同样激进的是新法律赋予了中央储备银行高度的政治独立性。这一当时被称作"马尔登实验"（Muldoon-proofing）的货币政策的意图是使央行行长不会受到政治上的压力与操纵。得益于新的法律框架，中央储备银行获得了高度的自治权与独立性，并且具有明确的责任："一旦政策目标协议（Policy Target Agreement，PTA）在财政部长与央行行长间签订，法案就赋予了央行独立性。央行行长在执行货币政策时无须与财政部或是中央储备银行委员会进行协商"（Bollard and Karagediki 2006，6）。

严格的保护制度确保了央行行长决策的独立性，从而使其能够专注于这轮改革本身。"央行行长不会因为其保持物价稳定的努力惹怒了现任政府或其决策的时机在政治上是不适宜的而被解雇"（RBNZ 2004）。央行行长的聘任合同，也就是上文提到过的政策目标协议（Policy Target Agreement，PTA）是在央行的行长与财政部部长之间通过协商确定的，两党都对此予以认可并向外公开。PTA的条款与规定在媒体上被广泛报道，目的是传递一种政治（学术）理念，即"货币政策具有单一的目标，并且该目标完成与否是显而易见的"（Sherwin 1999，77）。

在政策目标协议这份政府聘任合同的文字叙述中，一种在以后造成深远影响的激进的文化被有意设计出来。就像以前德国联邦银行创造一种沟通文化那样。然而，新西兰储备银行在其中加入了很多截然不同的特质与法律协议，通过这些特质与协议央行行长被赋予了更大的责任，并且与公众交流的一些术语也被定义出来。这样经济就被赋予了一种有法律依据的表述方式，即由中央储备银行的官员用一种公众能够理解并验证的表述方式来描绘国家经济运行的困境。在这种不同寻常的安排下，一种实实在在的麻烦出现了：央行行长的工作表现很大程度上取决于他/她运用语言来影响一段时间内通胀预期的能力。

6.2　研究文化

19世纪80年代中央储备银行进行的重要体制改革的直接诱因毫无疑问是政治性的，但是改革引发的创新再一次强调了货币经济学中的基本问题。也许新西兰的这次试验中最激进也是最重要的方面解决了当时一个很关键的问题：中央银行如何让公众相信其未来的意图。新西兰这次试图制定机构程序来评价央行行长的努力恰好再一次强调了货币经济学中的这一重要问题（有关时间的问题：中央银行如何传递其有关于未来意图的可靠信息）。

Mervyn King 在 "The Institutions of Monetary Policy" (2004) 中提到："由于我们的继任者几乎不会继续执行任何给定的货币政策，所以社会对央行未来决策的认知就会有很大的不确定性，这也造成了货币政策的一大难题"（Singleton et al. 2006, 134）。在议会民主制下中央银行需要在现任政府的首相的命令下执行政策，新西兰中央储备银行过去就是这样。这种情况下，央行实行政策的时机就是一个持续引起争议的问题。央行的货币政策制定需要依照现任政府在位的时长，因为选举与新政府的成立会导致新的货币政策目标的建立。

另外，像 Muldoon 政府那样将货币政策作为一种潜在的政治工具的做法，会使中央银行倾向于服务短期的政治目标。呼应 Milton Friedman 的观点，King 解释说："没有政府对未来政策进行完全的承诺，私有部门将很难倾向于相信政府会坚持其之前所说的意图。相反，私有部门预期政府会执行短期最优而对长期来说次优的政策。这种情况下，如果没有抵消任何经济优势，通胀率很可能会持续高于期望值"（Singleton et al. 2006, 148-49）。

央行无法制定出长时间一致的政策，这阻碍了央行机构影响价格的能力。这种困局如何解决？循着 Arthur Grimes 1987 年在银行间的一次演讲，共识正在逐渐形成：

讨论的结论是，政府可以把通货膨胀目标单独分配给独立的中央银行，而让政府的分支机构承担其他经济政策目标，比如完全就业，这样就回避了时间一致的问题。这个处方和 Mervyn King 的观察结论是一致的，即"合理设计货币制度可以有效减少政策时间不一致带来的负面影响"。（Singleton et al. 2006，149）

Arthur Grimes起草的这份文件和它随后引发的讨论反映了后布雷顿森林体系时代中央银行演变的一个重要方面——急需一项知识产权制度来持续激励经济研究与引导新观点、新技术的产生以充实货币经济学。在新西兰这个案例中，有一些特殊的情形有必要再提一下：

> 从20世纪60年代早期开始，中央储备银行就成为了新西兰最重要的经济研究中心。该央行对本国经济思想与研究方面的贡献相比那些大国的央行的贡献要大很多，因为在那些大国中除了央行，大学与私人研究机构也在进行相关工作。新西兰央行的一项重要工作是筛选国外那些最新的经济学思想，另一项则是研究新西兰本国的经济。这两项工作都会影响央行与政府的财政部共同提出的建议。另外，央行的研究工作有很强的正外部性，因为这些研究对有关的当事人都是可用的。

中央银行需要不断的智力投入以研究不断变化的经济形势、制度环境、监管环境，并建立理论模型来对越来越重要的经济数据进行分析。中央储备银行20世纪80年代的那次重要突破将这些智力成果带入了公众讨论的范畴，因此也将货币政策与央行员工不断创造与改进的新观点联系起来，其中最重要的成果要算可以用来预测新西兰未来经济表现的新工具。通过这种方式，经济研究不再只描述"客观的"的经济现象，还可以用来作为劝说民众的一种工具。

以下是对上述过程如何展开较为随意的缩略介绍："经济学家会将在非正式讨论过程中产生的观点进行多次筛选并重新整合，然后再用这些观点去说服央行行长、董事、政府与公众。这经常涉及概念的简化以消除专业上的壁垒。信息会被整合来迎合听众与场合的需要"（Singleton et al. 2006，70）。

央行的员工根据听众的需要对新思想的不断改良产生了交互效应。像德国联邦银行那样，这使得央行的领导能力对能否成功搭建使央行的政策与公众预期一致的沟通桥梁有高度的敏感性。在可信范围内，对通胀目标进行不断地重申的行为本身就能改变通胀预期，这也被戏称为央行的"口头操作"（Guthrie and Wright 2000）。因此语言本身就能够调节新西兰物价的演变。新西兰央行承担起了塑造一般通胀预期的角色，并创造了一种有力的外部沟通机制来约束央行坚守该目标，并让央行行长承担起完成该目标的个人责任（Sherwin 1999，75）。这些可以称得上是新西兰1984年那场造成不小动荡的事件的一项非同寻常的"遗产"。

6.3 预测

新西兰储备银行采取这种沟通策略有两个额外的因素支持：央行公布其对宏观经济的预测，以及央行含蓄陈述其对这些预测的政策回应（即"回应函数"）。后一项因素的意义是非同寻常的，因为它意味着央行将它自己的策略与行动计划融入它的预测当中。研究工作因此就成了中央储备银行对外沟通的一个必要环节，利用中央储备银行已有的数据和利用模型作出的预测，传递及合理化不断演变的政策意图。预测成为获得未来可辨别特征的正式方法，虽然未来的特征常常是暂时的。

做预测之前需要明确之前政策执行的明确的时间范围。货币政策如官方现金利率与中央储备银行政策利率变动会影响之后6到8个季度的通货膨胀率。这种滞后性反映了通过货币政策影响未来时会产生的风险。

　　如果我们想控制通胀，比如说在6个月的范围内，我们需
要对官方现金利率作出较大的变动。考虑到抵消通货膨胀压力
所必需的利率变动大小，实体经济将经历十分剧烈的调整。在
极端情况下，货币政策会引发衰退，这种情况下，如果同样要
在6个月的范围内控制即将下降的通货膨胀，政策利率就需要
被适当降低。这种和滞后错配相关的"货币工具的不稳定性"
会引发实际GDP增长产生剧烈的波动。同样，汇率也会发生
剧烈的波动（达到短期利率影响汇率的程度），实际上，由于
汇率会更快影响到通货膨胀，做短期预测需要隐性地考虑汇率
影响通胀的直接途径。所以灵活进行通胀目标管理的一个重要
因素就是要将政策的执行期限与政策工具起效的滞后性进行匹
配。（Bollard and Karagedikli 2006，13）

　　将央行的预测模型与其中期政策区间协调起来会有效减
少"政策工具的不稳定性"，因而就减少了潜在的政策干预
的强度与频率。时间区间的问题也意外地影响了央行做预测
的功能，因为该问题使得预测研究成了对外交流的一个重要
基础。

　　从根本上讲，管理中期通胀目标需要对未来的产出与价格作
出可信的预测，并与公众进行充分讨论，目的是将政策目标与公
众预期紧密联系起来。不断进行的预测尝试使得央行能够将用数
据支持的政策意图与用预测模型得出的技术性的预测紧密地结合
起来。新西兰的创新实际上走得更远。除了对宏观经济进行预
测，中央储备银行还清晰地对外公布货币政策如何支持未来经济
的发展：

　　为了响应新西兰经济中物价与产出的发展，央行的政策倾
向性被清晰地描绘出来。从1997年开始，新西兰中央储备银

行就开始公布对利率与汇率未来变动轨迹的预测，这与更好地完成通胀目标是一致的，比如：隐性地预告我们将采用哪种政策来应对我们的预测。我们可以直接根据货币政策工具预期变动程度来判断今后一段时间通胀或通缩压力的大小。通过这种方式，我们提供了对未来政策倾向程度的一种数字化呈现，这种呈现并不只截至下一个政策决定的时点，而是长达大约两年的时间。(Bollard and Karagedikli 2006，11)

上述内容完备了新西兰实验中的沟通链条，并揭示了其最重要的目的：“明确地公布我们的预测和与之相对应的政策行动最明显的好处在于经济主体可以学会预期我们的经济利益”(Bollard and Karagedikli 2006，11)。

这个实验的成果是十分惊人的。“在通胀目标制下，不仅绝对通胀率出现了显著下降，相对通胀率也下降明显。与经济合作与发展组织（OECD）的平均水平相比，新西兰的通胀水平已经从最高点下降到了主流水平”，并且，这一成功降低通胀的策略并没有利用传统货币政策的干预。更重要的是，这一策略的额外收益就是抚平了经济周期和降低了周期性经济下行与衰退的可能性（Sherwin 1999，77）。如此，这项通胀目标制的实验将货币政策变得不再神秘并且公开化，其功效使得新西兰元变得十分稳健。

为了论述关于打造公共货币这个更广泛的议题，这些创新就变得更加重要。它们利用了经济体内部特别有效的一方面：对语言调节的敏感性，也就是潜在的沟通属性。这项新制度的设计者给新西兰的经济注入的不仅是独特的沟通特征，还有经过细致分析的教育目的。再一次，央行进行政策沟通的最根本工具无论过去与现在都是“政策目标协议”（Policy Target Agreement）。以下是这项协议的最初完整版，这是在新的立法通过后不久起草的：

政策目标协议（1990年3月）

依据1989年《新西兰中央储备银行法案》（简称《法案》）第9节，财政部长（简称部长）与新西兰储备银行行长（简称行长）就以下内容达成一致意见：

1.通货膨胀目标

依据《法案》的第8节，中央储备银行应当制定与实施相应的货币政策，以在1992年12月底前完成物价稳定的目标。年通胀率保持在0~2%的范围内，视为完成通货膨胀目标。在1993年8月31日前的本届行长任期内，通胀率应始终保持在该范围内，另外，在任期结束时的货币环境应能保证之后也能维持相应的货币稳健水平。为完成这一目标，同时遵守下述限制性条件的前提下，截至1992年12月这段期间中央储备银行执行的货币政策应当保证年通货膨胀率是显著下降的（排除1989年7月增值税（GST）增长的直接影响）。在《法案》第15节的规定下，中央储备银行在未来5年内，发布的每一条政策都需要包含对通胀的管理路径。

2.通货膨胀的测算

依据《法案》第8节，中央储备银行应当实行货币政策以保证"一般物价水平"的稳定。为完成这一目标，中央储备银行需要监测用各种物价指数衡量的物价变动情况。理论上，用来计算通货膨胀率的物价主要衡量方法应当包含家庭当前消费的商品与服务。然而遗憾的是，所有群体的消费者价格指数（Consumers Price Index，CPI）并不是衡量这些价格完全合适的指标，因为该指标还包含与投资相关的支出的价格与服务成本，尤其是在房地产领域。新西兰的CPI与经济合作与发展组织（OECD）的消费者价格指标有所不同，因为它包含了住宅的购买价格与抵押融资的成本。因为这个原因，尽管 CPI 出于实际应用的目的将会被用作衡量通货膨胀的指标，但是中央储备银行仍需要准备一种可以进行国际比较的衡量消费者价格的替代方法，并以此来提供一种评价投资性房地产成本对 CPI 影响的方法。特别的一点是，中央储备银行经过调整的指数将把目前以支出为基础衡量的 CPI 中房屋购买成本替换为房屋租让成本。中央储备银行应当每季度公布一次该指数并确保该指数的计算是可以通过信誉良好的外部机构验证的。

3. 目标的变更

A. 根据《法案》第 12 节第 7 条规定，如果一项议会的命令根据《法案》第 12 节开始生效，本文件的政策目标必须停止实施，并且在命令制定 30 天内变更为新的目标。

B. 根据《法案》第 9 节第 4 条规定，当前目标可以按照行长与部长的协议在任何时间修改。根据《法案》的规定，下列具体情形将引发对政策目标的重新商议：

（i）在 1992 年或 1993 年，用 CPI 衡量的年通胀率与用中央储备银行的国际可比消费者价格衡量的年通胀率出现了或很可能出现 0.5% 的背离，央行需要通知部长。在发出通知的 30 天内，行长可以选择协商建立新的政策目标，以解决 CPI 构造方法中的缺陷。

（ii）增值税出现任何程度的变动，或其他间接税种出现重大变化时，目标自动被重新商议，因为这些变化会直接影响 1992 年或 1993 年的年通胀利率。一般来讲，间接税种出现重大变化会在 1 年时间内对物价水平造成至少正负 1 个百分点的变化影响。对目标进行重新商议的目的是允许上述变化对物价水平造成直接影响，但避免这些变化造成第二轮效应。在增值税出现变动或央行预测其他间接税种出现重大改变后，央行应当书面告知部长其对这些变动对物价水平造成的直接变化的估算。如果必要的话，新的政策目标应当在部长收到这些预测的30日内被制定出来。

（iii）如果出口价格或进口价格的变动导致贸易条件出现重大变动，使得央行需要以书面形式告知部长其估算的变动将会对1992年或1993年的年通胀率造成重大的直接影响，则政策目标需要被重新商议。在告知部长出现了重大变动时，央行需要给出贸易条件变动对价格水平造成影响程度的估算。在提供该估算的30日内，新的政策目标需要被制定出来。制定本规定的目的是使贸易条件的任何变动（无论正负）对物价造成的影响能被部分或全部抵消掉，但无需抵消第二轮效应。因此，任何贸易条件的变化只能对通胀率造成很短暂的影响。

（iv）如果出现诸如自然灾害或瘟疫导致牲畜数量锐减等危机状况，并对物价水平造成重大影响，相关处理过程与贸易条件出现变动时相同。

C.《法案》第9节第4条规定除了上述讨论的特殊情况外，任何来自国内的通胀冲击都不会改变政策目标。具体来讲，工资与利润边际的上涨即使与政策目标不一致，央行也不会干预，也不会引发对政策目标的重新商议。

4.实施

《法案》的第10节与第12节规定了央行在执行货币政策时必须要考虑的事项，但根据《法案》的第13节，这些事项不能限制央行完成其货币政策目标的义务。在这一背景下，央行在制定与执行货币政策目标时应当将下列事项列入考虑范围之内：

A.央行必须考虑到其行为对金融系统的效率与稳健性的影响。如果央行认为其行为将会对金融系统的效率与稳健性产生实质性的负面影响，央行必须告知财政部长。根据提交给部长的建议，行长与部长应当重新审议现有政策目标是否适宜，并且可以根据《法案》第9节第4条制定新的政策目标。

B.如果央行认为任何党派（包括现任政府）的行为会对完成政策目标产生负面影响，或会增加完成政策目标的经济与社会成本，或会损害金融系统的效率与稳健性，央行应当与该党派协商以改变该党派行为，用最小的代价来获得预期的政策收益。

C.政策目标确立的基础是现有金融部门的部门结构，尤其是银行部门的运作结构。如果央行认为金融部门的部门结构已经发生改变，或者将会向不利于央行执行货币政策的方向转变，央行应当告知部长。如果部门结构改变持续阻碍货币政策的实施，部长与行长应当根据《法案》第9节第4条的规定制定新的政策目标。

本协议由财政部长 Hon. David Caygill 与新西兰中央储备银行行长 Dr. Donald T. Brash 于 1990 年 3 月 2 日星期五签订。（RBNZ 1990）

很显然，新西兰的公众没能立刻意识到政策目标协议的规定事实上为以后的经济计划与实施提供了模板。然而，政策目标协议只是一个起点，一个有些不成熟与过于技术化的起点，它开启了之后成为常规的沟通机制，并且这种机制在之后岁月的打磨中变得不断完善与精确，在描述宏观经济寓言上大显神威。任命经济学家 Don Brash 为新制度下的第一位央行行长，第一次签署政策目标协议，这些都是为了推进该项议程。Brash 因其娴熟的沟通技巧被人们熟知，他对新框架的实施在很多方面都是通货膨胀目标制取得全面成功的关键（Brash，forthcoming）。因此，在20世纪的最后10年，新的货币体系的基础机构已经准备就绪，并且经济中公共货币的跨期结构问题也得到初步的解决。

第7章 模拟与仿真

模型中的主体、计量学家和上帝共享同一个模型。

——Thomas Sargent（美国经济学家）

　　我专门研究的那些中央银行都拥有附属的博物馆。我特别喜欢位于法兰克福的德国联邦银行的钱币博物馆，不仅因为它蕴藏着丰富的有关货币制度和纸币的历史，还因为它有一些精心布置的展览用以解释货币性质和央行运作。我一个在联邦银行工作的朋友告诉我，如果我下次还来参观这个博物馆，应该去尝试一下里面的交互式电子展览。这个展览模拟了中央银行家的工作，还生动展示了货币政策在一段时间内是如何影响经济的。我听从了他的建议。

　　这个模拟很新颖。首先，它对中央银行可用的货币政策工具有一个详细的解释，最简单的货币政策工具就是对会影响德国经济货币供应和信贷的短期利率的操控，同时它还对这些货币干预如何工作、伴随着这些政策产生的意外支出和约束进行了解释。其次，它会提出一系列经济状况，并询问参与者，如果你作为中央银行家应该怎么选择合适的政策和立场。这个模拟最有趣的（也最难忘的）是，随着时间的推移，这个模拟完成后，我们能看到我们之前作出的所有决定的可能结果最终都被传递给了德国经济。因此，在接下来的每一个模拟阶段，参与者都需要选择一个政策立场以应对经济中出现的由他们一手造成的新情况，具体而言就是通货膨胀和经济增长。除了引起参与者轻微的窘迫，这个关于路径依赖的模拟还显示出，即便在最基础的阶段，中央银行家在稳定经济、抑制通胀以保持经济平稳发展的过程中也遇到了不少麻烦。

在 2004 年到 2008 年间，我曾多次去法兰克福学习如何从头开始创造货币，这正是欧洲货币联盟（European Monetary Union，EMU）的目标。我曾多次往返于德国联邦银行和欧洲中央银行，去调查那个在我十年前研究欧洲一体化和起草《马斯特里赫特条约》时就让我关注的问题。在《马斯特里赫特条约》中控制新货币的条款下，欧洲中央银行诞生，欧洲央行从一开始就融合了新西兰联储创立的通货膨胀目标制的实验和德国联邦银行构想的沟通创新。德国联邦银行还创造了另一个先例。就在几年前，德国联邦银行才开始处理伴随德国重新统一而来的货币合并问题——这个小插曲迫使银行向公民们陈述和解释使货币充满生机的信息沟通问题。

欧洲央行用宪法性质的命令"维持物价稳定"，这种做法本身对央行来说并不常见。欧洲央行所追求的技术创新，总的来说是构想两个目标，作为"双柱"手段的一部分用于锚定货币政策：一个目标是货币增长（M_3），另一个目标是消费者物价调和指数（HICP）。因此，欧洲央行就成为了德国联邦银行"实用货币主义"的忠实粉丝，同时它也融入了对通胀目标制的新发展。但是，从一开始，欧洲央行所追求的就更加激进、复杂，当然也不可避免地更不优美：创造公共货币。

　　早期在法兰克福进行的研究，是在对欧元及管理它的货币权力机构的评价并不确切的时候进行的。在下面我节选了一篇由欧洲央行执行委员会撰稿、主席Jean-Claude Trichet演讲的月度报告。接下来，我将从类似这篇的报告回溯到技术问题——预测和模拟，预测和模拟是报告的基础，由此揭示通货膨胀目标制最初并不依赖预测模型。对利率的决策是基于有远见的预测形成，并借此证明其合理性的，这一点并不意外。有趣的是，这些预测模型和用于预测的理论本身就存在矛盾和局限性。这些缺欠和不和谐我们之前见到过，在后面的文章中也将重复出现，它们为另类且难分析的实践提供了存在的空间。最明显的实践就是，我之后会谈到，对宏观理论的微观基础的搜寻创造出来一系列的困难，这些困难使得他们开始进行人种调查。

7.1　客观性

　　联邦银行的主席每两个月便会到欧洲央行的临时总部——欧洲大厦来约见欧元区国家中央银行（national central banks, NCBs）的官员以及欧洲央行执行董事会的六位成员。管理委员会是欧洲央行的主要决策机构。这些高级官员代表着完全不同的经济和社会以及多种多样的数据收集、分析和决策传统。然而，理论上，在这些会晤中，他们要有相对独立性，要与对各自国家选民的政治责任保持一定的距离。他们会被达成共识的学院派道德所束缚，这样政策的讨论就是"数据驱动"了。但是，什么构成了引人注目的数据以及数据是如何产生和交流的，就是很复杂也不那么明显的问题了。

通常，在他们的每月第一次会议上，管理委员会的成员都会评估货币和经济形势，决定关键利率和银行系统流动性供给量。在第二次会议上，他们会讨论欧洲央行其他职能的管理问题。这些职能包括经营外汇业务，欧元区国家外汇储备的管理和被称为目标2的欧元支付系统的正常运转，通过目标2，货币像被加密的电子束一样循环流动。

这些会议的纪要都会以保密形式被保存下来，这一点与美联储、英格兰银行和瑞典央行不同。不过，每次会议之后，央行主席都会通过一个新闻发布会第一时间将货币政策决定的评估意见和综述发布出来。通常，Trichet代表欧洲央行管理委员会的发言都很口语化。这个发言会先于法兰克福财经媒体的提问环节，发言之后会有欧洲央行副主席Lucas Papademos、欧盟或其他欧洲央行高级官员的讲话。

下面我摘录的文字是关于二元分析的，该分析帮助央行从2006年年中的角度了解未来的价格，从而进行预测。回顾往事，2006年是一段在骚乱的第二个10年里就算不是宁静也是相对无事的时光。主席的整个发言大约有1 500字，概括了在欧元区生活的数以上百万计的民众的生活状况。管理委员会会定期地把会议地址改到法兰克福以外。2006年6月6日，经过慎重考虑，会议在马德里举行。Trichet主席用对利率决定的解释作为开头，以简明的方式召开了新闻发布会。口语化的腔调掩饰了这是一个由央行众智囊团精心编写的故事：

在今天的会议上，我们决定将欧洲央行主导利率上调25个基点（主要再融资拆入息率变为2.75%）。这个决定反映了中期价格稳定的上行风险，该风险通过我们的经济和货币分析已被发现。未来，该货币政策调节的撤回将能保证欧元区长期通胀预期与物价稳定保持稳固的一致性。就像在之前的一些场合中强调的那样，这种稳固性是货币政策保证欧元区经济增长和就业机会的先决条件。总的来说，在这次升息后，欧洲央行主导利率仍然处于历史低位，流动性充足，我们的货币政策也会视情况变动。考虑到对欧元区价格变化的展望、货币动态机制和信贷增长，我们会继续密切监控所有的变化，以保证中长期物价稳定。（欧洲央行 2006）

接着，Trichet 简要谈到管理委员会决策——特别地，央行双重使命中的第一个，即经济分析——依赖数据这一属性：

请允许我从经济分析开始详细介绍我们的评估。

最近我们可以得到的所有经济活动的主要指标都呈正数。根据欧盟统计局的第一次测算，欧元区实际 GDP 在 2006 年第一季度环比增长了 0.6%，与前一季度相比增长了 0.3%，而国内需求对此有巨大贡献。预期在 2006 年第一季度出现的实际 GDP 再增速已经实现，这也证实了我们关于经济持续稳定增长的观点。这个判断也得到了第二季度那些鼓舞人心的经济活动数据的支持——如大量的信心调查和指标统计。

进一步来看，尽管石油价格在上涨，欧元区目前的条件还是很适合经济增长的，并且可能保持接近其潜在增长率的速度。欧元区主要贸易伙伴保持着稳健的经济增长，这为欧元区的出口提供了保障。得益于优越的融资条件、公司资产负债表的调整、收入增加和经营效率的提高，强劲的投资增长仍将保持。随着劳动力市场状况的逐渐好转，个人可支配的实际收入也在提高，那么消费也将随着时间不断增长。

这一观点同样也在 6 月份欧元体系的宏观预测中得到体现，这也给我们对未来经济活动的分析提供了更多的素材。欧元体系的宏观预测认为 2006 年平均实际年 GDP 增长率为 1.8%～2.4%，2007 年为 1.3%～2.3%。对 2006 年增长的预测与欧洲央行对 2006 年 3 月的预测差不多，但对 2007 年的预测则比欧洲央行稍微低一些，反映出了最近油价上涨的情况。最近国际组织和一些机构的预测也与这个大体相当。管理委员会认为短期中预测的风险可以被平衡掉，而长期的下行风险则与油价继续上涨、全球不平衡和贸易保护主义有关。

现在我们来考虑价格的问题，根据欧盟统计局的初步估计，5 月份的年消费者物价调和指数（HICP）增长到了 2.5%，而该指数在 3 月是 2.2%，在 4 月是 2.4%。尽管我们拿不到更详细的数据，但我们猜想这个增长可能源于能源价格的变化。在下个月和 2007 年，通胀可能会继续高于 2%，而精确的数值则由未来的能源价格决定。2007 年，欧元区劳动力成本将继续温和上涨——这也反映了目前全球的产业竞争压力，尤其是在生产部门的竞争压力。与此同时，过去的油价上涨和政府宣布的间接税率调整也将对通货膨胀产生正向的推动作用。在此背景下，社会各部门要继续履行各自的职责，这非常重要。

我们对未来价格变化的进一步研究也来源于 6 月份欧元体系预测。预测的 2006 年消费者物价调和指数的增长率在 2.1%～2.5% 之间，2007 年在 1.6%～2.8% 之间。与 2006 年 3 月欧洲央行的预测相比，这些预测范围意味着 2006 年的消费者物价调和指数有略微上升，当然也从很大程度上反映出高油价的假设。

按照管理委员会的观点，未来价格仍有上行风险，该风险包含油价的进一步上涨。过去油价上涨的影响被转嫁给了消费者，这一影响比我们现在预计的要强烈。因为过去油价上涨带来的第二轮影响，管制价格和间接税率的额外上涨比工资上涨速度更快。（欧洲央行 2006）

Trichet所说的故事都是央行研究理事会各种谈话的结果，这些结果囊括了经济学家和政策制定者可以获得的来自欧洲央行、央行的会员行、国际组织、金融机构和其他研究机构的所有技术资源。在本章中，我将介绍德国联邦银行作为欧洲央行技术资源的重要来源，是如何给Trichet所说的故事提供框架和内容的。但是首先，我得说一些有关经济模型的优劣势和模型在影响政策制定时的角色的问题。

7.2　微观基础

中央银行研究部门的根本是高度量化分析，也就是建立等式的系统——模型，去捕捉在复杂的经济中最相关的变量（Galí et al. 2004，7）。就像我们在上一章中看到的那样，这些计量工具在政策制定中成为了预测工作的基础，也成为了学术讨论和解读的框架。（Clarida，Galí and Gertler 1999；Rotemberg and Woodford 1997）这些模型的设计也是可对通胀目标制进行分析的先决条件。

央行使用的预测模型就是经济动态特征的数学表示。同时，它也是形成未来经济蓝图的工具，因此它在政策制定、形成解释讨论框架和特定政策争论方面都起到一定作用。通过这种方式，预测模型在有限的计算和测量下描述了每一个经济情况。在过去30年里，计量经济学的优化一直关注宏观现象的"微观基础"，这意味着一些经济史上有争议的事件也保留在了这些工具的体系当中。

下面是 N. Gregory Mankiw 对给经济周期建模的分析方式的评价：

> 经济学家都喜欢用凯恩斯的方法解决经济周期问题，但这

已经被问题的微观基础证明是行不通的了。的确，Lawrence Klein（第一个使用"宏观经济"这一词的人）在1946年发表的文章的开头写道："很多最近建立的经济系统数学模型，尤其是经济周期理论，都和家庭、工厂的行为联系不紧密，而私人部门是所有有关经济行为的理论的基础。"（Mankiw 2006，8）

之后，Mankiw又暗指了这些模型试图构建的理论挑战：

在某种程度上，所有的经济学家都是传统经济学家。我们都在教我们的学生什么是最优化、均衡和市场效率。对经济的分析有两个角度，一个角度建立在亚当·斯密的看不见的手和马歇尔需求供给曲线之上，另一个角度建立在凯恩斯对经济总需求不足的分析之上。怎样调解这两个矛盾意义深远，这一问题也逐渐从宏观经济研究中分离出来，成为一个独立的研究方向。（Mankiw 2006，8）

凯恩斯宏观经济理论和新古典主义微观经济理论能否相容，从根本上取决于对可分析的劳动的划分：

早期的凯恩斯主义者，比如保罗·萨缪尔森、弗兰克·莫迪利亚尼和詹姆斯·托宾认为他们通过"新古典-凯恩斯主义综合"解决了两者的相容问题。这些经济学家认为亚当·斯密和马歇尔的理论在长期内是正确的，但是看不见的手和凯恩斯理论在短期内可能是残缺的。时间长度在这里很重要，因为有些价格，尤其是劳动力的价格，在短期内难以调整。早期凯恩斯主义者认为在经典模型里描述的均衡是经济可以逐渐演化而来的。但是凯恩斯的模型更好地描述了在价格事先确定的情况下的经济。（Mankiw 2006，8-9）

为了表达两个理论议程持续不断经历的变革，计量模型的理论基础经过了再三修订。现在两个理论的关系恢复成一种特别的但来之不易的友好状态:"今天,许多新古典主义的宏观经济学家能够欣然接受凯恩斯的价格黏性假设,但前提是这个假设是建立在经济人理性且有远见的情况下。因为争论的侧重点改变了,因此计量经济学的术语也随之改变了。目前,这类研究都会被贴上'动态随机一般均衡'(dynamic stochastic general equilibrium,DSGE)理论的标签"(Mankiw 2006,8)。

英格兰银行提出,这些DSGE模型符合通胀目标制的数量分析传统,并且是作为基础的组织框架去推进[货币政策]委员会的判断和假设(Harrison et al. 2005,5)。在某种程度上,追求"组织框架"这个想法和它在实际操作上的意义反映了,模型作为一种工具是如何运作的。模型是具有解释特性的,通过它可以了解货币制度的动态表现。

严谨的模型和预测使得政策制定和政策交流具有一定的可信度和一致性。模型系统性地使银行工作人员的想法与对经济的全面叙述协调起来,这些模型允许多种并且可能相互矛盾的解释同时存在。中央银行很清楚这些模型的运行、影响模型构建的条件和需要权衡的因素,还有在其修正模型过程中出现的偶然情况。就像英格兰银行,其使用"大量经济模型辅助预测。恰恰是因为模型都是事实的简化,所以没有模型可以预测所有事情——所有的模型都是不完美的。并且,每一个预测都是政策制定者的判断而不是任何模型的机械性输出"(Harrison et al. 2005,5)。

7.3 动态随机一般均衡(DSGE)

德国联邦银行宏观计量多国模型(Macro-Econometric

Multi-Country Model）：MEMMOD（2000）论证了DSGE模型的创新之处①：

> 这种模型充分反映了经济中的个体行为往往基于对未来的预期——这种因素与传统模型不符合（或者说是仅在有限程度上符合）。反过来，这个问题对经济政策的分析以及我们现在对货币政策如何运作的理解都产生了深远的影响。政策的变更会引起行为和固定参数的变化。但要正确估计当期经济政策在未来的影响，那么仅从过去现象中得到启发是不够的。（Deutsche Bundesbank 2008，32）

这些模型可以推导出关于联邦银行、消费者价格和GDP变化的一些关键性政策，下面是一个受模型启发的小例子。假设有一个利率冲击——两年内利率上涨了1%——影响了德国经济，接下来我们可以看到模型推断出来的故事：

> 在受利率冲击之后的第二年和第三年，消费者价格比基准线低0.56%。我们观察到，由于欧元的升值，进口价格出现了价格效应的快速传导。德国出口价格的反应比较缓慢，而且也只在中期内主导了进口价格效应。

> 第一年，利率上升对实际GDP的短期影响为0.28%，在第二年为0.33%。这是由于投资和出口的减少，也和个人消费的减少有一些关系。在中期，因为价格大幅下降，个人可支配收入上升，所以实际个人消费相对于其基准线有正的偏移。随后，需求的上升反过来会引起实际投资的上升。总的来说，这对冲击后的第二年的实际GDP产生了正向影响。如果考虑更长时间，比如说10年，暂时性的利息上涨对实际GDP的影响将会消失。实际进口在第一年上升是因为进口价格的下降。在随后的两年里，最终需求的平减物价指数下降

① 参见 Lucas 1976，19-46。

主导了实际进口行为。因为实际进口的不振，其下降一直持续到第四年年末。

　　最开始的产出下降对劳动力市场有负向影响，雇佣人数下降，失业率上升。长期来看，雇佣人数和失业率都回归到基准值。在财政方面，政府支出比政府收入占 GDP 的比重有暂时性上升，因此政府债务增加。（Hamburg 和 Toder 2005，127-29）

　　这个典型的例子表明模型存在双重时间性，首先体现为凯恩斯主义的影响，即通过利率变动传递一系列短期冲击影响到国民生产总值（本例中影响是负向的），紧接着则是新古典主义中对经济增长的中长期影响（本例中对 GDP 有正向的作用）。模型的这种能够模拟外生冲击造成的不同时间跨度上的影响的能力，十分符合通胀目标制度中对前瞻性的要求。

　　除了能够刻画利率变动对消费者物价以及国民生产总值造成的不同时间跨度下的影响之外，这个模型也可以预测利率变动对汇率、投资、进出口、私人消费以及劳动力市场和政府支出与负债的影响。除此之外，模型也可以表示其他一些"实际的"冲击——尤其是财政政策、需求和油价的变动。

　　现在，我们有必要再次强调央行会采用大量的模型来进行预测。这些模型会在不同维度、不同期限长度的外生冲击基础上校准和求解。模型中使用的数据是持续更新的，这意味着即使是假设有两次相同的冲击，季度性的连续模拟也会产生不同的结果。通过数学上严格修正经济变量之间的关系，然后进行不同类型的模拟，模型可以按照我们的期望来阐释德国经济运行中的不同情景。求解模型则需要大量的解读技巧。

7.4 经济学解读

许多在中央银行工作的经济学家对于这些方程的预测能力都表示怀疑，有时候甚至是严厉斥责（Blinder 1998，7-8；Solow 2010）[1]。他们觉得这些预测方程最多就是对无穷复杂的经济现象的粗略简化。的确，在金融危机期间，当经济波动幅度超出模型稳态假设的幅度，这些模型的预测能力出现明显缺陷。话虽如此，这些模型仍然看似反直觉地保留人种学的研究效力，尤其是DSGE模型，这种研究效力对于处理解释性或启发性的问题而言是非常重要的。为了评价政策问题而建立的模型与为了生成预测的模型是有本质上的区别的：模型可能实现不了后者的目标，但却能达到前者的目的。

尽管中央银行仍对这些工具心存疑虑，但它们有一个共识，认为这些模型在形成和训练本质上为解释性的讨论——有关于一组特定变量集合的变动如何传导到经济各部门——方面是有价值的。举例来说，这些模型工具可能只是用于从整体来评价不同经济事件通过不同渠道传导至经济体的能力，而不是实现精确的预测。简而言之，就是在进行一些涉及面很广，同时数据信息可得的讨论时，模型才具有决定性作用。这些预测——可能代表了这些机构的最强大的分析方法——是通过对德国经济（在本例中）的"深度描述"生成的一个解释性的应

---

① "目前对DSGE模型产生机制的一个更深层限制在于，到目前为止，仍未完全成功地将金融领域中真实部门和事件之间的重要关系模型化。甚至在以2008年9月雷曼兄弟倒闭为开端的金融市场动乱发生之前，这一缺点就已经表现得非常明显。尽管这同样适用于传统的宏观经济模型，这个模型确实理清了一个事实：中央银行无法避免广范围的分析方法"（Deutsche Bundesbank 2008，33）。

用，能够刻画其各部分之间的相互影响机制。

那这个机制是怎样发挥作用的呢？通过采访德意志联邦银行的计量经济学家，我明白了在宏观经济模拟中如何加入交流机制。的确，在本章开篇对博物馆展览描述的例子有一定误导性：模拟并不仅仅是为了产生某种政策立场而将数据导入方程组的机械化过程。它是一个需要不停地反馈和判断以得到不同方案的过程，这些方案可以帮助我们对各种经济情况进行评价。在欧元的后 1999 年时代，联邦银行的领导层不再对德国做任何有关利率的决策。相反，他们十分严谨的研究是进行提出具有说服力的论证，以此来动摇欧洲央行管理委员会的决策。因此，数量性的和文字性的经济模型或多或少存在相关性[①]。

7.5　提出论点

Axel Weber，时任德国联邦银行主席，为了准备欧洲央行的会议，与研究员们会面回顾了他们的分析和预测。在 20 世纪 90 年代初德国刚刚从经济低谷中恢复，因此，模拟的运用就显得十分重要，因为政策制定者希望能观察到持续性的能证明经济复苏的证据。负责维护联邦银行 MEMMOD 的小团队由六个或更少成员组成，他们讨论了如何从沟通的角度进行经济建模。

---

① 正如我们在下一章即将看到的，一个同样的见解为 Graham Smart 分析加拿大银行的预测和政策模型的运作时提供了信息（Smart 2006，85-136）。Donald MacKenzie 针对其研究的期权定价模型提出了一个相似的见解："这些模型是……市场或经济运行过程的文字或数字表现形式。这些表现形式被刻意地简化，从而关于这些市场和经济过程的经济理论能够以准确的数学形式来体现……模型是分析性思维的结果，是方程式处理的结果，有时也是几何推理的结果。它们背后是复杂的经济思维或者高等代数，但从计算结果来看，并非特别复杂"（MacKenzie 2006，6）。

在欧洲央行政策会议开始前一周的时间里，Weber会定期与模型设计者们见面讨论。这个讨论并不是直接汇报，这个有经济学教授Weber参与的会议实际上是一个研讨会。他们在不同假设下运行模型。这次讨论几乎吸收了所有小组成员可以获得的信息，当然也能够全面体现银行的研究能力。他们的讨论基于他们对过去年份中德国经济的运行状况的深入理解，以及从商界、金融圈、政府联系网络中收集到的大量的"质量较好"的报告。他们还在解释性讨论中引入他们认为控制特定数据序列的偶然事件、重要统计量度量的细微差别以及模型本身的特性。此次讨论得到的成果不仅仅是煞费苦心的数量分析产生的学术工艺品，而且是一个前瞻性的代表——一个文字性模型，这个模型融入了关于德国政治经济及其重要贸易伙伴经济状况的有价值的信息。这些研究以表演的形式（述行性地）模拟经济，得到论点、场景——宏观经济暗喻，这些场景使得经济运行更容易受到政策干预的影响。

政策制定者与研究学者之间重复性的信息交换，实现了对一系列不确定事件情境下的系统性评价。数据的模糊性——它们是否是人为的统计数据、理论或数据搜集与定量分析的其他方面——会导致理解有偏误。当一层又一层的信息被加入分析中，抽象的推测会变得有意义。进一步地，像之前提到的那样，建模人员在每个月和每个季度都要对模型进行修正才能完成模拟；因此，随时间推移出现的会是一系列情况，那么模型将存在多重迭代和获取持续学习与解释能力的可能。这个启发式的过程不是仅产生一个预测结果或者只能检验理论，而是为形成一个政策立场带来论点论据（Morgan 2012，1-43）。

正如我们已经看到的，DSGE和其他模型可以获取包含理论性和方法性假设的讨论，这些假设能让我们理解经济的各范围和部门如何工作和运行。更进一步地，这个讨论不只是对单一事实的描述，而是呈现出不同场景下的模拟结果。即便如此，至少在目前，未预见到的情况仍处于不可探测和计算的状态。因此，DSGE 模型追踪的是知识的极限，不过，在我看来正是在这一分析边界越过了决定性阈值。

模型的局限性使得货币政策不仅仅是一种技术干预工具了。在这种情况下，模型不再只是一个孤立的预测机制，而是能充当刻画政策制定者同时面对选民、不同部门、不同层次的社会大众时的困境的模板。模型设定应该要从一个实际政策问题出发，而不是为了求解方程组，那么就能反映出货币政策的动态协同性。如第 1 章中提到的，被 Knorr-Cetina（2007）称作"认知机器"的模型，可以被看作关联机器。它能够使处理私人部门经济关系的政策变得明晰。

在 21 世纪初提出的政策问题不难表述：在当前环境下，德国有活力的中小企业（Mittelstand）能否顺利地带动德国和整个欧洲经济的复苏？尽管这个问题一直以来都在困扰着联邦银行，但其本身却不足以引起关注。这个问题也在媒体、研究德国和欧洲经济体的政治及金融学者间被广泛讨论。但我感兴趣的却是更简单的东西。我们认为，这些中小企业也承认能将经济带出衰退困境的创造性劳动力就是它们本身（这是可以推论的）。对有活力的中小企业或其他团体的境遇进行建模的工作，也暗示了一种搭建宏观与微观经济学分析的桥梁的方法，同时也为创造、不创造和重新创造经济的开创性思维提供了一个分析立足点。

模型，尤其是 DSGE 模型，纠正了我的想法。我起初认为在解释性阈值附近，经济预测和政策制定会发生根本性的变化。经验规则——数据驱动的政策导向——可能会被以改善公众关系为导向的沟通规则取代。政策制定者不得不去倾听大众的声音，并且尽力去更有说服力地与公众交流，去更清晰地讲述有意义的故事，这么做是为了可靠地、持续地树立公众对政府的信心。嵌入在这些解释性的故事中的货币政策，成为了在经济环境和公民所关注的事物等方面与其建立联系的方式。DSGE和其他模型充当了用语言模拟这些困境的模板。我们可以看到，这些解释性故事的承载能力，最近10年来一直被检验。我也越来越关注货币的故事，而不是每个季度的通货膨胀目标。后来，随着模型的预测能力逐渐减弱，货币的故事变得愈发重要。

7.6　符号经济

　　Trichet在他6月6日的声明中向欧洲央行的第二支柱提交了对货币的分析，其是为了对经济分析进行交叉检验，并作为一种评估未来价格走势的备选方式①：

---

　　①　以下是两个银行的职员对货币支柱角色的描述："总的来说，货币支柱确保了货币政策的制定会适当考虑因货币增长和通货膨胀间的长期联系而产生的长期价格稳定风险。按照这个脉络，货币支柱代表了ECB的一个承诺：不再忽视能够在中期支持其对价格稳定目标追求的任何信息以及欧元区经济名义锚定物的建立。不仅如此，货币支柱还提供了对中央银行家们在超越标准的预测界限时所面临的挑战的一个实用的解决方法，尤其在面临因通货膨胀而上涨的资产价格以及仍在恶化中的财政失衡时。货币发展与资产、信贷市场中不断恶化的失衡间的明显经验关联暗示了在货币分析中扮演重要角色的双支柱策略可使得探测还处于早期阶段的失衡成为可能，并对金融、经济及价格稳定的潜在风险作出及时的、前瞻式的回应。最终，在金融动乱的环境下，对货币及信用的数量变化的详细分析有助于恰当地评估经济的资金情况以及银行界出现的调整……ECB的货币分析依赖于一套计量经济学工具来处理基于模型的评估和详尽的制度分析。前者除自身以外，还包括经验货币以及信贷需求模型、统计筛选器、预测模型、和中小范围的结构模型。后者除自身以外，还涉及对银行资产负债表数据的完整分析，包括组成部分、副本以及部门对货币总量的贡献。货币分析的多面化特点暗示其可能无法在一个单独的分析性框架中被完整地概括出来，因此它将继续依赖于一整套方法。同时，为了跟随经济结构的变化，持续改善货币分析无疑仍将是对未来的科学进步的挑战和不断的激励。假定，正如我们前面所述，过去许多大的政策错误是因为忽略了，或者说是曲解了货币发展，而这将是中央银行值得一试的努力方向"（Papademos and Stark 2010，59-60）。

考虑到货币分析，欧洲央行管理委员会再次就货币与信用领域潜在的发展进行了深入的讨论。在充足的流动性和货币信贷强劲增长的大环境下，私人部门的贷款年度增长率在最近几个月中达到了两位数的高水平。信贷的增长广泛地存在于各部门。家庭部门的贷款——尤其是房屋购置——与来自非金融企业的贷款增长十分迅速。与此同时，过去的几个月内货币供应量增长率也不断升高，其中4月份的年化M_3增长率达到8.8%。

货币供应量快速的增长主要是受到它最具流动性的成分的扩张的影响，最近的发展也证实了低利率的刺激作用依然是货币供应量高速扩张的决定性因素。货币扩张意味着中长期通胀风险。

在有充足流动性的环境中，货币和信贷的增长进一步表明长期价格上行的风险在增加。因此，货币的发展，尤其是在考虑到商品住宅市场强波动性的情况下，需要审慎的监管。（欧洲央行2006）

欧洲央行货币分析的"第二支柱"是联邦银行政策创新的"遗产"，但是欧洲央行为什么对货币和信贷关注却是个谜。欧洲央行一本冗长的官方出版物中包含了对货币角色的详尽回顾，这份出版物由时任高级官员的Lucas Papademos和Jurgen Stark编辑，其结论是："货币对经济和物价影响模式的变化——有时是直接通过扩张与收缩购买力，其他时候则是迂回的策略，通过资产价格、流动性约束和风险价格——很大程度上仍是难以解释的"（Papademos和Stark 2010，55）。如果这些关系仍是不可解释的，欧洲央行为何又把它们列为首要的关注对象呢？我在法兰克福研究期间一直在探索这个问题。

针对上述问题，我有一个虽然不完备，但比较有说服力的答案，即对货币和信用变动的谨慎且持久的分析可以加深对中长期价格变动的理解。"加深"是指一种解决特定的制度和宪法上的问题的分析方式。中央银行家,这里我们特指德国中央银行家,他们相信通过货币分析,他们不仅能发现错误的价格行为,还能发现价值的混乱,后者可以影响社会秩序①。他们相信这种分析方法使他们能够解释什么是纯粹的宪法问题:不管是在联邦共和国还是在欧盟,货币与信贷的监管(或错误监管)是如何搭建控制政权的潜在的事实和规则的。货币分析也因此充当了在央行分析和解释的权限内、刻画制度社会学的方法。这个货币主义的转化是基于确信正确的货币信贷管理可以持续地维持社会秩序,也就是说,在确保社会正义的谈判协商系统中,它可以在群体之间和群体内部形成持续性的关系设置。由此可见,对货币的深入讨论,涉及的不仅仅是金融与资本的利益,还包括了辩证地管理社会生活(Boyer 2005;Ho 2009)。

通过采取双支柱,尤其是第二支柱,欧洲央行政策体制力争对更深层次的宪法问题——包含将欧洲民众与他们共同面对的经济命运连接起来的价值体系——保持忠诚度。但这并不是对德国或是奥地利经济体的奇怪偏好,而应被理解为是一些在苏格兰启蒙运动中被广泛承认的东西。

Andrea Muehlebach仔细研究了亚当·斯密的两部原著之间的相互作用:这两部原著分别是《国民财富的性质和原因的研究》(《国富论》)和《道德情操论》(Muehlebach 2012)。大致来说,"看不见的手"可以被看作管理经济运行的一个支柱,货币支柱则是由前文中提到的、勾画出社会秩序的道德规则引出。当金融危机在欧洲大陆弥漫之时,货币政策则陷入了金融市场和国家主权之间的价值观纷争,其中国家主权揭露了不完善的欧洲

---

① Milton Friedman 当然会同意货币主义是关于价值的说法,尽管其是一个价值的不同集合体。

政治经济中不可调和的元素。Trichet在这份声明的最后部分捎带暗示了这种潜在的不可调和性。

7.7 事后的思考

两小段离题的话，可以算是事后的思考，Trichet的声明，在2006年中没有人当回事，但这个声明对欧元作为公共货币的形成与破灭以及最终对欧盟的制度完整性都至关重要[①]：

关于财政政策，最近委员会公布的预测指出了欧元在2006年和2007年的境况基本没有改变；预计赤字率保持在2005年的2.4%的水平上，而债务比率在小幅的降低之后，预计仍占GDP的70%。这相对于经济形势背景而言并不理想。许多赤字严重的国家并没及时摆正自己的位置。更糟糕的是，和其他国家的合作事务存在延期的风险。很多国家在经济形势好的时候没有充分团结合作，避免之前犯的这种错误十分重要。管理委员会认为，对很多国家来说实现健全的公共财政需要更为坚定的进步，应尽快实施可靠的措施，这些措施则构成中期策略的一部分；另外，应确保欧元区公共财政的可持续性，以树立对修订后的《稳定与增长公约》（Stability and Growth Pact，SGP））的信心，这一点十分重要。

关于结构改革，管理委员会重申，这需要实施稳定的措施去保证开放、竞争、运行良好的产品与劳动力市场，以培养一个能吸引投资、创新的环境，并提高工资和物价的灵活性。一个广泛而坚实的共识认为这样的改革有利于促进增长和就业，

[①] 参见Morris，Ongena and Schuknech 2006。他们的分析似乎为Trichet的评论提供了参考。

并能增强欧元区经济应对外部冲击的弹性。与此同时，这些改革可以促进欧元区内部调整，例如可以减少刚性制度导致的在一些国家中工资上涨，从而导致高单位劳务成本、高通胀压力和竞争力的缺失等问题。刚性制度，一方面体现在一些部门缺乏竞争力，导致生产增长率低下；另一方面体现在与物价指数挂钩的名义工资和价格上。总而言之，一个全面的改革，对于增强保证欧元区产出、就业可持续增长的经济基础而言至关重要，也有助于加快稳固经济复苏，并进一步使欧元区调节机制平滑运作，从而便于单独货币政策的实施。（欧洲央行2006）

Trichet的声明是对未来危机的组成元素的一种预期，而不仅仅是对欧洲政治经济中长期存在的缺陷的概括。这些缺陷源自于《马斯特里赫特条约》和欧元的发明，从欧盟成立之日起便已存在（Connolly 1995；Mundell 1961）。

这些缺陷非常突出：在共同货币区内，货币政策针对一个包含多个国家的经济体，这个经济体中各国政府尽管放弃了货币政策权力，但保留了主权，并有权制定、实施各自的财政政策（Scheller 2004，28）。在众多经济学家中，最坦率的言论来自Martin Feldstein（1997），他认为这种制度安排必将导致灾难。

根据现在已臭名昭著的《稳定与增长公约》的约定，各国政府在财政预算上"尽量收支平衡或略有财政盈余"，规定赤字/GDP比率不超过3%，并且债务/GDP比率不超过60%，那么这个矛盾理论上是可以处理的，但有可能无法化解（Morris, Ongena and Schuknech 2006；Scheller 2004，33）。这些复杂的盟约从2002年开始就被打破了，主要是由于盟约国违反财政预算监管约束。最明显的例子是在应对2001—2002年间的全球经济衰退时，德国和法国政府采取稳定经济的政策，因此从2001到2004年连续三年触及财政预算约束。尽管其他欧元区成员有相似的财政预算状况，但这样的情形对于德国政府而言是十分讽刺的；对于联邦银行的官员而言，因为他们明白欧元设计中的不足，因此非常果断地支持《稳定与增长公约》，并以此作为控制货币区财政政策的手段（参见 Parker 和 Larsen 2005）。

Trichet 在备注的最后部分中关注了结构改革的需求。他是在经济形势的上升期、对可持续增长的预期不断增强、欧元区货币政策运行顺利的背景下做这项工作的。他对 2006 年中事实上混乱不堪的现实轻描淡写。对整个公共部门的每一个方面进行调整，对私人部门进行市场化改革和快速自由化改革，对于纠正欧元区核心国家与外围国家之间的发展不平衡问题至关重要。根本上讲，如果外围国家的生产力没有得到恢复，这些核心国家的财政赤字也将继续增长。简单地讲，生产力之间的不同，例如希腊与德国，才是导致赤字问题的根本所在，单一货币则是加剧了这种不平衡。

欧洲共同体的设计者相信建立货币联盟是实现他们建立欧洲联盟梦想的必经道路，而共同货币则可以促进这种统一的达成。政治一体化形成有赖于超主权的市场与共同货币的发展。然而，财政协调的问题，却不能在政府间工作会议中解决。成员国并不同意协议条款中将国会的财政和预算权力移交至布鲁塞尔的欧盟权力机构。在 20 世纪 90 年代早期，让各国放弃主权的尝试均被证明是不可行的（Connelly 1995；Moravcsik 1998）。

货币联盟不完整的本质潜藏在危机中，这是协议的设计者深知会出现的一个僵局。他们明白，通过进一步的政治一体化并将欧洲各国财政统一的政治议程提前，危机可以被解决，这就类似于 David Mitrany（1965）和 Ernest Haas（1958）提出的"新功能主义"。2010 年早期及之后的主权债务危机的惊人成本使他们沮丧，但也在其预料之中。

第8章　通胀风暴

模型刻画的就是社会现实。

——Paul Rabinow（*Writing Culture：The Poetic and Politics of Representation*）

　　我于2007年9月份在威灵顿参观了那时刚开放的新西兰储备银行博物馆。其中有一个展览品吸引了我，它是一个液压装置——国民收入与货币模拟机（MONIAC），由新西兰经济学家菲利普斯（A.William Phillips）（1914—1975）建造。它可以说是"世界上第一台宏观经济模拟机"，于20世纪40年代被创建出来以模拟英国经济的动态运行：

　　MONIAC用水模拟一个宏观经济的货币流量。其中，各种各样的水槽代表着经济体系中的家庭、企业、政府以及进口和出口部门，它们之间的联系基于凯恩斯理论和经典的经济学原理，系统中流动的水可以视作收入、支出以及GDP。该系统是可程控的，因而可以进行财政政策、货币政策和利率互换的实验。（RBNZ，n.d.，"A.W.H.[Bill]Phillips，[MBE] and the MONIAC"）

菲利普斯的奇妙机器为我形象化地展示了如何用数学和语言的方式去描述经济，或者如在这个例子中那样，用液压的方式将我们多少有些难以理解和缺乏控制的这项人类发明进行了形象化，解决了我长久以来的困惑[①]。

同时和这台装置展示的是多年前（可能是20世纪七八十年代）制作的视频短片，用于解释这台机器的工作原理。短片中，一个穿着实验室服装的经济学家以卓别林式的表演演示了这台液压装置的运作机制。而当我参观这家博物馆时，这位经济学家Alan Bollard（2002—2012），正担任该银行的行长。他碰巧是一位热衷研究菲利普斯的学者。

菲利普斯更出名的作品是菲利普斯曲线，这条曲线极好地描绘出失业率和通胀率之间的反向关系（Borio 2011；I. Fishier 1973；Phillips 1958；Samuelson and Solow 1966）。正如菲利普斯所描述的，这一关系的本质引发了20世纪下半叶经济学理论中最为重要和最有影响力的争论，并且它与货币政策还有持续的内在相关性（M. Friedman 1968；Phelps 1968）。菲利普斯曲线是将工资增长率或者一般价格水平增长率与失业率百分比变化相关联的一种工具，而Paul Samuelson作为这些争论中的一个关键人物，他一直很重视那些影响了的菲利普斯曲线权威性的历史偶然事件[②]。

---

① 参见Mary Morgan对被她恰当地称作"Newlyn-Phillips Machine"的历史的精彩描述，当中认可了Walter T. Newlyn在其创造中的角色（Morgan 2012，172-216）。她的描述超越了一般的历史，详尽考察了Newlyn-Phillips machine所控制的更深层次的文化过程："将一个……经济学隐喻——这种语言修辞和闲置的相似性——转变成同时涉及认知性及想象性工作的类比模型。"

② Donald L. Kohn，前美联储副主席，评论了菲利普斯提出的当时通货膨胀动乱导向的思想的核心："传统的菲利普斯曲线中的模型仍是核心部分：多数学术研究者及政策制定者——包括这一位——是如何考虑通货膨胀中的波动性的；确实，替代性的框架似乎缺少坚实的经济学基础和经验支持。但现代菲利普斯曲线从本质上与数十年前使用的版本不同；政策制定者与学者同样认识到了预期的重要性、架构性变化的可能性，以及围绕着我们对工资和价格调整的动态变化的不确定性。不仅如此，在菲利普斯曲线框架下常被强调的通货膨胀和资源优化配置间的关系也仅仅解释了通货膨胀波动中的一小部分"（Kohn 2008）。

在 2007 年和 2008 年上半年，对于不论是新西兰储备银行的人员，还是世界上所有主要央行的政策制定者来说，解决通胀预期的问题都是当务之急。

我在法兰克福市得到的见解是，可以把通货膨胀视作语言的函数，这一点在货币政策表述方式的转变中体现得非常明显。为了更进一步的探索，我回到了威灵顿。具体来说，我想以行长定期货币政策的评价作为管理当时愈演愈烈的通胀骚动的工具。在通胀反弹的期间，向公众讲述货币故事越来越困难，因为这个信息根本没用。缓解通胀预期会冒很大的风险——经济即使不是完全崩溃，也会发生严重衰退。

我希望这一段的研究是一个相对可预测的过程，在这个过程中我可以观察到新西兰央行将新西兰的通胀预期逐渐控制住，顺便看看半个世纪前的菲利普斯的观点如何帮助央行解决其所面临的困境。我十分清楚一场货币灾难即将发生，但不清楚它惊人的规模、复杂性，亦或是破坏力。我曾以为这会是研究的最后一站，结果却变成了一个过渡章节，其为更明确检验如何在紧急情况下为公共货币进行背书提供了路径。在惠灵顿这段时间，我开始看到通胀目标制协议如何不断诱发别的东西：一个新的货币体系。

那么，在这个简短的章节我回顾了我的项目在危机开始时的情况。这项研究的主要内容在此期间突然都聚到了一起。其中有四点想法成为了我关注的重心。第一点，我进一步研究了央行的研究过程是如何与货币政策故事的讲述衔接一致的。第二点，我意识到个人的关系网在管理经济中各关键部门的各种企业中的重要性，其不断地将那些从这场危机中收集到的敏锐见解提供给央行。第三点，当仔细考察这些央行所采用的沟通性与教学性议程时，我对央行演绎的方法的想法改变了，或者说，被语控经济所替代。第四点，我开始认识到对作为这场货币戏剧的主人公的公众的质疑。这些想法、见解以前就被提出过，但是在2007年末这些观点才或多或少得到统一。就是说，我的思考中还有一些缺陷，但是在那时，我想要并且需要一个非常简明的知识系统来为我自己的研究目的服务，因为我研究的问题突然变得极为复杂。

在这一章我也简短地提到查塔姆，马萨诸塞州的一个会议，该会议是由波士顿联邦储备银行发起的，致力于对菲利普斯工作进行回顾性评价。会议的发言者提到了菲利普斯的工作对于中央银行在那种非常时刻所面临问题的适用性，但是对于我们的目的来说更为重要的是，他们给这个舞台引进了那些有能力学习和思考，进而容易被说服的演员。他们用更广泛的语控经济重述了在动态沟通环境下的菲利普斯曲线。

接下来，我研究了一系列的文件和文件摘录，它们阐明了政策是如何被字斟句酌地阐述出来的，以应对这20个月来新西兰民众所面对的不断变化的困境。

8.1　政策评价

"政策评价"是新西兰储备银行每六周发布一次的定期信息，目的是支持其利率决策。除了更为简洁之外，"政策评价"基本上与上一个章节中主席Trichet的月度声明类似，都是用来宣布欧洲央行的政策决定。在这个特殊例子里，随着2007年8月开始的金融动荡变得越来越明显和紧迫，新西兰央行对基准利率的决策作出了解释。值得注意的是，央行决定不改变利率；但在预期风险和不确定性的新来源方面，央行用来模拟经济形势的语言开始有了变化，这是至关重要的。该声明的作者一直在寻找表述方式和描述惯例，以便能够说明和解释我们现在所知即将来临的大崩溃的本质（Bollard 2010）：

货币政策声明，2007年9月——政策评价

基准利率（OCR）将保持在8.25%不变。

回顾7月的基准利率，经济活动和通胀的前景变得更加不确定。信贷问题和增强的风险厌恶导致了全球金融市场剧烈波动。上述事态发展提高了这种可能性：美国和新西兰的其他主要贸易伙伴的经济前景可能会比最近预测的还要黯淡。

在这个阶段，此次金融市场动荡对新西兰的影响尚不清楚。然而我们仍然预期在接下来两年，乳制品和其他一些商品的国际价格能够像以前发生过的那样大幅上升，显著推动经济发展。自7月以来新西兰元急剧贬值，如果这种下滑能够持续，那将会增强全球价格上涨对出口部门收入的影响。

近期的通胀表现使得广泛的通货膨胀压力显著突出，但是最近几周的指标表明之前基准利率的上升开始抑制国内支出，这将帮助缓解压力。特别是，家庭贷款的增长开始放缓，而住房市场周转率持续下跌。

我们预期较高出口收入对经济活动和通胀的影响大致能够被今年年初加息造成的深层抑制效果抵消。但是从短期来看，由于较低外汇和食品价格上涨的影响，消费物价指数的通胀有可能会加剧。重要的是，通胀的短期上升不会影响中等时期中价格和工资的制定。

最近的一些金融企业的倒闭以及非银行贷款机构部门内部的流动性降低可能会进一步抑制某些经济领域的活动，例如房地产开发或者消费融资。

但是，我们目前预期那些负面影响相对可控。

现在我们认为，从中期来看，基准利率的当前水平与未来平均1%到3%的通胀结果相一致。但是，假如目前的不确定性高于平常，我们将持续关注未来的上行和下行风险如何发展。（RBNZ 2007b）

在只有短短375词的声明里，新西兰央行的行长充分展示了他本人负责管理的非常复杂的定价现象。从一开始，央行就设定了自己的目标：进行"公开市场操作"，将基准利率这一关键短期利率保持在8.25%的特定水平。在2007年9月，该央行政策利率是全球最高利率水平之一。行长Bollard声明的主体部分简洁地说明了在金融市场异常混乱的时期，与新西兰以及全球的普遍状况相关的货币政策立场。

隐含在这项声明中的，是承诺公开央行政策信息、清晰地阐释货币政策所依据的分析，以及在"政策评价"中直白地评估不确定性和风险因素（Blinder 2004；Blinder et al. 2001；Blinder et al. 2008）。这个声明重申了新西兰央行承诺实现的具体通胀目标，并制定了评价央行绩效的明确标准，另外，如我们在第6章看到的，对行长建立了明确的问责制。行长的政策评估以一个较长的文件开场，也就是货币政策声明。在透明度的影响下，货币政策声明非常详细地描述了那些报告当前的评估、并可能影响未来政策发展的经济分析和预测。正如我在法兰克福所做的那样，当储备银行的货币政策故事在调查研究和政策讨论的过程中，逐渐被人理解且有说服力时，我研究了其来源。

通过研究另外一家央行——加拿大银行对实现信息沟通的做法，Graham Smart说明了这类故事如何实现带有决定性和不可思议的启发性（Smart 1999，2006）。他精彩的叙述非常有用，因为当时新西兰央行采用的是加拿大央行为自己开发的季度预测模型（QPM）的修改版。

Smart对创建这些一下场景的过程给予了一个基本的描述：

货币政策故事的构建分为三个阶段，随时间的推移和一系列书面形式的变化，每一个后续版本都会对加拿大经济的状态进行更加全面的描述，从而提供更广阔的认知。故事的第一阶段是那些被我称之为"部门故事"的丛集，即不同经济领域的专家对未来发展的分析。故事的第二阶段是由一个经济学家的团队在以"预测训练"著称的季度活动中创造的，被收录在白皮书中。尽管它仍存在某些局限，却是对加拿大整体经济的一个更为全面的描述。故事的最后一个阶段，则是由白皮书和其他信息来源的管理者们所完成的一个非常详尽的机构故事。（Smart 1999，257）

正如一位加拿大管理人员所说，讲故事练习形成了"一个思考经济与政策的基本框架"（Smart 1999，263），而且相关的会议"提供了对经验现象与统计数据产生不同看法的参与方之间定期磋商的机会"。然而在最后，货币政策故事"并没有在内部文件中以书面的形式被完整地表述出来；相反，它存在于管理人员的论述中。这些论述全部地或部分地呈现在会议和非正式研讨中，并且在他们制作的文本中隐含了某些特定的假设和论点"。这些演员坦率地承认讲故事暗含于磋商正式的实证分析的各种标准中，尤其是在涉及银行关于加拿大经济的计量经济模型——QPM 的时候。论述的生态促进了"感觉"、"直觉"、"判断"、"裁决"的同化，在这些机构内部延伸成"经验"的储备，并且维持了"主体间性——共同理解的根据——使得银行的经济学家之间的智力合作成为可能"。

在新西兰储备银行模型——预测与政策系统（SPS）中也有一个即便不是完全相同，但也非常相似的"讲故事"情况，它产生那些能够在获得新的数据与新的解释性见解时不断修改和修订的故事。首先，这些故事所要达到的目的是对重要历史数据本身进行解释与对这些数据对未来经济活动的演变（尤其是经济产出、就业、物价、利率与汇率的路径）进行再次解释。这些分析产生了新西兰经济的相对稳定的基准情景——它的中央预测，多种模拟可以围绕它来运行，同时一系列的可选政策行动也可以通过它来测试和评估。利用这种结构可以探究出反馈关系，并且揭示第二轮效应。这个模型充当了启发式对话的工具。

另外还有别的系列对话能够充实行长 Bollard 的想法——这也是另外一种研究实体经济的方式，他捕捉那些可能并能够同时推动实体经济的情绪与预期。与他英格兰银行的同行们一样，行长 Bollard 每个月都会进入这个"领域"，与一两个助手横跨南北岛，前往访问精选的 500 个左右的企业。这些企业往往能提供关于新西兰经济的战略性的观点①。

在他们访问期间，行长与他的工作人员就央行的政策进行了交流，但是他们也积极地从雇员、管理层和这些企业的股东那里搜集故事——轶事数据。他们谈论数字、谈论趋势，也谈论前景。在交流过程中，他们不仅收集同时期对新西兰经济的报道，而且还从对话者那获得一贯被经济统计遗失与抑制的细节与反驳意见；他们的谈话不但会提到当地的预期与情绪的信息，同时也涉及展现在全球市场，特别是新西兰主要贸易伙伴之间的快速变化的竞争压力。这些对话者的关系网对新西兰的经济进行了技术性描述，将社会调解与社会背景引入（或者还原）到经济分析中（Holmes and Marcus 2005，2006，2008，2012）。

这些特定的对话者能够讲述外汇、农产品价格以及油价的变

---

① 我对中央银行家们所追求的现场调查的描述已经引起一些怀疑。我的同事 George Marcus 读了我的一些笔记并认出了 Alan Bollard 是他早年在乌克兰大学认识的人。他注意到 Bollard 已经写了一篇 Tongan 经济学货币化的 MA 论文，Marcus 发现这份分析对他自己的人种志研究很有价值。

化如何冲击一个特定企业的运营。这些描述将抽象的价格转化为无数个真实的社会行为与经验。乳制品与毛织品加工商、葡萄酒商、旅行社、家电制造商、软件工程师、房地产经纪人、银行职员、工会代表、建筑公司经理与零售网点等，为行长与他的工作人员提供关于经济事实的社会情境。未来这些讲述会被进一步利用并作为对收入和支出预测的叙述，特别是这些企业雇佣与投资计划的叙述。

新西兰储备银行列出了在最近的季度"预测周期"中被咨询的五十多个公司和组织，但也要注意到"为了得到就商业状况和有关政策审议的特定问题的反馈，央行也会建立与其他公司和组织的联系"（RBNZ 2007b，36）。这些对话者是银行信息的来源，同时也是银行信息发布的主要听众。

那出现在银行内部和外部的分析情境会有两层含义。首先，正如上一章表明的那样，它们基本上被刻画成某个特定的政策立场的论据。一个高级官员小组、货币政策委员（MPC）的成员和一个更小的基准利率决策组阐释并精炼计量经济的预测和其他的数据及信息，以便为行长设定央行政策利率——OCR提供建议。其次，为了塑造及锚定对物价演变的预期而重新修改的这些数据，会作为公开陈述重述。一个更小的顾问组协助行长Bollard起草公开沟通稿件，在这些沟通中，货币政策评价重现。这些人负责起草和编辑这些声明，但更为主要的任务是，监督中央银行的"修饰"专长（Smart 2006；Bollard 2010）。

然而有一些特别重要的节点，就像2008年发生的那些事情——行长独自起草了文件，这反过来又突出了新西兰通胀目标管理体制中独特的一面。如我们在第6章看到的，根据建立了现行货币体制的1989年《新西兰储备银行法案》的条款，行长被授予了极高的营运独立权和个人责任。这个制度不仅赋予了经济体一个反身的声音，它也将储备银行行长个人的声音人格化了。

行长 Trichet、行长 Bollard 在发表政策评价的时候，不只是给出一种阐释性的描述或者评论，他同时在建立一个沟通领域，在这个领域里，经济可以被表述为一系列正在呈现的经验事实。正如我在上文提到的，在某种程度上，"新西兰经济"是在行长与其他新西兰储备银行的高级官员的沟通实践中成形及再造的，他们试图影响人们的想法和预期。

行长定期的政策评价伴随着官方现金利率的制定，形成了一个能够试图将无数观点和背景协调起来的元叙述。企业、政府机构、家庭和个人凭借这些参与到构造金融未来的过程中，从而能够将影响（如果不能控制）价格未来走向的关键因素整合起来。无论过去还是现在，简明评估的非凡能量在于它能够塑造并匹配各种情景，并因此导向和排列组成谙控经济的论述的生态的那种"互文性"能力（Brenneis 1999；Gal 2007；McCloskey 1994；Silverstein and Urban 1996）。

8.2 话语的生态

以下是一份仅 233 个词的政策评价。在这项声明中，由于预期 2008 年 6 月消费者价格会远远超过政策目标协定中所设定的通胀目标，行长 Bollard 的分析发生了显著改变。央行的政策利率与其近乎一年的水平保持一致，维持在 8.25%。但是，计量经济的剧情被重新修订，而新西兰储备银行用以从语言上模拟情境以及锚定预期的话语的生态也获得了新的紧急修饰：

货币政策声明，2008年6月——政策评价

基准利率保持在8.25%不变。

在当前全球的经济形势下，原油价格与食品价格大幅上涨。与此同时，许多经济体的活动也因全球信用危机和房地产市场放缓而逐渐衰退。在新西兰，这些因素共同造就了一个极具挑战性的环境——经济衰退与通胀高涨。

我们预计年度CPI通胀率在今年9月最高，会达到4.7%。虽然这更多反映了较高的食品与能源价格，但是潜在的通胀压力也将继续存在。虽然如此，我们仍然预期通胀将会在中期内平缓地回落到目标带内，这都是基于对日用品价格停止上涨的预期、通胀预期保持不变，且衰减的经济活动有助于缓解非贸易品的通胀。

现在经济活动的前景比我们之前声明中展望的更加悲观。

我们预计2008年GDP的增长近乎停滞（尽管此后略有复苏），极大地反映了家庭部门的衰退。

政府支出和个税的削减将对这种低增长起到部分抵消作用，但从中期来看，仍会加大通胀压力。

为了与政策目标协定一致，央行将重点关注中期的通胀。倘若经济的发展与我们的预测一致，那么我们很可能在今年晚些时候比之前设想得更早去调低基准利率。（RBNZ 2008a）

预期未来GDP增长的可能性不大，新西兰元会继续贬值，房价持续下跌，劳动力市场疲软。本次对经济环境的评估使得储备银行"仔细查看"通货膨胀冲击（预计下个季度达到4.7%）的首轮价格效应，并且预测消费者价格通胀在央行的3年预测期的中期将会回到1%到3%的目标区域。银行紧缩的货币政策会将经济推到衰退的边缘。该分析体现了菲利普斯曲线的原理。央行预计到了经济冲击的严峻后果——信贷紧缩、房地产泡沫的破灭，以及商品价格的上涨，如果新西兰乃至全球经济只是放缓而非衰退，那么央行就可以借此来解决通胀问题。

然而这种计量经济性的修正需要对在预期不断演变的过程中，央行的意图作出清晰的阐释。在行长政策评价附加的声明中，央行明确地表示它会重视其影响定价行为的打算。如下所述：

> 在这些情况下，确保中期通货膨胀维持在较低水平的关键在于工资和价格制定者并不会因为短期成本冲击而改变自己的定价方式。但如果企业和工人预期通货膨胀率等于或高于3%是一种常态，并因此重新协商调整价格和工资，那么央行将不得不承担更高的利率来应对这种变化。长期忽视这种变化将会导致许多由持续高通胀带来的低效率，比如价格信号的扭曲，拥有低收入或固定收入的家庭遭受更差的境遇。（RBNZ 2008b，5）

因此，央行能明确地传达出它的意图。但是这个故事凭什么能被人们所相信？它为什么是可信的？

在声明的显著位置，新西兰储备银行以题为"政策目标协议，并在困难时期保持物价稳定"的文章重申了其货币体系的理论前提。眼下，我们预计CPI目标没法实现，但是这却导致了一个极好的教育契机，即央行可以明确、透明地模拟其用以指导政策的理论和其工作人员的实践操作：

> 正如当前形式所示，当面临着巨大的成本冲击时，政策目标协议将会非常有价值。通过指定一个有望在中期内实现的通胀目标，我们就能对暂时的偏离有一个适应过程——尽管有时候这种偏差会相当大。没有中期的目标，公司与家庭将无法知道未来的通胀处于什么水平。（RBNZ 2008b，7）

按照这种观点，货币政策必须迎合农场、公司以及家庭这些反身主体，让它们也参与到预期的确定中来。这就需要有关时间本质的微妙信息、动机的结构以及央行影响中期内价格的能力：

> 政策目标协议也明确地指出，对通胀率有短期影响的一系列事件会使得实际的CPI通胀偏离中期通胀走向。其隐含的指示便是我们应该"仔细查看"这些事件并关注中期通胀走向（或者叫作"核心通胀"）。政策目标协议暗示，当通胀脱离目标范围时，至关重要的是要有一个可靠的计划，使得通胀在一个足够长的时期内能够回归目标，只有这样经济才会免遭不必要的动荡。（RBNZ 2008b，7）

这个教训让人苦恼。当许多新西兰人民倍感物价压力时（即使还没有到不堪重负的地步），他们就需要降低自己的预期——前述提到的，尤其是对高薪的需求（Blanchard and Gali 2007）。公众被要求信任货币政策和货币理论中意外措施对于缓解未来通胀的有效性：

> 我们将仔细查看相对价格波动对CPI通胀的首轮影响（譬如石油价格上涨对国内汽油价格的影响）。即使这种波动会长期存在并持续多年，也同样如此。但是我们会对相对价格波动对通胀预期与需求压力的任何影响作出响应。根据一般原理，货币政策并不能阻止经济活动中的相对价格波动——因为这些是真实的现象——但是货币政策可以关注潜在的通胀率。（RBNZ 2008b，7）

因此，在量化的目标难以实现时，阐释计量经济学的含义便成了应对这一复杂的修辞挑战——有教育意义地重塑预期——的方法。央行用其知识和制度公信力试图劝说新西兰人民能像央行那样坚定地扮演好自己的角色。

8.3 曲线

在新西兰央行及其行长思考如何写政策评价的同时（2008，9-11），波士顿联邦储备银行在马萨诸塞州查塔姆组织召开了一个名为"理解通胀以及货币政策的含义：回顾菲利普斯曲线"的会议，目的是纪念这位新西兰经济学家文章发表50周年。文章发表于1958年，菲利普斯在其中概述了非常出名却一直备受争议的理论框架。我们曾在本章开头介绍过这个理论。但是这不仅仅是回顾展示；菲利普斯模型被应用到被传统通货膨胀目标制而改良的领域中，在此领域内，公众成为了主角，从而积极地将经济变成了一种微妙的可沟通现象。

波士顿联邦储备银行的主席兼首席执行官 Eric S.Rosengren，在这场他举办的会议开幕式中，简要地概括了菲利普斯曲线的历史和现实意义：

> 菲利普斯曲线结构中，一个关键点是假设经济中产能的极度过剩将会使得通胀下行。尽管这一关键联系在某些领域受到很大的质疑，但对于许多私人预测者、华尔街，甚至是联邦储备系统内部使用的许多模型而言，它仍然是通胀预测的基础。

> 这种广泛的运用反映出，如果将产能过剩的多种测量结合起来看，通胀预期似乎会得到切实改进。这些模型只是从经济衰退时期进行了简单的实证观察，看到通胀率趋于下降，就推导出结论。在过去的五十年中，衰退之后的总的CPI通胀率会比之前更低，并且产能过剩指标也充分体现了这一商业周期规律。其背后隐含的是：由于目前产能过剩，企业将很难涨价，工人对通胀预期降低，因而他们对工薪的上涨需求不大。结

果，萧条期间工薪与物价上涨缓慢，而经济则恢复到一个低均衡通胀率下的充分就业状态。

尽管许多模型采用了菲利普斯实证结构，但产能过剩和通货膨胀率达到的短期均衡的程度和可靠性仍然备受争议。此外，通胀预期如何设定是经济学家刚刚开始研究的问题，同样也是备受争议的一个领域。（Rosengren 2008，4-5）

菲利普斯所假定的动态架构描绘了商业周期的通胀路径，强调了萧条期的动力——产能过剩的产物——将会减少劳动力与资本的利用，抑制家庭与产业的需求，进而抑制和削弱了物价的上涨。这恰恰是一种通胀目标框架旨在缓和或完全避免的经济损害。在2008年中期经济难题的规模和轨迹似乎共同预示着一场风暴：经济将不可避免地沿着菲利普斯曲线的近似路径发展。

主席本·伯南克在这场会议上发表了题为"通胀分析中的待解之谜"的演讲。他首先回顾了解决当时的定价戏剧的模型假设，但是亦如上文提到的，他对其进行了进一步延伸。讲述了衡量和预测通货膨胀的基本问题后，他隐含地利用凯恩斯方法来谈学习的动态机制：

在带有理性预期、固定的经济结构和稳定的政策目标的传统模型中，对于公众而言学习没有作用。在这样的模型中，一般来说有一个独特的完全预期的长期均衡通胀率；特别地，公众不会根据央行行长的言行作出任何推断……将公众学习的可能性纳入考虑更为现实，并且能产生更多关于通胀预期如何变化，特别是其如何受到货币政策操作与沟通的影响的合理结论。（Bernanke 2008）

这种"学习"假定那些反身主体充分参与了这场计量经济戏剧的构造过程。这些主体能够持续评估不断改变的经济状况。对货物及服务的每笔交易，他们都会关注信息是如何产生、传递以及消化的。在精明的评估、公然炒作和末日场景面前，这些主体模拟经济来证明他们的情况。意识到那些主体会思考和学习的事实揭示了沟通的势在必行，而此正是本文的基础。假定这些主体积极地影响经济，根据他们自己的目的预测其运行。对知识生产的性质和经济思想的循环的这些见解从根本上改变了我对于表演性操作的看法。在一个更为广泛与深远的语控经济概念内，我重新思考了表演，这些代表企业将经济变成了一个沟通领域和经验事实（Callon 2007；MacKenzie 2003，2006；Miyazaki 2013）。

模型激增。其中一些是为了配合金融媒体去报道央行所说的货币场景；另外一些则与政府和私营部门的经济学家的分析一致。精明的政治评论会评估多种计量经济学情景，我们可以从中获知其对未来的预期。另外在对话者不断打比方和交流解释性的故事的"深入的讲述"中，政策制定者也可以得到有关的预期。

这些主角从雇主及雇员、工会代表和管理者、同事、朋友和熟人那里学习。无论是在当地酒吧黑暗角落还是奶制品业合作社的会客大厅里，他们都在建立经济模型。他们还会向供应商、顾客和销售代表学习。最重要的是，家庭和企业开支食品杂货、进行抵押贷款、为收入支出制定预算，通过这些他们体验了定价的第一手过程。他们吸收了菲利普斯曲线的"平民化版本"，以隐喻的精度而非数学精度证明他们的经济状况和生存斗争。他们及时地根据经验建立模型，而这些经验使他们能够对自己的未来作出推断。通过学习和建模，他们参与到预期调整和消费价格演变的过程中（Granovetter 1985；Riles 2001，2004）。

8.4 紧缩

我于2008年9月16日返回新西兰。走过机场的时候，我看到了雷曼兄弟倒闭的简讯。我意识到了这场危机正在加剧，而央行的困境也断然转变。几天前，新西兰央行将基准利率降到7.5%，同时承认经济正在"明显地放缓"。今年年底，基准利率将进一步下调至5%。

在华盛顿，尤其在美国联邦储备系统的纽约区分局，一场空前的现代经济史的实验正在进行。短短几天内，全球金融体系的基本原理同时瓦解，并以几周甚至几天前想都不敢想的方式重建。

新西兰主要的商业银行都是海外控股，这让国家节省了直接支持银行系统的开销，也避免了金融业动荡。但是信贷的紧缩和随后的全国出口需求的暴跌在9月末逐步显现。新西兰央行面临的问题是如何就全球性危机对新西兰经济中各部门的影响去预期和解决危机中某些特定方面。通胀目标体制为解决一个新的比喻性和形而上学的困境——信贷紧缩——提供了一些原则。

2008年最后一个季度的焦点是如何去控制信贷紧缩且经济增长缓慢的这样一种情况。需要沟通去建立的其实是信心：计量经济学寓意的建造——且不断更新和修订——将会在金融体系与央行内传达信心（RBNZ 2008b）。不断增加的金融困顿而非恐慌的故事得以扩散，因各种事件以惊人的速度出现而使央行获取的数据过时或者被过分修饰，只有这样，以上目标才可能实现。因金融系统的混乱影响实体经济而出现的时滞和货币政策和财政政策的干预造成的时滞是双重沟通挑战。政策干预的可衡量的结果将会不可避免地慢半拍（Bollard 2010）。

　　我们能强烈感受到，不恰当的沟通可能自身就会破坏金融稳定和政策效果。为了应对该文本早前的一个草案，新西兰央行的一个高级经济学家Tim Ng在下文为我们描绘了央行雇员们为了塑造预期和（如果不能恢复）信心所面对的难题：

> 　　在央行某些不同于通胀目标与货币政策的领域内，我们所说的话就是行动，并且希望借此改变人们的行为并最终改变经济。我想起了央行镇静地发表声明并声称金融机构能够安然度过当前的危机的行为（发生过很多次了）。在某种程度上，这些是为了确保金融机构安然无恙。如果有存款人对此质疑并且发生挤兑，那么风险就是这种怀疑可能会变成真的。因此我们镇静地发出各种声明来安抚他们，告诉他们我们并不知道那些不好的事（其实是对公众进行隐瞒）。所以，更普遍的现象就是央行试图通过其所说的话来影响公众行为，并引导经济朝其认为好的方向发展。只有公众普遍地相信央行对经济以及当前状态和路径有更好的认识，这种方法才会奏效。否则，公众就会发现我们是骗子。因此现在央行花费了大量时间和资源去发展研究部门（通常情况下，即便就绝对数而言，央行也会比其他任何单一机构雇佣更多的经济学家）和出版研究结果，努力证明其对经济金融系统的见解是可信的。就如你的文章所陈述的，我们立志成为科学家而非预言家。（Tim Ng, personal communication）

　　在这个动荡的时期，新西兰央行的员工特别注意沟通的精准性。与媒体的每次互动，对新的数据序列及政策行动的报道，都被银行的人员仔细地修改并组织成文。正如新西兰央行的公共沟通负责人Mike Hannah所强调的，在这段时间内，我们不仅要增加和媒体的联系，更为重要的是意识到沟通的双向属性。他试图预见到记者对新信息的反馈，并提前消除他们的误解和曲解。但他也试图搜集记者的反应，并利用自己的专长来评估公众对正在发生的危机的详细信息的反应的本质。

2008年年末，央行开始尝试讨论另一个寓言。新西兰央行在其2008年12月的政策评价中设计了一个情景，克制和谨慎地开始讲述经济复苏的故事。这是一个基本的分析，概述了21世纪初新西兰在全球经济中处于何种位置的基本事实以及将使得经济在中期内从危机中恢复的内在动力。这个故事集中地预期贸易会因纽元的贬值而得以改善，并且讲述了随着全球需求在未来某个不特定的时间再次显现，这些情况将如何奠定出口导向型经济复苏的基础（RBNZ 2008c，7-14）。

这个贸易故事也揭露了已被危机证实的更深层次的变化，尤其是新西兰现已充分融入大洋洲及亚太区域的地理经济中。新西兰和其主要贸易伙伴澳大利亚的经济增长已越来越多地取决于与中国的大宗商品贸易。

正是这些基本事实表明，沟通模型开创了经济复苏的概念性劳动。对未来的期望和信念保证了新西兰和全球的经济复苏。随着时间的推移，信息及经验的增加将会进一步改善和认可这种情绪。期望将变成目标，目标将变成能使消费者和商人展开具体行动的切实计划，而对话者间的网络会以沟通的方式调节这些变化。未来会有许多无法预计的事件不断出现，它们可能修改和彻底改变这些情绪。在个人与企业协商经济复苏中的突发事件并且学会在事件初期就采取行动的过程中，他们所追求的模型中就会隐含着惊喜。那些能推动增长的"情感结构"使得经济复苏变得活跃起来，但是，这些情感产生于自然状态，并且正如我们所知，天性易变（Williams 1981）。尽管我们大致知道未来某一时刻经济会复苏，但是2009年初新西兰的经济状况继续恶化。

在通胀目标结构内总会有分析和判断出错、时间选择不恰当及沟通不确切的可能，从而产生一些"次优"的结果（如果不是明显的失败）（Orphanides 2002）。而且，对这种锚定价格的方法有抵抗力的预期有可能出现，或者更概括地说，全球经济的演变将会带来新的挑战，这些挑战从当前经济理论的角度来看很难驾驭，并且在面对用以管理理性或非理性预期的传统货币干预时变得顽固难解。换句话说，这种承载了实验精神的结构有可能"失败"（Miyazaki and Riles 2005）。

我又对储备银行博物馆进行了两次简短的拜访以更仔细地研究 MONIAC。2008 年 9 月末，在信贷危机中，我发现翻新后的装置被搬到了博物馆入口的右侧。博物馆的馆长走过来并主动打开设备。水开始像瀑布一样从上流下，经过透明的管道和校准后的阀门，流向代表宏观经济各个部门的小隔间。我没有料到，这台装置能同时作为计算机器和可活动的雕塑。能在菲利普斯的精妙模型中看到艺术、科学及工艺的相互影响真让人高兴。但是我被修整后的某个令人分心的方面所干扰：用于循环水的小发动机一直发出恼人的滴答声。它就像那些便宜的和电量不足的小孩的玩具一样发出回响。管理人员和整修人员是怎么想的？我知道在最初的模型中，菲利普斯用的是从原先兰开斯特的轰炸机上拆下来的一个非常坚固的液压泵；相比之下，现在换上的这个配件真是差劲极了。

2009 年 1 月，当我再次回到这个展出，看我是否能够用 MONIAC 彻底想清一个代表性的问题时，我的担心得到了证实。就在我伸手要够到这个奇妙的装置时，我博物馆的同事拦住了我并说这个装置已经无法使用；发动机已经坏了，水无法循环，货币和信用的周转率成了 0。菲利普斯用水压来模拟的凯恩斯观点已经被忽视了几十年，想要在几天或者几周内重整它们，就如那故障的机器预示的那样，几乎很难完成而且结果也不确定。

2009年1月底，银行将基准利率降到了3.5%，达到了历史最低点，并且有可能再次降低。行长在他的声明中提到了这一显而易见的事实："全球的经济目前处于衰退中，自我们12月的货币政策声明发表以来，其对国际增长的前景展望在不断下调。世界上已经有大量的刺激政策付诸实施，我们预期随着时间推移，它们将会有助于经济的复苏。但是，复苏的时间与程度却存在很大的不确定性"（RBNZ 2009a）。但是行长Bollard也指出有一件事是确定的："通胀压力在缓解。我们相信，年度的通胀率在中期将会安稳地回落到1%到3%的目标区域内"（RBNZ 2009a）。

最后一个液压的细节是：在全球金融危机开始时新西兰是第一个陷入衰退的经济体，但是衰退的直接原因实际上与危机无关。新西兰国内发生的干旱耗尽了国内的水资源，导致发电减少，从而造成了GDP的下降。

第9章 流动性陷阱问题

如果利率为零，那么债券和现金实际上是等价的资产。这时传统的货币政策中通过公开市场操作将债券转换成现金的方法将毫无作用。

——保罗·克鲁格曼

2009 年春季，金融危机迎来了一次重要的转折，银行业危机已经转向稳定。不过瑞典央行仍然对周边国家的银行系统对瑞典主要银行造成的一系列问题深表忧虑。瑞典央行行长 Stefan Ingves 为我们总结了当前形势：

自从上次会议以来，人们普遍下调了对国外的经济表现的预期。瑞典央行预计，近期经济表现将会达到自大萧条以来和平年代中的最低点。这次危机是由信贷周期的变化造成的，在此之前全球曾经历过一段时间的金融和经济失衡。最初人们仅仅认为这是一次金融危机，但现在其已经发展成为一次全面的、全球的、宏观经济层面的危机，并且在金融市场遗留了诸多严重问题。（瑞典央行 2009b）

瑞典货币政策理事 Anders Vredin 提到：

> 疲软的全球经济增长与 2008 年第四季度极低的 GDP 数据意味着本年度瑞典经济增长率下调 2.9 个百分点，变为 −4.5%。同时我们预计 2010 年的经济增长依然疲软，此外，至 2010 年底，失业率将会上升至 11%。总的来说，这样的增长率意味着在整个预测期间内资源利用率将非常低。(瑞典央行 2009b)

正如大萧条中的情况一样，本次全球性的危机是支撑实体经济的总需求的大幅下滑。2008 年秋季，以中国和美国为代表的主要经济体迅速出台了符合凯恩斯主义精神的大规模刺激计划，以阻止消费和贸易的衰退并由此稳定实体经济。

在危机中，多国央行将其政策利率调低至接近零的水平。在这样的情况下，货币政策的有效性问题引起了人们的注意。"在去年（2008 年）12 月，美联储将其政策利率下调至 0~0.25% 之间，日本的政策利率下降到 0.1%，而瑞士的政策利率则为 0.5%"（Svensson 2009，2）。这些国家接近零的政策利率让人联想到凯恩斯在其《通论》中所述的情况："当利率下降到一定程度时，流动性偏好可能会变得至关重要，以至于几乎所有人都会倾向于持有货币而非只能带来极低收益率的债券。这时，货币当局将会丧失对利率的有效控制"（凯恩斯 [1936] 2007，207）。

关于凯恩斯是否完全相信这种被称作"流动性陷阱"的困境的合理性这一问题，学界始终存在争议。但是，"传统的货币干预手段在某些情况下可能会失去作用"这种观点的重要性是毋庸置疑的（Leijonhufvud 1968）。决策者难以精确掌握使用货币干预手段的最佳时机，同时这些干预手段可能因为央行政策利率不能低于零而无法实施。

在传统的旨在增加流动性供给的货币政策手段的刺激作用大

幅下降的情况下，多国央行展开了一项有意义的实验。它们使用新的政策工具和沟通战略来解决因利率接近所谓"零下限"而导致的货币困境。通货膨胀目标制为这一实验提供了重要的政策框架。它构建了一系列实用的政策手段通过解决"零下限"困境来规避流动性陷阱问题，同时它部分地解释了货币现象本质并为货币政策理论提供了基础。因此，这一政策框架常被用于确立支撑价格，并防止支撑价格因人们根深蒂固的通缩预期而崩溃。

Larson Svensson 同与他曾在普林斯顿大学教授经济学的同事们，如：本·伯南克、保罗·克鲁格曼、Chris Sims 和 Michael Woodford，试图解决 20 世纪 90 年代末期日本经济困境的过程中，曾就流动性陷阱及其带来的一系列问题进行了长期和深入的思考。他们同 Adam Posen、Kenneth Kuttner、Olivier Blanchard、Bennett McCallum 等人一起提出了一套符合凯恩斯主义精神的激进货币政策解决方案。

然而，2009 年初，时任瑞典央行副行长的 Svensson 面临一项新的挑战，他需要将他与他的大学同事们发展出的这一套用于解决货币问题的非正统的、激进货币政策推广给他在瑞典央行执行董事会的同事，进而让瑞典公众接受它。他提出的解决方案要求央行"保证自身是不负责任的"以让央行应对严峻的经济局势，保罗·克鲁格曼（1998）也曾提到过这个手段（例如承诺制造通胀）。

9.1 让利率低于零

当我与 Lars E. O. Svensson 在瑞典银行交流时，他正要辞去普林斯顿大学教授教职以就任瑞典央行副行长。在交谈过程中，他讲述了一个他在 2009 年初听到的关于瑞典经济核心问题的说法，这种说法宣称由名义利率减去通胀率得到的实际利率过高了。而在谈话时，作为银行政策利率的回购利率仅仅为0.5%。

在交谈中，我询问了Svensson教授关于被称为"泰勒规则"的一种设定央行政策利率的经验法则如何指导回购利率的问题。他当场用简化形式的泰勒规则进行了计算，并得出了一个负值，意味着回购利率应该小于零。这个结论显然是荒谬的，因为这样会出现巨大的产出缺口。但是这个看似荒谬的结论正是他为了对抗当时无处不在的极端货币状况而发展出的策略的基石。他同时推导出了银行回购利率和债券市场期货之间的差价，这种差价代表了市场对利率政策的不信任。各国央行都始终致力于减少这种不信任。

换句话说，银行需要让债券市场参与者相信银行的低利率政策是严肃且持久的。这样可以缩小巨大的价差，同时使市场对央行意图的预期趋同。

Sveenson有意接受危在旦夕的通胀目标制的挑战以解决潜在的通缩问题，这些问题包括利率"零下限"问题、名义与实际利率之间巨大的差距以及流动性陷阱带来的诸多困扰。这个挑战要求Svensson采取一种实事求是的理性态度，接受理论经济学提出的那些令人困惑的观点并将它们公布于众，让瑞典公众吸收这些理论中晦涩不清的要素并使其认识到这些理论与他们密切相关。

2009年出现的这个困境不仅仅检验了通胀目标制的假设，还检验了它的理论基础。鉴于通胀目标制已经成为了一种保障信心的重要手段，利率低于零的荒谬情况挑战了货币制度的公正性，重新定义了货币当局与公众沟通的必要性。货币政策的效果不再仅仅依赖于编造一个关于通胀目标制本身可信的故事，它需要描述在极端情况下预期的结构。

Svensson对通胀目标制的理论假设与实践操作进行了强有力

的扩充，这为一种完全的公共货币的出现奠定了基础。如我们将要看到的那样，他用以解决危机的"万能方法"拥有与众不同的分析特征，并将沟通放到了决定性的位置。在下文中，我对他的一次演说进行了扩展性的验证。这次演说不仅解释了在当时危在旦夕的政策问题，还作为一种教育和说服的手段存在。它提炼出一种协同关系，正是这种协同关系为新的货币政策赋予生命。Svensson关于此事的报告很好地解释了这一切。

至此，本章叙述了传统通胀目标制是如何变化以解决流动性陷阱带来的困境的。Sveensson对于"流动性陷阱经济学的必要逻辑"的深入研究揭示了经济学种类的坚持和变通的双重性质（克鲁格曼 1999）。在一篇有趣同时又极其严谨的报告中，Svensson研究了推动利率低于零的这种显而易见的荒谬情况。他的报告围绕干预措施展开，这些干预措施构成了用以逃脱流动性陷阱的"万能方法"。

绝大多数上述措施都被货币当局公开或暗中采用以解决货币难题，这些货币难题原本复杂得令人头晕目眩，在危机中却变得清楚明晰。在他提出的一系列干预措施中，即便是那些被货币当局认为过于激进或难以接受的措施都有着重要的意义，因为它们揭示出了在危机期间传统理论不能解释的偶然性与用于实际操作的限制性。换句话说，接下来讲述的是主要央行将如何紧随雷曼兄弟倒闭之后到来的货币方面的挑战概念化。Svensson和他的同事们，以保罗·克鲁格曼和本·伯南克为代表，在十多年前系统性地分析了在日本发生的同样的概念性问题，以解决在金融危机和日本失去的十年中所遇到的问题。Svensson构造了一个政策制定者们大致上可以参照执行的货币状况模型。

宏观经济学的门类、实际利率与名义利率之间简明的区别、汇率的动态角色以及通胀目标制的跨期协议提供了解决央行货币困境的概念工具。但只要解决这些问题要求前瞻性地引导公众的预期，危机就需要另一种建立在沟通模型上的技术干预手段。

Svensson的理论围绕着他和他的同事们在十多年前为了解决持续困扰日本多年的经济停滞问题而进行的重要的分析工作展开，这一理论并非仅仅是作为学术讨论，更是为了厘清瑞典在危机中席卷全国的关于决策者应当积极干预还是无为而治的争论。他将货币经济学看起来十分深奥的处理方法转述为众所周知的政策方案，使之成为规避通缩风险和流动性陷阱的可行手段。他通过这种沟通手段让代表瑞典公众的精英，甚至是他在瑞典央行的同事们，共同加入他通过重铸公众信心以解决危机的方案。

9.2 日本的难题

为了理解Svensson的工作，我们需要审视日本经济困境中发生的问题。为什么二战后日本经济的繁荣和稳健的增长趋势突然止步于荼毒日本经济20年的不景气和停滞？

这"失去的20年"向货币经济学提出了诸多问题，同时它对大萧条成因的传统解释提出了质疑：

> 20世纪90年代后半段中，日本短期名义利率跌到了零。不仅如此，日本央行通过传统或非传统手段提供了超过两倍于过去的基础货币以推高价格并刺激需求。举例来说，日本央行从2001年到2006年实行的量化宽松策略使那段时间的基础货币增加了超过70%。但是多数人认为，这些手段顶多勉强控制住了价格的进一步恶化（在量化宽松策略启动以后的第五年，CPI和GDP平减指数才刚开始大于零）。（Eggertsson 2008）

1999年12月，受到日本经济情况的启发，保罗·克鲁格曼开始了他关于流动性陷阱的分析。在这些分析的基础之上，他作出了一个声明，颇有先见之明地向货币主义者发起了挑战：

> 当前，人们普遍认为货币政策是十分有效的，因此不能让那些可能会用它达成自己私人目的的政客们掌握它。在全世界大部分国家和地区，人们委托半独立的中央银行让经济避开通胀和通缩的风险。央行的决策经常受到质疑，却无人质疑它们的权力。

> 在当下，这种情况显得讽刺而令人不安。在我们都成为了半个货币主义的信徒的时刻，长期受到轻视的凯恩斯主义对货币政策的挑战，即货币政策对于对抗衰退实际上毫无作用的论断，正成为现实。目前为止，全球各国中只有日本真正认识到了自己处于流动性陷阱之中。不过既然流动性陷阱能出现一次就能出现第二次，能在日本出现想必也能在其他国家出现。因此即便日本经济最终摆脱了停滞，它陷入陷阱的原因和应对方式仍然是亟待解决的问题。（克鲁格曼 1999）

克鲁格曼继续他关于"流动性陷阱经济学的必要逻辑"的研究，并提出了一系列解决日本经济困境的货币策略。

克里格曼开始通过他与生俱来的怀疑精神去分析流动性陷阱的合理性，他将之视作对凯恩斯和希克斯原本的 IS-LM 模型[①]的一种"知识上的偷工减料"。随后，他继续通过他的方法展现流动性陷阱是如何发生的，以及更为重要的，如何脱离流动性陷阱：

> 所以，跨期方法让我得出了与我预想中完全不同的结论。我本来以为我可以证明流动性陷阱并不是一个现实问题，即如果不与 IS-LM 模型相悖，那么显然流动性陷阱是不会在现实中发生的。但是实际上我发现流动性陷阱确实可能发生，不过

---

① IS-LM 代表投资－储蓄/流动性偏好货币供给，参见 Krugman, n.d.,"There is Something about Marco"。

这本质上是一个预期方面的问题。货币扩张与之无关，因为私人部门预期货币扩张不会持续下去，这是由于他们相信央行一有机会就会使货币状况恢复原状并稳定价格。因此，至少在一个简化的模型中，为了让货币政策切实有效，央行需要克服可信度的问题，这种问题与通常情况是相反的。在流动性陷阱中货币政策是无效的，因为市场认为央行会尽快回归稳定物价的通常做法而非保持政策。为了让政策有效，央行必须令人信服地保证自己是不负责任的，保证它将在经济衰退后保持货币扩张。（克鲁格曼 1999）

克鲁格曼随后总结道：

让我再一次强调这个问题：通胀目标制并不仅仅是一个专门为了对抗流动性陷阱而产生的聪明的主意，而是一个在理论上也完全正确的手段，因为通胀目标制能够在黏性价格世界中达到与完全弹性价格的情况下一样的效果。当然，在推行政策时越想做到完美越容易事与愿违，因此我不会反对尝试使用多种方式对抗日本的经济停滞。不过，现代稳定性政策的目标是在不扭曲资源配置的情况下提供足够的需求，通胀目标制是最接近于达到这个目标的政策。（克鲁格曼 1999，原文中强调出来）

到 2009 年早期前，正如克鲁格曼预见的那样，这些情况在全球都已经很明显了，而他概述的解决方案已经成为了主要央行实行的"非正统"货币政策的基石。

9.3　万能方法

在 Svensson 2009 年的报告中，人们会感到一种不可置疑的紧迫感，与一点点缺乏耐心。正如他在 2009 年的一次演讲中所说："许多观察者批评日本央行反应过慢并且对待脱离流动性陷阱的方案过于谨慎。我相信我们瑞典央行能够在危机的更早阶段做好准备"（Svensson 2009，2）。但是相比提出一种说法以重塑瑞典公众的预期，更加近在眼前的障碍在于克服瑞典央行的执行董事会对他的激进政策的质疑和异议。

这些反对意见有两个主要的论据。首先，正如 Svensson 本人公开承认的那样，在通胀急速下降的同时，没有证据表明会出现严重的通货紧缩，在可见的时间段内也没有价格持续下跌的威胁。此外更加重要的是，他所推动的万能方法的实验也许会打破央行苦心建立起来的沟通理解机制，因为这项实验引入了瑞典公众尚未完全了解的新的概念性工具，并可能破坏央行始终强调的关于自身公开透明的保证。Svensson 知道他正在将通胀目标制实验推向未知领域，他的政策需要维持更加复杂和有前瞻性的沟通以提升通胀预期：

> 在利率零下限的情况下，央行的可信度和影响通胀预期的可能性比通常情况下更加重要。我本人相信央行的可信度最好应由对所有可行手段公开透明的讨论来保证。这种讨论需要在央行有必要使用任何一种手段之前进行。如果公众都知道强力措施是可以使用的，且央行随时准备使用这些措施以应对经济局势，那么公众和市场就不需要担心央行会失去对局势和零利率情况下通胀预期的控制。（Svensson 2009，14）

但是这些举措提出了一个问题：万能方法究竟是对通胀目标制的一种创造性的扩展和修正，还是通胀目标制在银行与瑞典公众之间建立起来的沟通关系中的一部分？

Svensson 的意见，以及他的反对者们的意见，揭示了在极端情况下政策制定者们关于现行货币政策在沟通的必要性上经历着怎样的分析和理论上的挣扎。既然沟通是重要的，我仔细剖析了Svensson意在恢复货币现状的说法。准确地说，他的说法在当时是相当惊世骇俗的，他从不指望得到普罗大众的理解。毫无疑问，他清楚地知道他的理论的许多重要部分需要经过千锤百炼才能最终提炼成一套不仅对于商界和学界精英，同时对瑞典广大公众有说服力的学说。我们在下一章将会看到，瑞典央行执行董事会的成员们承担起了对这套学说进行精炼和批判性反思的职责。

9.4 实际利率

给出利率过高的判断通常十分简单，但是在零下限情况下，这个问题变得复杂起来。简单地说，如果央行政策利率，例如瑞典央行回购利率，已经非常低以至于无法进一步下调了，那么货币当局在不能将利率下调至低于零的情况下应该怎么做？

实际利率等于名义利率减去预期通胀。当瑞典央行下调回购利率时，实际回购利率一般也会下降，因为通胀预期的调整通常是缓慢的。在总需求非常弱、资源利用率和通胀率非常低的情况下，为了刺激实体经济，将通胀率稳定在通胀目标附近并同时将资源利用率维持在正常水平上，保持一个非常低，甚至是负的实际利率水平是必要的。

然而，瑞典央行不能将回购利率下调至低于零。即便回购利率恰好等于零，实际利率也太高了以至于不能起到预想中对实体经济的刺激效果。在这种情况下，货币政策面临一个很有约束力的零利率下限。此时的主要问题是，货币政策应当如何制定以避免这个零下限并使用降低利率以外的手段避免这种情况。（Svensson 2009，1）

Svensson概述了这种威胁的一般特性：

全球范围内的通胀也正在急速下降，这种情况下通胀率可能下降到负值，同时在某些国家可能出现通货紧缩。

短期的通货紧缩并不是什么严重的问题，瑞典几年前就经历过了。但是如果是持续性的通缩，特别是通胀预期下降而通缩预期上升时，情况就可能很严重。极低的政策利率、低迷的实体经济和通胀预期这三者同时发生，让人再次质疑在零利率下限的情况下应当执行怎样的货币政策。

对瑞典来说，通缩和零政策利率同时发生的可能性目前看来并不大。但是作为瑞典央行的一员，我们需针对各种可能的情况做好准备，并思考在各种情况下应该执行怎样的政策。当然我们也需要尽量避免出现这样的情况。（Svensson 2009，2）

他阐述了实际利率的构成[①]：

我已经说过，在零利率下限的情况下，实际利率对于将通胀率稳定在通胀目标同时稳定实体经济这个目的来说显得太高了。准确地说，由家庭（的供给）和企业（的需求）决定的市场利率减去预期通胀所形成的实际市场利率太高了。市场利率超过政策利率的差价是由风险溢价和流动性溢价决定的，当前这个差价由于金融危机而变得太大了，这意味着即便政策利率为零，市场利率也会大于零。（Svensson 2009，3）

他转而讲述了一种债券市场的干预手段，通过这种手段可以降低市场利率，使之更加接近央行政策利率：

即便政策利率降至零，实际市场利率由于较大的差价或者较小的通胀预期也可能显得过高。这样看来，通过减小价差的方式就能降低实际市场利率。一种被本·伯南克称为"信用宽

[①] Svensson提供了一种对真实市场利率的简化计算（Svensson 2009，12）：真实的市场利率=名义市场利率-预期通货膨胀率=回购利率+利差-预期通货膨胀率。

松"的方法被央行或其他政策当局用来加强金融市场的功能，它可以通过降低差价以压低市场利率。然而，即便各种差价仍然超过正常水平，这种手段数量上讲不可能令实际市场利率下降太多。对实际市场利率更强有力的干预可以通过提升通胀预期来达到。（Svensson 2009，3）

他描述了操纵通胀预期将可能包含怎样的政策方面的问题：

通缩预期的增强是非常危险的，这种情况下通胀预期是一个负值，实际利率可能会变得极其高。对于央行来说，最可怕的梦魇莫过于一个下行的循环。在这个循环中，过高的实际利率减缓了经济发展，造成了通缩预期的增强和通胀预期的减弱，进而促进利率进一步走高，随后导致实体经济的进一步放缓和更强的通缩预期。（Svensson 2009，3）

Svensson概述了危机加剧或者始终得不到解决时中央银行可以用到的一些政策。他试图安抚瑞典公众中的精英阶层，使之相信即便在传统的干预手段失效的情况下央行仍然拥有其他的政策工具进行干预，虽然这些工具的效果可能尚未得到检验。同时，他展示了央行的政策制定者们如何通过沟通来完成货币政策相关工作。对于政策者们来说，用语言和沟通的方式来描述经济状况是无比重要的，这种方式可以通过用有效的沟通先发制人地引导公众的预期来避免灾难性的结果出现。

Svensson 作为瑞典央行的高级官员，谨慎地思考了央行的"信誉危机"问题以及极端经济状况下公众信心的变动问题。他不仅需要解释他的一系列非正统的货币政策实验，还要发动瑞典公众和市场参与完善一项已经被广泛停止使用的政策，这项政策如前所述，是为了在通缩压力下维持价格水平而设置的。央行信誉的问题很简单，简而言之就是央行是否有能力保持市场信心并解决危机。

9.5 三个步骤

Svensson概述了他在斯德哥尔摩做的一次演讲。这个演讲围绕着他之前的学术成果以及在2009年2月，本次危机的顶峰时出现的经济学挑战展开。我们再描述一下这个挑战：

在零利率条件下，央行急需设法影响和提高市场的通胀预期，而零利率下限和流动性陷阱为这个目标设置了巨大的障碍。为了让实际利率下降到足够低的程度，央行甚至可能要设法让通胀预期在短期内高于通胀目标。

这意味着央行必须让公众相信央行自身会有意识地让通胀预期超过通胀目标。在正常情况下总是试图压低通胀预期，以使之达到通胀目标的央行，应该如何让人相信它将会让通胀预期超过目标呢？当我们讨论并评估为了避开流动性陷阱而设置的众多替代性货币政策时，我们需要优先考虑用来评价它们效果的最重要标准，即这些政策对于影响通胀预期有多大的效果。（Svensson 2009，3-4）

随后，Svensson列举了围绕着他称为"万能方法"的让小型开放经济体避开流动性陷阱的方法需要进行的三个步骤。首先，他致力于赋予通胀目标一个"记忆"。其次，他试图让汇率稳定在一个价格水平目标上。前者实际上是澳大利亚联储局政策框架的一部分，是一种广为人知的成熟方法。它的目标是将通胀率在中期内的平均水平稳定在2%到3%之间。

Svensson详述了通胀目标可以被赋予记忆的观点，并为修正通胀目标的偏差提供了一种替代性方法：

在通胀率过低，甚至低于零的风险存在的情况下，在较长的一段时间内，为了避免标准的通胀目标制的弊端，收紧通胀目标区间的做法也许是适用的，例如将未来5年内的平均通胀率暂时性稳定在2%左右。这意味着央行需要为第一年的低通胀和之后几年的较高通胀作出补偿，以令5年的平均通胀率达到目标。如果央行能够通过有效的分析和预测让公众相信它能够达成上述的暂时性价格水平目标和平均通胀率目标，价格水平目标对实体经济的内在稳定机制就是有效的。(Svensson 2009, 5)

操纵汇率这种手段就更加激进了。重新启用这种被抛弃的货币政策会让货币当局感到有些不快。不仅如此，其质疑了当前世界货币在相互竞争中的贬值。这种贬值看起来像是一种自掘坟墓的行为，它终将导致"货币战争"。

为了理解Svensson将这种手段作为他战略的第二步的原因，我们需要先撇开一些货币理论。它的目标很简单："如果宣布一个与价格水平目标始终保持一致的汇率目标，那么直到达成价格水平目标之前，汇率会停留在汇率目标附近。举例来说，汇率目标确定之后，如果价格水平上升10%，那么货币将会贬值10%"(Svensson 2009, 7)。这种干预手段能够生效，是因为汇率作为它的主要观测指标并不存在上下限，政策利率遇到的零下限问题对于汇率来说根本不存在。① 央

---

① Svensson描述了这个货币逻辑是如何执行的："对中央银行来说，执行第二部分并在货币处于强势状态且在允许浮动时会升值的情况下保持汇率处于既定水平是很容易的。在市场参与者中最初的怀疑以及该方法失效的风险意味着低价买进国内货币然后在该方法失效之后高价售出看起来似乎是一笔不错的交易。这将导致国内货币的高需求。然而，中央银行能够依它的喜好售出国内货币，并相应地看到它的外汇储备上升。庞大的外汇储备和基础货币也许会被认为是通货膨胀，但更高的通货膨胀和通胀预期恰恰正是中央银行在这个情况中最想看到的。

相比之下，难点在于如何在货币处于弱势，且汇率可以浮动并在贬值的情况下维持固定汇率，正如20世纪90年代固定汇率体制期间，瑞士克朗遭受投机性攻击的案例一样。在这种情况下，中央银行将不得不用外汇储备购买国内的货币，而外汇储备是有限的，最终将会用完。当市场意识到当货币处于强势状态和处于弱势状态下维持固定汇率间的区别时，对国内货币的高需求将不再继续，外汇储备也将回复到更正常的水平"(Svensson 2009, 7)。

行的干预手段主要集中在货币市场："货币贬值时，汇率维持在暂时性汇率目标左右，直到达成价格水平目标为止（II）。"

我们需要进一步解释汇率如何作为一种政策工具影响将来的价格水平。Svensson从"利率平价定律"出发，展示了当前汇率和预期未来价格水平之间的联系，并总结出了政策干预手段的几个要点[①]：

　　当前汇率和预期未来价格水平的直接联系最初让人们认为当前汇率由预期未来价格水平决定，前者可以视为后者的指标。但是随后有观点认为，这种联系可能代表着一种与前述恰恰相反的因果关系，即并非预期未来价格水平决定当前汇率，而是当前汇率决定预期未来价格水平。更准确地说，在利率为零而不能进一步降低的情况下，汇率可以作为一种政策工具。与政策利率不同，汇率没有上下限。这一点Bennett McCallum在讨论日本的流动性陷阱时曾提到过。（Svensson 2009，6-7）

---

①　这是他第二份政策提议的分析基础："当利率为零，汇率便成为了未来价格水平预期的有趣的指标。根据利率平价条件，当期汇率是由预期未来的汇率、当前以及未来预期利率的国内外差以及未来预期的货币风险溢价组成。未来的汇率取决于未来的价格水平、未来的真实汇率以及未来外国价格水平。通过汇率和价格水平的对数形式，我们可以得到以下关系：

当期汇率=未来预期（汇率-利率差+外汇风险溢价）

　　　　=未来预期（价格水平+真实汇率-外国价格水平-利率差+外汇风险溢价）

对于为零或者较低的未来预期国内利率，未来利率差和外汇风险溢价对小规模开放经济来说主要是外生且给定的。从一个合理的长远视角来看，未来预期真实汇率是由中性真实均衡汇率给出，并对小规模经济体来说主要是外生的。未来预期外国价格水平对小规模经济体而言同样主要是外生的。结果是，在这些条件下，未来预期价格水平实际上是影响当期汇率的唯一内生变量。有了这个推论，当期汇率在其他条件均相同的情况下，成为衡量未来预期价格水平的直接指标。通过观察汇率，中央银行能观测未来价格水平的期望值。在其他条件不变的情况下，较高的通货膨胀预期以及由此而来的较高的未来预期价格水平导致了今天货币的贬值。提高未来通货膨胀以及未来价格水平的期望值的措施应在贬值货币中出现。货币的强化也因此可能是不利的且可能被解读成通货膨胀期望下降的征兆。"（Svensson 2009，6）。

本·伯南克提到了历史上最影响深远的一次使用这种政策的案例:"美国历史中使用这种政策最有效的例子是富兰克林·罗斯福在1933—1934年期间令美元对黄金贬值40%的政策。这得益于一系列黄金购买和国内货币创造计划,这次贬值和它带来的货币供给的迅速增加很快就结束了美国的通缩。事实上,消费者价格通胀在1932年为 -10.3%,1933年同比升至 -5.1%,而1934年同比就已经达到3.4%了(伯南克 2002a)。"因此,Svensson的策略在美国和瑞典都有例可循:

货币当局坚持将汇率稳定在一个暂时性的汇率目标左右,直到达到价格水平目标,这将导致货币贬值。历史证明,这种策略可以有效提高未来价格水平的预期,并由此刺激实体经济(Svensson 2009,II)。

Svensson操纵汇率水平的策略作为一种最终手段,意味着货币当局将设法进行货币扩张而非改变政策利率:

这个方法非常地激进。它说明央行确实是有所作为的,并积极为价格目标水平背书。因此,相比其他政策手段,它可能会对未来价格水平的预期造成更大的影响。这种方法是可以验证的,因为它不仅包含了沟通,更包含实际的政策举动,而且它的逻辑非常清晰。通胀预期的提高会降低实际利率,刺激实体经济并促进通胀,令价格水平上升至目标值。此外,短期价格水平的黏性会导致短期的实际贬值,从而促进净出口增加,实体经济也会受到净出口增加的直接刺激。(Svensson 2009,7-8)

Svensson着重驳斥了对于这种策略可能令货币操作遭受阻碍

的批评①:

> 任何一种意在提升预期未来价格水平的政策手段都会自然而然地导致货币走弱。将汇率作为政策工具并不应比其他任何一种意在提升预期未来价格水平的政策手段更有争议。（Svensson 2009, 8）

Svensson 的策略的第三步将在价格水平目标达成之时开始："货币当局将允许货币自由流通并将货币政策回归常态。此时无论转而使用原来的通胀目标或者继续使用价格水平目标都可以，如果货币当局认为后者在长期看来更加有效"（Svensson 2009, 7）。

在下一章，我将进一步研究如何将货币经济学问题转述为日常交流语言。我将特别研究在 2009 年 4 月 20 日召开的瑞典央行执行董事会货币政策会议的内部审议，以及 Svensson 教授的观点如何在沟通领域大放异彩。

当 Svensson 教授进入瑞典央行会议室参与政策事务讨论时，他在货币经济学方面的分析工作为瑞典央行带来了重要的革新，他对于他的"万能方法"有着充分的信心。他在讨论中向执委会的其他成员介绍的他的学术成果为构建一种全新的描述瑞典经济的方法和理论的模型打下了基础。我认为，瑞典央行执行董事会的审议不仅仅是一种对抽象的经济条件的模拟，更可以视作是一种对通胀目标制的理论基础的详细表述。在执行董事会成员面对

---

① Svensson 解释了竞争性贬值的问题如下:"这种方法是否代表了竞争性贬值？答案是这与其他货币政策扩张相比，也不过是一种竞争性贬值。注意到如果利率的零下限不存在，中央银行就能够通过降低名义利率来降低真实利率。名义利率的降低将导致货币的贬值。货币贬值，同样是直接由货币贬值造成的，而不是间接地通过名义利率的下降造成的。因此这一方法不过是名义利率的下降导致的（如果这种下降是可能的）。这仅包含了货币政策扩张程度的简单方法，但却通过运用非政策利率的方法实现"（Svensson 2009, 8）。

瑞典公众的过程中，技术层面的问题转变为了全社会广泛关注的问题，因为公众需要通过深入的见解和简洁的表述来进行说服。正如我们所见，公众的意见对于以提振信心为目的的通胀目标制实验的改进越来越重要。

执行董事会的六位成员不仅仅需要作出在货币经济学角度来看正确的决策，更需要维持央行的话语权威。Svensson 在 4 月会议上提出的干预手段触及了这些问题的核心，同时它也似乎挑战了央行这几年来殚精竭虑与瑞典公众建立起来的关系。

第10章 道听途说

我们也在不遗余力地进行教育和培训。

——Lars Heikensten（前瑞典央行行长（2003—2005））

2009年我访问了瑞典央行。正如我前面章节所提及的，那时候，对于它乃至全球的中央银行来说，最大的挑战就是公众信心的恢复。为了实现这个目标，通货膨胀目标制再次发挥作用。当金融市场风雨飘摇，货币政策却又无能为力时，央行发布的消息——特别是关于货币政策运行状况的报道——就显得尤为重要了。市场情绪和预期会影响公众信心，因此，通知文件中往往会指出其相关的一个范围，而不是仅仅锚定某个价格目标。在宏观形势充满不确定性的时候，央行会控制货币政策小道消息的散播并且谨慎措辞每一句话，因为这是一个非常重要的传递信心的途径。

Gragam Smart（2006）曾提到，关于货币政策的报道总是在不断地更新，其解释也一再地发生变化。不过至少央行执行董事会每两个月召开一次的例会所形成的文件是固定不变的，当然，两个月的时间间隔还是有些短。有关货币政策的报道一般来说以两种形式存在：第一，《货币政策（修订本）》（一开始以草案形式提交给董事会）；第二，每次例会结束两周后所公布的会议记录。这两种形式有很大的不同，《货币政策（修订本）》是相关人员讨论的结果，主要是参考了银行业研究人员的意见，而会议记录则是央行执行董事会对最新货币政策的详细阐述，代表了其对货币政策的态度。会议记录以对话的形式记录了货币政策制定者们是如何就货币政策问题进行陈述的。他们字斟句酌、反复推敲，让这篇报道重点突出、语句通顺、真实可信，从而具有打动人心的力量。

这里，我们再一次看到，仅是一些有目的性和倾向性的话语，央行就足以使整个宏观经济发生改变。

Anders Vredin 是货币政策的制定者之一，他的日常工作是为《货币政策（修订本）》起草报告。报告一般包括八页正文，还有一些附注和图表等。在央行执行董事会例会上，讨论通常由它引出，因此直到例会前它才会被出具。同新西兰储备银行一样（见第6、7章），为了应对2009年年初瑞典以及全球经济的特殊状况，瑞典央行进行了一些对货币政策的报道。这些报道既与之前的政策相连贯，同时也与可预测未来中或许会作出的修订和更改保持一致。

Vredin 曾经参与过央行通货膨胀目标制发展和完善的过程，他十分清楚那些有关经济和货币的分析是如何把一个动态沟通机制假定成公开政策对话的一部分的。他也完全明白除了那些稳健的经济和货币研究项目之外，央行苦心经营的、与瑞典公众形成的良好的沟通关系，曾经是，现在是，将来也一直会是通货膨胀目标制的核心。同时也许这也正是通货膨胀目标制最有价值的特征。Vredin 知道，货币政策的有效性与瑞典社会各部分、各阶层的通力合作配合是分不开的。正是由于央行多年以来精心维护与各种不同利益集团的关系，公众才逐渐认识到对于央行的沟通议程是可以寄予期望的（Heikensten and Vredin 2002； Jansson and Vredin 2004）。

在4月的例会上，执行董事会成员间的对话总是会不同寻常地表达出很多东西。但在他们的审议中，没有特定的数据或者变量能起到决定性的作用，相反，他们会谨慎地把整个宏观经济背景作为一个建模的框架，以求政策不是生硬的，而是充满活力的，从而可以受到人们的拥护和支持。当然，他们自己通过一个从事经济金融事务管理的关键机构来执行这项脑力劳动，因此，他们表面上的劳动，以及他们的沟通对话，造就了这样一种动态环境（Latour 2005； Westbrook 2008）。

近乎同时公布的董事会会议记录，不仅仅是对通货膨胀目标制的一种补充，它本身也是一种具有重要意义和作用的工具。

整个动态货币信息调节的信息源就潜藏在这些会议记录中，它们可以让公众更加相信未来货币政策调整方向，从而对未来的预期充满信心，尽管有时这些信心的来源并不可靠。

10.1 对话

执行董事的审阅过程绝不会丧失主动和惊喜，但是观点的陈述往往会经过反复锤炼，最终与货币政策声明保持一致。他们有六次年度会议，每一次会议召开之前，成员之间会就此进行讨论。货币政策声明的草案中，除了别的一些东西外，一般会根据具体建议提出3年期项目的回购利率——瑞典央行的长期公共项目，与通货膨胀目标制有着不同的特点——从而设定政策利率。

这些干预行为有着很强的持续性，因为董事会成员的立场会在一次次的会议中变化发展。这样，即使他们的特定立场不能被完全预期到，也会随着时间而变得人尽皆知。就像在 Svensson 的例子中所看到的那样，他们的观点可以通过多次公众演说和新闻发布会获知，尤其是会议一结束就立刻召开的那种。想要了解会议信息，最直接的方式就是通过会议记录，其草案一般在董事会结束后不久揭晓。在正式公布之前，各个与会人员可以对自己的观点进行修改和说明。然而会议记录并非沿着固定模式，而是呈动态发展。在此过程中，董事会成员试图充分解释他们的立场和动机，进而通过沟通影响经济形势。

这里有一个关键问题，央行的会议需要假定自己是有"听众"的。董事会的 6 个成员先简要地介绍一下他们的立场，像媒介一样来传达那些特定群体所关心的问题。"央行沟通的目标群体包括瑞典议会、公司、普通家庭、银行和其他金融市场参与者、政府机关、社会团体、媒体，以及央行的雇员"（Sveriges Riksbank 2009a，1–2）。这些人之间的相互交流会产生一个关于现状的多层次的陈述，同时其也描绘了一系列对未来经济和货币环境预期的场景。董事会成员们每个人都有各自的专业知识和人际关系网，他们会把这些资源以及接触到的官方和非官方的一些资料带到会议中，这样一来，讨论和审议过程中就有了各种各样不同的看法。不过比起这些，更为重要的是，董事会的会议记录中逐渐隐晦地表达出，究竟哪些人才是其真正的听众。或者一种更形象的说法是，究竟谁会去听董事会的讨论和审议。对这一问题我也颇有兴趣。我在瑞典央行曾跟很多人交谈过，特别是 Anders Vredin 和他的员工。随后在英国央行，我也有过一系列的谈话。通过这些交谈，我发现这个问题的答案似乎就是那些实实在在的社会公众。尽管我在很早之前就已经意识到了这种可能性——就像我们在第3章里看到的——不过直到在与瑞典央行执行董事的对话中，我才真正完全意义上地把"普通公众"作为对这一问题最有可能的回答。

我希望对这一问题进行进一步的研究。2009年4月的央行会议对于我的研究有着与众不同的重要意义，这主要是出于两方面的原因。第一，因为会议中所披露的很多信息都包含大量难以分析的数据，所以对央行政策的解读就显得非常关键。通过讨论，董事会成员小心翼翼地梳理当前经济活动的来龙去脉，这是一个可以畅所欲言的领域，是一个充斥着精巧或者不那么精巧的感觉、情绪和预期的混合体，只要最终对这个情感混合体能有一个一致的解释，它就能够给公众树立信心——一种可以从无数各行各业的瑞典市民身上感受到的积极的信心。

第二，在面对2009年年初发生的危机的时候，董事会成员们通过他们的经验、判断以及道义劝告，去改变货币政策新闻报道的一些因素，进一步引导公众对危机的看法、认识和感受，以此来应对危机。在这种情形下想要树立公众信心，就需要董事会成员精心准备一个劝说性的对话，以此来让公众重新充满信心。央行有时会采取一些看起来并不合理或理性的措施，但是不论是什么措施，董事会成员们都需要为这些措施想出一个适当的理由。

我已经强调过货币政策小道消息的散播是多么地重要。下面我摘录了2009年4月20日央行执行董事会扩大会议有关货币政策的一些记录，希望通过这些会议记录来说明货币政策消息是怎样产生，然后又怎样被添油加醋一番并最终被传播出去的。在这个非常关键的节骨眼上，董事会成员们直截了当地回答了那些十万火急的问题，与此同时，本文的核心问题也在其中给出了答复。利用高超的技巧，董事会成员们仅通过语言和交流就成功塑造出了整个金融和经济环境。

10.2　沟通领域

会议开始，金融稳定局局长 Mattias Persson 和货币政策局局长 Anders Vredin 陈述了金融和货币市场现状，对经济发展进行了一个简要而专业的回顾。

就像我们在上一章看到的，《货币政策（修订本）》草案建议立即将当前 1% 的基准回购利率下调到 0.5%。基于 2009 年 CPI 通胀率略微下行，并且截至 2010 年年底失业率有望增至 2%，当年 GDP 增速预期将下降 4.5%。显而易见：传统货币政策即将达到它调控范围的底线[①]。董事会讨论的焦点正是这一建议所产生的背景以及可能的后果。

Lars Svensson 在会议开始时回顾了"国外经济发展"，并以此来给本次会议定调，相关会议记录总结如下：

Svensson 引出了对这一话题的讨论。他指出外国的发展现状是惨淡的。Svensson 先生同意《货币政策（修订本）》草案中提到的关于国际发展的看法。自从今年 2 月份的货币政策会议开始，对国外实体经济和通胀的预测值就在不断地向下修正。Svensson 先生认为许多全球经济发展的指标现在的表现与大萧条开始时非常相似，这不得不引起我们担忧。

对经济前景的预测不断向下修正，而即便是在最好的情况下，想要对全球经济状况进行精确评估也是很困难的。尽管如

---

① 将回购利率降至 0.5% 意味着利率走廊，也即瑞士银行的储蓄和借贷机制，应该被修正，因为目前的走廊架构在这个案例中将伴随一个负的储蓄率。已有材料提议构建一个稍微窄一点的走廊，将瑞典银行的贷款率设定在 1.0%，储蓄率设定在 0.0%，回购利率设定为 0.5%（Sveriges Riksbank 2009b）。

此，董事会的成员们还是设法尝试对目前全球经济所面临的困境给出一个叙述性的框架。对框架的评述实际上非常受限，但与会代表们总在寻找一种方法能清楚地给出一个条理清晰的可靠陈述，也正因为如此，每一次的干预中都潜藏着明白无误的"表演"成分。

在 Lars Svensson 的有关评论后，《货币政策（修订本）》草案还记录了一些 Lars Nyberg 关于现状调查的结果：

> 央行副行长 Lars Nyberg 基本同意国际发展前景黯淡的观点。世界贸易持续下降……大多数新兴经济体的资本流入在很大程度上也都终止了。许多国家失业率一直保持在高位，并且预期未来还会上升。整个欧洲看不到一丝光明。

Nyberg 描述了一个大致的行动方案，只要风险偏好重新回归，通过这一行动就能使金融市场起死回生：

> 去年（2009 年）9 月，在雷曼兄弟申请破产的时候，投资者的风险偏好就已经开始迅速下降，各类信用工具都遭到了严重摒弃。也因为如此，很多基金、对冲基金、保险公司现在都拥有大量流动性，这些流动性一直在等待一个合适的投资时机。有一些公司有着完善的管理结构和经营模式，只要给予足够的资金支持它们就能走出危机。这一点对金融和非金融企业都是适用的。只要投资者愿意重新开始并多承担一点点的风险，只要公司认识到自己必须接受微微高一些的利率，市场就会缓慢地起死回生。

Nyberg 补充道，即使经济持续下滑，这些积极的情况十有八九还是会逐步浮现：

> 因此，即便在银行信贷不断损失、经济持续下滑的情况下，信贷市场开始复苏却也并非不切实际。一些信用评级良好的公司已经能够获得贷款。其他一些从去年 9 月份开始就死气

沉沉的市场也慢慢活跃起来。

副行长 Karolina Ekholm 再次重申了瑞典贸易所遭遇的挑战的本质，以及瑞典的命运在多大程度上要受到欧洲和美国经济状况的影响：

> Ekholm 也同意前景是黯淡的，而且几乎看不到任何起色……20世纪30年代的经验表明，在大萧条中也可能会有短暂的好转。此外，伴随着就业率的下降和失业率的上升，美国实际经济的下滑仍将持续。

> 除了有些时滞，欧洲的发展遵循了与美国相同的模式。相应地，美国的复苏会比欧洲提前。由于对与德国贸易的过分依赖，德国的经济问题给瑞典造成了很大的麻烦。因此，瑞典可能会长期面临出口需求疲软的问题。

央行第一副行长 Svante Oberg 也认可了《货币政策（修订本）》草案中所记录的分析，他声称预期未来的风险水平可能还会进一步下降。他进一步阐述了全球经济衰退的同步性，并参考了 IMF 关于这一系列事情是如何一步步发生的一个报告：

> 根据 IMF 的报告，由于当前的金融危机的是一场全球性的危机，所以可能将会引发罕见的长期深度衰退。IMF 通过对21个发达国家1960年以来衰退历史的分析得出，金融危机引发的萧条往往更为严重，相应地，恢复也会更为缓慢。并且如果这种衰退还是全球性的，那么就将导致经济衰退期延长以及复苏无力……

> 据 IMF 称，预计未来的状况很大程度上将会与工业国家战后发生的五大金融危机的平均水平相一致，而且还会与曾经发生的金融危机以及全球性衰退状况大致相当。

行长 Ingves 引起了大家对全球货币当局协调性问题的关注：

> 不同国家的货币当局已经采取了大量传统或非传统的政策

措施。但重要的问题是，这些政策措施能否真正减少公众的悲观情绪，为未来的市场注入信心。随着这些措施的实行，世界经济目前并没有崩溃。金融系统还在勉强地运转，不过这一切都只是因为有大量公众部门的支持。

随后他又强调了危机在全球范围内扩散蔓延的问题，还有危机过后各国恢复缓慢且进度参差不齐的风险：

自我强化的危机和衰退在落后的实体经济与缺乏资本的金融市场间传播扩散，这是目前处于国际层面的重大风险。同时，国际贸易持续萎缩。如果贸易信贷被冻结，进口原材料的全球供应链就会受阻。除了需求减少之外，国际贸易也会因此受到由资金短缺问题引发的供给冲击的影响。再者，先前的经验表明，调整过程有可能会非常漫长，特别是对于那些调整开始之前，存款就长期处于低位的国家。各个国家解决金融领域问题的能力和意愿是不同的，它们因为出口需求下降而受到的影响程度也是不同的。这也就意味着，当全球经济开始复苏的时候，不同国家的复苏进度也不会完全一致。

副行长 Barbro Wickman-Parak 又重新回到了对货币政策草案内容的讨论。草案对未来预期是很谨慎乐观的，这一点 Wickman-Parak 十分同意。同时她也考虑到了公众信心可能会大幅恢复，届时将会出现更积极的经济局面：

我们预测的期间越长，就有越多的不确定性。这是一条普遍规律，不过因为种种原因，这次的预测不确定性尤甚。扩张性货币政策能产生的效果是不确定的，金融市场何时能恢复正常是不确定的，公众的信心要到什么时候才能重振也是不确定的，要对未来进行预测困难重重。

2月份的报告就最可能的情形作出了一些预测，尽管 Wickman-Parak 女士支持这些预测，但她接着表示，我们有理由去关注另一种可能的情况，即如果国外能更加迅速地恢复，情况将会怎样。在目前的状况下，她希望让大家认识到这种状况发生的可能性。之所以这样做，原因和 2 月时一样，是因为金融系统正在遭受一场巨大的信心危机，这场危机已经对实体经济产生了旷日持久的影响。所以一旦信心恢复，好转的趋势可能会比预想的要好一些。

最后，Wickman-Parak 重申了信心重建问题。当一个清晰的未来轮廓变得触手可及，出现在人们的日常生活里时，信心就会随着时间推移自我恢复。为了应对危机，全球都在一起努力，各央行之间也都通力合作，正是这些使得央行曾经设想的情景得以变为现实。

接着，董事会的讨论转向了"瑞典经济发展与货币政策决策"的问题。Oberg 先生回顾了疲软的经济形势，并解释了这种疲软会对消费物价通胀的测度和瑞典克朗的币值产生怎样的影响。他的理论与《货币政策（修订本）》草案高度一致：

《货币政策（修订本）》草案中清楚地提出瑞典当前正处于一个严重的衰退期，Oberg 在讨论的开始就指出了这一点。当前，央行预测 GDP 增幅今年将会下降 4.5%，且其日后的恢复也将十分缓慢。Oberg 先生认为这种预测是最可能的一种情形，但是随着国际形势的发展，他估计出现更差情形的风险在加大……

他解释说，正是因为如此他才认为央行应该将回购利率下调至 0.5%。而且接下来的几年经济发展状况预计也不会太好，所以应该把回购利率长时间内保持在一个极低的水平。

董事会成员们对央行的公信力十分敏感，在所讨论的这些技术问题中，每一个涉及央行公信力的点都会引起他们的注意。事实上，如何管理好央行的信誉是与会者们最为关注的一个问题。

10.3 转变思路

会议继续进行。Lars Svensson 介绍了关于用非传统货币手段进行干预的提案。目前为止，他的同事们都已经明白了他的立场，就是要转变思路，从一个新的角度进行思考。他在这次会议上所提出的观点基本上是对他早先很多观点的总结，不过也提出了一些新想法。他再一次着重地强调了，开发货币政策工具来刺激经济是央行的当务之急。他试图向董事会其他成员还有社会公众解释，他所认识到的瑞典以及全球经济当前所面临的严峻形势是怎样一个情况：

> 与利率为零伴随而来的主要风险是货币政策可能过于紧缩……零利率会是十分危险的，不论是利差变大，还是通胀预期下降，亦或是瑞典克朗升值，都会产生巨大的影响，它们会使得货币政策变得更加紧缩，资源的利用效率下降，而失业率却会上升。

> 这表明事情在利率到达零下限时会变得完全相反，所以摒弃原有的传统思考方式在这种情况下就变得尤为重要了。过高的通胀预期在很早之前就已经是货币政策的一个问题了。不过现在的问题变成了通胀预期过低。之前，疲软的通货经常会是货币政策中的问题。而现在，过于强势的通货却成为了问题。弱势通货可以帮助货币政策更好地平衡，更具扩张性，而强势通货却会让货币政策变得过于紧缩。这些情形是对高智商和高教育水平的挑战。

就像他所认为的那样，这一挑战的本质是对货币以及货币政策认识的转变：

根据Svensson先生的说法，对央行来说，它所面临的高智商挑战是适应并运用一种新思路去思考问题，是认识到，对目前来说，高通胀预期和瑞典克朗贬值都是好消息，它们可以使央行稳定实体经济的工作变得更容易。

而教育方面的挑战则是要向普通公众以及市场参与者解释这种新的思维方式以及通胀预期和汇率所扮演的新角色。

更准确地说，这项任务是要重塑公众还有市场参与者的敏感性，从根本上转变他们对于通胀预期的认识。"平衡"一词可以说是Svensson先生建议的核心，这一点可以用传统货币手段所面临的局限性来证实。他再次采用他很擅长的技术分析法来分析当前局势——通胀预期下降，同时推高了实际利率：

今年1月的时候，对未来一年和两年的通胀预期分别是1.1%和1.5%。也就是说，对未来两年预期的均值是1.3%。不过到了现在，也就是4月，通胀预期值下降到了0.9%和1.5%。未来两年的均值也从1.3%下降到了1.2%，尽管幅度很小，但是情况确实是变糟了……这也意味着通胀预期要比按照历史模式得出的值低得多。总体来说，通胀预期还是很低的，而且还在缓慢下降中。这直接导致了实际汇率更高，货币政策也更为紧缩。这就是值得我们关注的原因，在未来我们必须密切监视通胀预期的变化及其带来的可能影响。

他用就业率和汇率来重新组织他的分析逻辑，让他的分析更加生动且通俗易懂：

不论是采用扩张性的还是紧缩性的货币政策，只要回购利率接近零且难以调整时，汇率因素就会产生巨大的影响。在与2008年3月出版的《货币政策报告》中描述的情况相类似的另一种情形中，汇率变动将会对资源利率效率以及就业、失业率产生重大影响。假如在接下去的几年中瑞典克朗相较于央行的预期贬值5%，那么就业率大约会提高1%，也就意味着可以保留50 000个工作岗位。

而相应地，如果瑞典克朗与预期比升值5%，就将意味着会有50 000个就业岗位消失。当利率接近零的时候，外汇汇率的变动方式将会对资源利用率还有失业率产生重大影响。就像之前所提到的，这里的风险是瑞典克朗可能会过于强势而非过于弱势。

他用一个更加切实的回购利率削减提案结束了他的发言。这一削减提案所要求的削减力度要远远超过《货币政策（修订本）》草案中所建议的，他认为只有这样才能更好地应对资源利用以及就业率所面临的重大危机：

Svensson先生建议将回购利率下调至0.25%，并在2011年的多个季度里长期保持这样一个低水平的回购利率。与《货币政策（修订本）》草案中的货币政策相比，这样的一个回购利率轨迹需要一个更为均衡的货币政策，同时对外部环境的要求也更为苛刻，所要求的资源利用效率更高，而失业率却更低，同时通胀水平也不能过分地偏离目标。

如此低的利率可能会对金融系统的正常运转产生冲击，不过Svensson先生并没有进一步地考虑任何与此相关的问题：

即使回购利率下调至0.25%，而不是0.5%，Svensson先生也没有发现任何银行或金融市场将会产生问题的迹象。即使有这样的问题，与该方案对实体经济、资源利用率以及就业率产生的积极影响相比，其代价也是微不足道的。

Svensson先生分析的技术权威性是毫无疑问的，不过，他的干预却引发了另外一些问题，这些问题直插央行的要害。下面我们就来看看这些问题。

10.4 谨小慎微

在 Svensson 之后发表意见的是副行长 Ekholm，她对 Svensson 的提案作了委婉的回应：

> 我们有理由相信在未来一段时间内，资源利用率将会是低下的，所以应该采用一种十分平衡的货币政策，这种货币政策需要考虑到通胀目标制的实现问题以及资源利用问题，所以在实际操作中应该采用一个比 0.5% 更低的回购利率。而事实是，实体经济的发展确实在促使回购利率不断向零靠近。

因为考虑到零利率下限可能对金融市场的运行造成不利影响，对于是否要对回购利率进行更大程度的削减，她显得十分犹豫：

> 当回购利率非常接近零的时候，很多问题可能就会涌现出来。一方面，银行的利润会萎缩；而另一方面，对于私人回购市场，由于其中一些交易采用的是比官方回购利率要低几个百分点的利率，所以如此低的回购利率可能会影响其流动性。Ekholm 女士认为，如果货币政策的最终决策导致金融市场萎缩或者扰乱其正常运转，那这项政策是不可取的。

Ekholm 建议道：

> 因此，回购利率不应该下调至 0.5% 以下。我们应该采取的措施是长期保持回购利率水平不变，即使这在某种程度上意味着在预测期，除按揭利率外的通胀期望会微微超过既定的目标水平。长期保持低回购利率，无非也是为了促使长期利率下降。

尽管如此，Ekholm 女士还是很巧妙地同意将 Svensson 的策略作为央行干预的第二选择，前提是央行获得了足够的在零回购利率水平附近操作的经验：

> Ekholm女士也认为央行不能排除未来可能会将回购利率进一步削减至0.25%的可能性。只要有合理的理由让我们这样做，同时又不会对市场正常运转产生不良影响，央行就可以考虑这样做。我们还应该考虑一些非传统或特殊的方法来对回购利率下调操作进行补充。其中，最合适的方法可能是购买政府债券和住房债券了。这也符合央行推动长期利率下行的目标。

Wickman-Parak女士支持《货币政策（修订本）》草案中将回购利率下调50个基点至0.5%的提议。她对待零利率下限时的货币政策管理问题也是十分小心的，毕竟在零利率下限时的央行只有很有限的操作经验：

> 考虑到当前严峻的经济形势，人们可能会好奇，为什么央行没有将回购利率下调至0.25%或者更低。因为央行对于在零利率时如何操作毫无经验，所以对这个问题也就很难给出一个可靠的答案。

Wickman-Parak也再次强调了另外一种可能性：如果金融市场逐渐恢复正常，信心重振，那么全球经济复苏的步伐可能比预想得要更快一些。接着她假定了一种复苏时的情景，不得不说这真是一个天才的预测，它在后来被证明是完全正确的：

> 随着信心的重振，瑞典出口额迅速下降的时期可能会很快结束，并且随之而来的恢复是强而有力的。生产将会受到积极的影响，而且过不了多久，同样的事也会发生在就业上。股市一片向好，家庭财富得到恢复。这在另一方面也有助于增加消费，因为家庭很快会超预期地减少其高额存款。经济上的好转同时也会降低银行信贷损失的风险。按照目前的发展趋势，这一系列的事件将会在2010—2011年发生，届时大家再回首回

购利率的发展过程，就会发现，直到2011年初，它始终未变。

这种恢复很快就会使公众产生更多的担忧：

> 尽管通胀压力就目前来说还不算个问题，但之后的情况可能就不是这样了。比如，商品价格可能会出现超预期的上涨。国外现行的扩张性政策可能会因此促使国际通胀水平上涨，带来更多的输入型通胀风险。瑞典克朗在这一过程中可能并不会像预想的那样走强，即使它升值了，之前的疲软可能意味着已经积聚起来的成本压力会在经济回弹时以价格上升表现出来。

总体来说，Wickman-Parak简练而生动地表明了，央行将会根据不断变化的局势来调整相应的措施。正是央行的这种灵活性，使得其在应对不确定性问题时能够处于一个重要的战略位置上。公众将会相信董事会愿意细心、公正、审慎地对待这些问题。

低于通胀目标将会是一件充满风险的事，对此行长Ingves表示赞同：

> 通胀预期已经下跌了，对两年后的通胀预期降到了2%以下。回购利率以及回购利率未来的变化轨迹也需要变得更低，以此才能应对低下的资源利用率和通胀压力。所以说将回购利率下调至0.5%是合情合理的，同样的道理，在一定时间内将回购利率的轨迹固定在一个较低的利率水平上，也是合理且必要的。

他也很关心低利率会怎样妨碍金融市场正常运作等问题，尤其是，低利率可能会扰乱货币传导机制。如果只是下调回购利率还不足以达到降低长期利率的目标，那么央行可能会采取购买政府债作为辅助措施：

> 当回购利率变得特别低时，货币传导机制可能就会变得低效。这是因为市场上很多利率是要比回购利率还要低的。当回

购利率接近零的时候，这些利率就不能再盯住回购利率了。一个过低的回购利率可能还会增加金融机构的成本，比如说使得银行利差减小。购买政府债券也许可以看作是对传统货币政策最自然的扩展。这种购买可以辅助央行实现降低长期利率的目标。

像Svensson一样，Ingves也很关心需要调低实际利率的问题，但他强调，央行可以通过自身影响预期的能力来做到这一点。他还重申了他对通胀目标制是很信任的，以此作为对他的同事的坚决反驳：

> 如果证明确有需要，央行可以更进一步地刺激经济，同时也不用将回购利率削减至零。央行采取的最重要的措施涉及确保实际利率足够低。这可以通过影响通胀目标来做到，而只要央行有一个量化的通胀目标，并且公布一个低利率路径，这简直是轻而易举。比如，央行可以宣布要在长时间内保持一个低利率，或者可以通过宣传说央行要使通胀路径接近于2%，以此来促使一些事情提早发生。这样做可以有助于抵消极度低下的通胀预期所带来的影响。

Ingves同时也提到，在必要的时候对债券市场进行一些特定的干预，能够进一步影响公众预期：

> 瑞典央行还可能在市场上购买政府债券、住房债券或者商业票据以降低其利率。如果其他市场参与者对公司债的需求上升了，那么央行购买政府债还会产生一种组合平衡效果。不过在采取行动之前，我们还需要对需求、各种可能的情况还有涉及的法律问题做更详细的分析。也许直到央行进行了存贷款改革，用尽各种办法为信贷创造了便利，其他的市场参与者的需求才会上升。

在会议中，Ingves拒绝了考虑一系列更激进的非传统政策措施的提议：

有些事是央行必须从更长远的角度来考量的，比如为了经济发展是否需要进一步下调利率，当今的货币政策在未来是否会需要更多的非传统手段支持。如果发展确实需要我们这样做的话，那么准备好去实行一个备选的货币政策还是很有必要的，不过这并不是说我们现在就要这样做。

他解释说，他很乐意在考虑采取非传统手段之前再等待一段时间，看看那些央行已制定的刺激政策是怎样影响经济形势的。就像 Wickman-Parak 女士一样，Ingves 先生也非常重视谨慎原则，董事会必须承认，从他们制定政策到对消费品价格产生可测的冲击，中间是有时滞的。也就是说，董事会需要正确地预期到，在他们依据政策而采取行动之前，可能早就已经有一股力量在推动通胀了。

在正式采取更多措施之前，还是有理由评估一下迄今为止所采取过的措施的效果的，以此作为近期收集到信息的比照。Ingves 先生总结性地指出，目前讨论的焦点是央行应如何在这个衰退的世界中管理好货币政策。货币政策本身是有前瞻性的，但是同时也不应忽视的是，一些当前的因素正是推高未来通胀的潜在推手。比如说疲软的瑞典克朗对价格的冲击，以及来自高级技工的成本，就是两个这样的因素。

Lars Nyberg 断言说："在国际经济出现当前这样的剧烈下滑时，出口依赖型经济会受到更大的冲击。所以说回购利率下降到越低越好。"他接着对瑞典的经济动态恢复机制进行了分析，然后又与其他国家做了比较，阐述了瑞典的相关优势并作出了总体评价：

与其他国家相比，瑞典的经济刺激还是比较强劲的。第一，疲软的瑞典克朗有助于增加对瑞典出口品的需求。当认识到瑞典克朗的贬值幅度时，就会知道这并不是一个无足轻重的刺激。第二，很大一部分瑞典房地产金融企业采用的是短期固定利率。这意味着，利率下降很快就会对家庭收入产生影响，这有助于保持需求。而且这一点不仅仅是只能在房地产市场看到。第三，在瑞典的企业很快就会发现，它们比其他国家的企业更容易得到贷款。信贷市场正处于动荡时期，不过虽然有一些问题，但是问题是很有限的。尽管预测到在经济周期的下一个时期中，信贷损失将会增加，不过瑞典的银行系统在根本上还是完好的。第四，相比于其他OECD国家来说，瑞典的财政政策是更具扩张性的。

他在对待短期信贷市场的零利率下限问题时还是保持了相当谨慎的态度：

当回购利率下调至0.25%时，金融系统可能会受到一些影响，Nyberg先生就此展开了论述。金融系统的正常运转是否会随着利率降低而严重恶化呢？这很难评估，不过有一点可以确定的是，随着利率的降低，系统的作用将会逐渐下降。保持短期市场的贸易是十分重要的，鉴于此，与利率零下限保持一个安全距离似乎是个明智的选择……

Nyberg先生勉强认为下调至0.5%可能是合适的。然而，除非未来的发展比预想的要好得多，否则为了尽可能降低未来的不确定性，还是很有必要长时间将回购利率维持在目前的水平上。

他也同意在需要的时候采取大量的附加措施，不过这是要在货币政策还有金融稳定出现明显需求的时候：

央行可以进一步采取措施来作为削减回购利率的补充。正如之前很多人提到过的，立即可以实施的办法就是购买政府债或房屋债，不过现在就为彼时的问题做决定还是为时太早……

既然回购利率已经触及底线，那么央行现在可以做的，同时也是对减少衰退来说最重要的事，就是敦促各商业银行在合理的水平上进行放贷。就目前来说，货币政策的目标与促进金融稳定的目标是一致的。

Oberg先生直接对Svensson的提议作出了回应：

正如Svensson先生所提倡的那样，我们应该考虑进一步下调回购利率零点一或零点几个百分点。执行董事会需要对削减回购利率问题保持高度的一致。不过我们确实需要考虑一个基本问题，当回购利率变得特别低时，很多市场可能就会出现问题，到那时我们就必须考量继续下调的利弊了。这是一个很重要的问题，我们必须要在作出下一个决定之前好好研究一下。

他提到了公众对于央行经济规划的信任问题：

央行反复声明回购利率会在长时间内保持低位，这一点十分重要，目前很多政策实质上都在做这件事。不过要决定到底要在多长的时间内将回购利率固定在低位上是很困难的。预测期越长，不确定性也就越多。就目前来说，要预测2011年的回购利率也是很困难的，因为这在很大程度上取决于人们对2012和2013年的预期。这其实也是一个公众对于央行的信任问题，即他们到底在多大程度上相信央行对利率的预测。央行的经济模型中是要假定公众相信央行的预测的，如果事实并非如此，那么真实的结果可能要与模型结果相左了。

他再一次地强调了货币政策的局限性：

经济政策对于减轻瑞典受全球经济危机影响的作用是有限的，而现在的情况正是这样。对于财政政策来说，其局限性表现在它要受到公共部门投资的长期可持续性制约。而对于传统货币政策，其主要受到一些现实因素制约，很重要的一点就是回购利率有一个底线，不可能将回购利率无限下调。尽管一些限制使得这些政策不能避免经济下滑，但是至少可以避免崩溃式的下滑。

Oberg核心观点可以用这样一句话概述——如果要采取一系列更为激进的非常规手段，那么需要两个前提：一是客观环境变得更加糟糕，迫使我们不得不这么做；二是需要我们就这些非常规手段作出新的分析并达成新的共识。

Wickman-Parak就政策的局限性发表了她的看法：

我们不应该通过回购利率路径来夸大有利条件，并借以影响对未来回购利率的预期。她对Oberg先生关于货币政策局限性的观点十分赞成。我们周围的世界可能还会出现更剧烈的经济下滑，货币政策也不能使得瑞典幸免于难，不过至少它可以减轻这种冲击。但是如果国际经济在长期一直下滑，那么货币政策最终也会完全失效。并不是所有的事都可以依赖货币政策。

对于那些专业的"听众"，她给予了最直接的指示——设法去理解董事会的想法：

对于将要采取非传统措施的问题，很多市场参与者和分析人士都很好奇，既然回购利率已经不断接近于零了，央行还要做什么。在这种情况下，Wickman-Parak女士想强调的是，央行早已通过给银行系统提供流动性的方式采取了广泛的措施。只要情况需要，这些措施还会继续持续下去。如果还有必要的话，在近期可能还会采取一些其他的措施。

不仅如此，Wickman-Parak女士还认为对于瑞典当前特殊局势的分析还有待改善，并给出了她的理由。另一方面，对于为什么说谨小慎微是当前阶段考量政策的最重要原则，她给出了自己的理由。

Svensson先生再次重申了在教育方面也要做足文章，需要让公众知道，为什么说实际通胀超过央行的通胀目标是有重要意义的，还有为什么不需对此额外担心：

> 如果普通大众以及其他经济主体信任回购利率路径，那么用改变回购利率路径的手段来影响经济的能力就会大幅提高。用现存的远期利率估计利率预期的方法，或者用新RIBA合同（riksbank repo rate futures，央行回购利率期货），我们就可以获得市场是否信任回购利率路径的有用信息了。

> 在低利率的环境下，为了让公众长期信任回购利率路径，我们应该做点什么呢？我们想为接下来的一个更具扩张性的货币政策树立社会信心。可是我们要怎样做到这一点呢？央行需要推行一些能够推高通胀的政策，让实际通胀超过通胀目标，让公众和市场看到央行确实会容忍通胀超过目标。这是之前提到的教育挑战的一部分。

Ekholm女士称，回购利率路径的公信力是"一种沟通问题"。她对于经济形势可能朝着有利方向发展的这种可能性非常警觉，同时她注意到瑞典的财政政策起到了建设性的作用：

> 对于货币政策可能存在的局限性，她强调说，财政政策也能够刺激经济，从而对货币政策起到辅助作用。Nyberg先生提到由于瑞典有着更有效的自动稳定器，财政政策在瑞典会比在许多别的国家更加具有扩张性。Ekholm女士非常同意他的观点，同时指出初期的公共财政环境越有利，财政政策的影响力越大。她认为虽然当前并不适合确定备选的货币政策措施，但提前筹谋以备不时之需显然非常重要。

Wickman-Parak女士对Svensson的提议给出了另一个关键性的反驳，引出了关于声誉风险的议题：

> 如果人们认为这几年通胀预期常态化地高于目标，同时还不断有推高通胀的冲击，那么他们还会相信之后的通胀预期仍

旧确信无疑被锚定在2%么？这是一个很大的风险，公众对于通胀目标制的信心很大程度上都是在20世纪90年代建立起来的，央行苦心经营至此，而今可能要毁于一旦了。

在会议的最后，行长 Ingves 作出另一个决定性的评论，强调这次会议所作出的决定将会不可避免地影响危机后金融系统的特征：

> 关于备选措施方案的讨论反映了这样一个事实：金融稳定性和货币政策似乎在这次金融危机中已经互相融合。采取措施从而提升金融市场发挥作用的能力并不总是央行的事。

> 在这种情况下，深入考虑瑞典的金融结构体系以及公众对其未来的预期非常重要。一旦瑞典走出困境，这些措施在某种程度上将会决定金融部门的结构。Oberg 先生认为，每个人都应该认真思考是谁在公共部门中做了什么事情。央行并不需要承担全部信贷供给的任务。Ingves 先生深以为然。最后，Ingves 先生说道，因为瑞典选择的是浮动汇率制，所以除了正常的货币政策以外，那些试图影响汇率的措施在当前并不适用。

会议中对以下两个备选提议进行了投票：削减当前1%的回购利率0.5个百分点或者0.75个百分点。二者都会将利率调整到 Svensson 推荐的水平。董事会最终选择了前一个提议；不出意料地，有人持保留意见：

> Lars E. O. Svensson 对于这项决定有不同意见，他主张把回购利率降低到0.25%，并且长时间维持在这样的低水平，比如到2011年的某个季度。这样一种回购利率路径需要更出色的平衡货币政策、更高的资源利用率、更低的失业率，同时通胀率也不会偏离目标太远。

Svensson 的提议对这次会话产生了出乎意料的显著的影响。就像我们在上一章看到的，他的策略重点在于经济理论和对通胀目标制草案的修订，以应对当前危机所特有的挑战。当我第一次读到他的提议时，我突然想到，它只是在耍花招——也就是说，先把通货膨胀目标转换为汇率目标，等这个目标实现以后，再转回到通胀目标或者物价目标。显而易见它能被执行，但是考虑到它可能会削弱公众对央行交流的信任，这似乎并不是一个恰当的选择。一份又一份锚定和重新锚定预期的协议可能被当作"阴谋"。正如 Svensson 指出的，日本的公众对此已经不再信任了。

一方面，我们可以把 Svensson 的提议看作是，他给通货膨胀目标制度框架引进了新的动力来进一步完善该体制；而另一方面，这一策略会干扰公众期望的积累，从而削弱其有效性。毫无疑问，他完全了解这两方面的可能性。

但是委员会成员的反馈又指出了另一种可能性。当处于危机中，数据信息含糊不清、公众的信心成为最主要的问题的时候，起作用的不仅仅是回购利率，货币政策报道的完整规范以及央行所维持的与公众的沟通关系也非常关键。

10.5　一百八十度大转弯

在瑞典央行董事会会议室里，通过一场精心安排的对话，瑞典和全球经济的特点鲜明地呈现在我们面前。与会者在为他们自己，为各种听众评估货币困境时模拟出一些信任或者怀疑。央行董事会成员非常清楚，他们说出或者没有说出的每一条陈述，都是在参与一场公开的协商，这本身就有着深远的意义。

董事会成员仔细倾听彼此的意见，精心选择他们的干预方式，以保证能考虑到冲突的观点、不同的侧重点和多种解释，而这个过程不可避免充满不确定性。他们完全清楚媒体、公共和私人部门中各个层级的经理、政治官员、市场参与者和普通公众的角色。不容忽视的是，他们注意到央行自己的雇员似乎也会偶尔去听他们的会话。他们试图去预测这些目标群体的提问以便能够顺着他们的动机和预期来回答。

在技术专家组成的官僚体系中，知识、技能和判断通常是"优质"而值得信任的，但央行的公信力并不是通过这样的官僚体系来传递的；相反，政策制定者精心拟定每一条陈述，以求条理清楚地解决多种多样又不断变化的公共利益团体所关心的事。央行的威信因此树立起来。这些复杂的陈述模拟了央行目标团体的实际经历。而所谓的报道，正如我们在这个例子中所看到的，完全不是积极向上的；正相反，它真正的目的，它带有劝导性的目标，其实是为公司和家庭提供可分析的资料，让它们来应对当前那些已经被转嫁给它们的挑战。这项任务需要对通胀目标制度的传导性协议进行详细阐述，重点是形成并支撑该制度的货币政策报道和会话。

"讲故事"过程中一个关键任务是稳定公众的情绪和预期，而非完全或者一定要去消除恐惧，因为在那时恐惧和不确定性完全适合出现在故事中。但我们需要的是，一个能够唤起广泛的更为细致的情绪和预期，从而可以应对2009年初期那种特殊情况的故事。董事会成员能否给出对于可获得资料的深入理解，其关键在于他们的经验和判断力，因为初始资料非常难以读懂。值得注意的是，董事会成员简要概述了历史上发生的类似危机以及当时的解决方式。进行货币政策的报道有望起到决定作用。他们致力于弄清楚当时的情况怎样才能以多种方式被大家理解，同时又与信息、判断力和经验保持一致。在他们的努力下，危机中的核心问题变得很容易着手处理了。当对风险和收益的合理评估很大程度或者完全不能够进行时，董事会成员具有前瞻性的评估就能够引导一场信心的大提升，企业和家庭据此产生的投资、就业和消费计划就会成为面对这些不确定性的行动基础。

我在斯德哥尔摩工作的时候有四个大的议题，对于形成我随后的调查起到了决定性的作用。每一个都揭示了在货币管理中亟待解决的一些更加深入和广泛的交际议题：

1.在危机中，不断发展的货币报道成为一种影响公众对共有危机理解的工具，从而让这种困境变得合理且容易理解。"讲故事"的方式根据瑞典人民不同的情感倾向而变。

2.通过控制叙述中的参数，央行董事会创造了一个针对未来的计量性记录，使得对未来的描绘变得更加清晰和彻底，同时也更有特征性，而这些属于未来的特征就是现在政策措施努力的方向。董事会成员们还在努力构造公众的预期和情感框架，希望能在情感上将他们心中想象的东西变为现实。

3.央行关于经济和货币的专业知识和它的调查能力，在董事会审议的每一次转变中都会得到充分证明。非常讽刺的是，让调查更有说服力的却是，针对数据有限性和承认理论中有不确定因素所给出的客观评价。董事会认识到了，在推行新措施的开始阶段，公众的信心在很大程度上起到了关键作用。央行不仅仅有信息要提供，它还必须维持好与公众培养多年的关系。在面临不确定性时，这种关系在促进决定公众信心的短期因素方面是至关重要的。

4.这种沟通关系的基础深深扎根于经济行为的创新领域。在瑞典央行执行董事会成员广泛参与与关系网中人员的对话的过程中，他们试图与公众的行动完全保持一致，努力融入他们的沟通领域，充分了解他们所面临的逐步显露的困境。混乱的经济和运行失调的金融体系暂时让人们处于一种共同的困境中，但是央行董事会认为一切都在掌握之中，这一切在有形之手的掌握中，也在目标群体（也就是公众）的掌握中，而最终这些问题会被创造性地解决。

　　接下来的两章描述了我在英国央行从事的工作。我在斯德哥尔摩最后的体会成为了我离开去伦敦从事研究的关键点：英国央行如何运用其公民的创造力来达到货币政策的目的，并最终进一步提升货币的沟通能力？

第11章 情报

  考虑一下这个问题："为了给这场战争（第二次世界大战）融资，你会选择（a）提高价格；（b）提高税收；（c）把你的一部分工资存下来，直到战争之后再返还？"这个问题实际上想表达的意思是这样的。我们来假设这样一个情况，如果一个工薪者每个月的工资里会被扣除一部分，比如说我们会每周从一个周薪3英镑的人手中拿走5先令，从周薪4英镑的人手中拿走10先令，从周薪6英镑的人手中拿走18先令，诸如此类。显然这一数字递增得太快了。如果这一金额不是以税的形式，而是以延期支付的形式扣除，会对人们的心理有不同影响吗？换句话说，延期支付是否会大大缓解心理紧张情绪，或者，正如某些人所说，并不会带来变化？如果你可以——尤其当你扪心自问时——通过你富有特色的沟通阐明这一点，人们可能或稍稍明白那些从未遇到这些问题的人士关于这一问题的看法。

——约翰·梅纳德·凯恩斯与Charles Madge（Mass
Obsevation创始人）的通信（1994年11月1日）

英格兰银行有一个由地区代理人（agent）组成的工作组，他们的工作是对当地的经济状况进行持续的评估。英格兰银行在全英国有12个分支机构，并且向英格兰银行报告当前的经济形势。这些分支机构既非常细致地关注其所在区域的与众不同的特点，也关注该地区和英国整体经济形势的联系。这些分支机构被安排的区域包括：英格兰中南部地区，中部偏东地区（East Midlands），大伦敦地区，东北地区，西北地区，北爱尔兰，苏格兰，东南及东英格兰（East Anglia）地区，西南地区、威尔士，中部偏西地区（West Midlands）及牛津郡，约克郡及亨伯河①。每个地区都有一名代理人、一到两名副代理人和几名工作人员。这些代理人同驻扎在伦敦的协调人一起管理着这个世界上央行体系中最为复杂的网络，来收集当前经济状况的实时信息。

尽管英格兰银行自从19世纪早期开始就有地区代理人从事情报搜集工作，但那时候这个体系还在由一个分支行系统运行，当前的组织结构起始自1997年9月，那一年代理人的评估报告开始被纳入货币政策委员会（Monetary Policy Committee，MPC）的办公流程中。这一变化的发生环境是，通胀率目标开始被纳入官方政策框架中，并且前不久货币政策委员会依照1998年《英格兰银行法案》（Bank of England Act，1998）被全权授予了制定货币政策的权力。

代理人和副代理人通常是资深的经济学家，他们往往在英格兰银行的某些部门有很长时间的工作经历，包括金融稳定到信息技术等一系列工作：他们懂得货币政策的措辞，以及宏观经济分

---

① 各个地区贡献给英国经济的名义总价值加总（GVA）情况如下：英国中南部（10.9%）；东部内陆地区（6.4%）；大伦敦（18.8%）；东北部（3.4%）；西北部（10.2%）；北爱尔兰（2.3%）；苏格兰（8.2%）；东南及东部安格利亚（12.3%）；西南部、威尔斯（3.9%）；西部内陆及牛津郡（9.4%）；约克郡和汉波（7.3%）（Ellis and Pike 2005，426）。

析的假设前提。然而他们在这个体系中需要做的事情与以往不同：这项工作要求他们把自己受到的训练和工作经验运用到这一实践科学领域。

这个"网络"大约由 7 000 个联系人组成，包括来自商业领域的人员和来自政府或非政府机构的人员，而其中 700 人左右每个月都会和代理人面对面沟通。这个联系人群体是"根据公司的行业、地区和规模挑选出来的代表性公司的管理人员，以便获得关于最新的经济发展状况的相对全面的信息……所搜集的信息既及时又和当前经济形势息息相关。并且由于代理人们和联系人会进行长时间的交流，他们可以获得关于近来真实经济情况的深入洞见。他们同时也会收集关于未来经济预期的信息"（Ellis and Pike 2005，424）。显然，在这个交流环境里，会有一个互相交织的放大效应。这 7000 个联系人中的每一个，作为经济机器中运行的一部分，都在和他们自己的许多联系人进行持续的沟通，这创造出了一个由第二层和第三层联系人组成的庞大的信息网络，这一网络将情报搜集的范围远远扩大到了英国海岸线之外，这一信息搜集组织的触角延伸到了全球。于是，代理人们的工作便是管理在这一循环中的信息流。他们和联系人的机密讨论的成果被记录下来并且总结在月度经济报告（monthly economic reports，MERs）中，并且之后会被代理人协调员提炼并写入一份简短的概要文件中，即"代理人经济形势总览"（Agent's Summary of Business Condition）。这份"代理人经济形势总览"会在货币政策委员会每月的利率决策之前被提交到委员会以供讨论。之后，这份总结报告将会和货币政策委员会的备忘录一起公布。显然，这是比我在第 4 章提到的联邦公开市场委员会（FOMC）和地区美联储董事会更加正式的情报搜集组织。

我在这一章会详细讨论这一情报收集组织——"联系人网

络"——的运行过程，及其是如何不断形成关于当前经济状况的敏锐陈述以及导致该经济形势的原因的。这一卓越的执行网络深深扎根于经济本身的动态运行中，同样也和经济的运行密不可分。这一体系汇聚了个体联系人的分析工作，使他们进行智力实践（intellectual practice）——尽管这一实践乍看上去只是为了他们自己的生意与获利——并使他们服务于英格兰银行的货币政策委员会。

代理人们也都是英格兰银行的官方代表，并且作为官方代表，他们会通过和联系人的直接沟通向商界人士传达英格兰银行的政策以及英格兰银行对经济状况的看法。他们同样也会在各自管辖地区，通过一次次面向商业或其他团体的演讲和展示，向公众传达英格兰银行的政策。英格兰银行高级官员的访问同样也创造了演讲和会晤的契机，并进一步拓宽了代理人们和整个银行体系的正式交流和引导作用。因此，代理人们融入到有关英国经济的看法的交流、改善和变化之中。

通常，代理人会单独或者和副代理人，或者偶尔会和代理人的协调员一起同联系人见面。他们隔一段时间也会有一名英格兰银行的高级官员参与进来。每一名货币政策委员会委员平均每年会有六次和代理人一道参与会面。并且英格兰银行行长，Mervyn King，同样会参与到其中六次会面中来。因此，英格兰银行最高级的官员会定期访问英国各个地点，积极参与和联系人的会晤。甚至当他们不在场时，代理人也会感受到行长及货币政策委员会委员的存在，因为他们作为所获情报的主要接收者，在所有的会晤中都会象征性地出现。

这一"巡视经济学"（economics of walking around）（由前委员会委员David Blanchflower创造的词汇（意思就是说要下基层走访了解实际情况——译者注））允许英格兰银行的代表们抛开基于量化模型的虚拟计量经济世界的随机工具，以便于他们能够

"利用来自真实世界的证据作战"①。政策制定者们认为在这些会谈中交换的信息十分有说服力，而不是一些个体的、轶事性质的材料。同样，也出于我在这一章节中详细论证的原因，这些信息本身就具有十分独特的价值。这个过程是至关重要的，这个联系人网络构成了一个让人从中获取信息的组织，政策制定者们既可以直接与联系人交流，也可以间接地从中获取信息。这意味着什么呢？

在跟联系人碰头前，代理人通常通过手机或者邮件联系的方式商定议程，联系人里包括制造商、中型的房地产开发商，还有众多零售商。然而，代理人们告诉我，联系人并不会局限于这些议程，他们通常很希望把话题引向他们认为非常值得关注而且很紧要的领域。代理人并未视联系人的这种主动精神为添乱，相反，他们认为恰恰就是这种行为，才孕育了这个联系人网络创造信息以及分析问题的能力。实际上，正是因为联系人可以运用自己的语言讲述他们公司所遭遇的困境，而且这些信息超出代理人的预料，这个信息收集系统才富有生命力。联系人能拓宽经济讨论的范围，使其能包含那些紧急情况。

在历史上，曾有两件事情使人们确信这个联系人网络确实能够捕捉到关键信息。在20世纪90年代中期的一次毫无征兆的通胀率减缓发生时，代理人们给出了一个令人信服的解释。他们的联系人不断向他们报告，他们的生产成本正因为来自中国的冲击而下降。那时候还几乎没有证据显示中国的供应商能影响全球的价格，经济学家对这一点也基本持怀疑态度，因为那时候中国经济规模相对较小。随着一部分联系人不断的报告，这一说法也越发具有说服力，于是代理人也能反过来说服货币政策委员会委员们相信这一真相，而很久以后，这一现象才被广泛地理解并

---

① 参见第3章，注解4，Summers更长版本的引言。

接受。

　　同样地，在 10 多年前，联系人们也从东欧和中欧新的移民风潮的角度解释了当时的工资率下降的原因。来自欧盟新成员国的移民扩充了可用劳动力，尤其在兴旺的建筑业，因此，阻止移民进入劳动力市场会对工资和价格施加上行压力。和前一个例子一样，尽管这时英国劳动力市场的变化正处在早期阶段，还没有完全从传统的统计数据角度得到印证，但在这一领域的联系人已经很明确地陈述了这一事实。在这两个例子里，是联系人自己主动说服代理人和央行，使他们相信经济形势已经发生重大变化，而此时，从统计学的角度还只是略有迹象或根本毫无征兆（Blanchflower，Saleheen and Shadforth 2007）。

　　这两个历史上的例子使这个联系人网络更加受到重视和信任，而随着 2008 年末金融危机的来袭，代理人的责任和联系人网络的价值被进一步加强了。为了获取政策制定所需的及时信息，为了能用来精确评估经济未来前景和公众预期，也为了能够在相对很短的时间里通过这个网络的运行来获取有关信贷情况、企业资产负债情况、工资情况、价格情况和重要的就业情况的信息，其带来了充足的资料并创造了一个可以用来描述这个处于严重不均衡状态的经济体的复杂系统。但这个网络还有另一个重要的驱动力：它能被用来"实时"探究具体的问题，也就是说，它能在危机痛苦蔓延的期间，被系统性用来向商界人士询问当前的经济形势。

　　尤其对于我们所研究的课题，代理人会定期举行内部会议，来讨论他们对经济形势的实质看法以及他们所遇到的技术问题，当然，他们也会讨论改进分析问题的方法。代理人有责任去设计并不断优化这个调查性组织的结构。对这个组织的信任，来源于这个组织能够汲取联系人们的专业洞见，无论联系人的洞见来源于他们的发廊连锁店，还是跨国企业。联系人也有着他们自己的系统——他们自己的方法和世界观——来了解他们当前的处境。他们通过特定的社交圈来获取信息，帮助他们研究当前经济，以便于让他们自己的企业能够在竞争性的市场里获得经济效益。正是他们既善于分析又富有创造力的行为，才使得代理人不断地向他们寻求信息，将其消化吸收进而上报决策层。

每个月，代理人都会轮流起草一份"热点问题"清单。这个内部传阅的清单列举了正在发生的事件，这些事件很可能会在不久的将来受到货币政策委员会的关注。这个文件大约一页长，并且指出了有哪些有价值的英国经济形势的信息正受到代理人们的关注。其中有些问题比较深入，还有一些则比较浅显。例如，2009 年 7 月，当时正是经济崩溃的痛苦时期，该月汇总的一张清单里包含了程序性的问题：近来货币政策分析的主题之一是，就当前所看到的情况来说，在产出收缩的情况下，就业率并没有像过去经验显示的那样出现锐减。这个看法和联系人们的经验一致吗？这里的经验指的是什么？我们马上会看到，经验使得联系人们的突出思考能力和他们的实践经验被充分调动起来，使其创造出有关当前经济形势的总体认识：

热点话题，2009 年 7 月

月度经济会议议题

除了对经济形势常规的监控以外，下列议题尤其值得关注。

滚动主题

联系人们在调整销售额目标或预期吗？企业正在根据任何利好消息调整策略吗（比如，修正资本支出，暂缓裁员计划）？

6月的MER会议的主题之一是促销活动正在消退，因为零售商们已经出清了它们的库存。现在情况还是这样吗？

备选问题

第二季度的出口减缓速度相对于第一季度的数据有什么变化（MA成员的任务之一就是找出能够扩大在本国产出上的支出的因素——出口就是重要的"候选者"）？

近来，在住房改建和维护上的支出（这一类支出大约占到了总投资的15%）的变化趋势是什么？近来货币政策分析的主题之一是，就当前所看到的情况来说，就业率并不如过去的经验所显示的那样使产出锐减。这个看法和联系人们的经验一致吗？

企业破产在多大程度上冲击了供应链（也就是说，联系人在获取重要资源的时候，有没有遇到任何困难？之前月度经济报告认为这种影响依旧很小）？

零售商是否已经开始考虑在未来增值税减税政策废除以后，把税负转嫁给消费者，它们准备转嫁多少税负？多少零售商已经开始转嫁税负了？

信贷情况

非银行机构的信贷合约是否新增了任何坏账？

应收账款周转天数增加了多少？周转天数是否接近了历史高位？在你所见的不同公司之间，情况变化有多大？

Ronnie Driver，这些代理人之间的协调人，指出货币政策委员会的成员认为对联系人的访问非常具有说服力，因为他们可以借此"审问"业界人士，面向那些随时参与真实经济决策的个体，直接向他们提出问题。这些人的决策会进一步使经济形势得到发展。这同Tim Besley之前在货币政策委员会所表达的激动情绪一致，他可以从不同的视角获得处于困境中的业界人士对经济危机的看法。通过和参与实体经济的联系人面对面交流，人们可以发现一个新的领域，这里有富有创造性的经济行为，这也是认知劳动在经济中发挥作用的方式。这一个审问的过程整合了经验、动机、前景以及合同分析，综合成一份情报呈献给货币政策委员会的成员。这一个网络提供了一个观察实体经济动态决策的有力工具，这些决策，无论合理还是不合理，最终都将推动经济行为的发生。一个简单的"审问"过程描绘了这一值得称道的情报体系。

对话非常直接。当某一个企业准备裁员时，代理人或者与之一道的货币政策委员会成员会问：为什么？具体是什么情况让你不得不裁员？在什么样的情况下条件会恶化，或得到改善？一些经济数据可能同样有用，但处于经济动荡时期，这些数据员们是通过对处于特定行业中及特定经济情况下的人们的决策建模得出的（Haraway 1988）。季度销售额下降了多少？月度价格上升了多少？是什么成本决定了雇佣决策？在经济危机之中，正是这种未必完全可以通过标准的时间序列统计数据——那些描绘经济决策的动机和环境的经济账户——得出的信息对政策制定起到了关键作用。因此，代理人们通过沉浸在一个沟通性的网络中，使用几近于自然语言的动态分析方法，让实体经济自己表达出其所处的状况。反过来，鉴于经济情况取决于连续的、不间断的信息来运转，这一网络仿佛打开了经济决策信息的阀门，来方便政策的制定。

更加正式地来讲，大约每个月货币政策委员会的委员会设置特定的问题来让代理人和联系人沟通，帮助他们澄清量化数据的模糊之处或者处理某个亟待解决的问题（类似于我们在本章开篇节选的凯恩斯的信件中所提到的，对二战进行融资）。在2010年6月，对话的主题是"利润率"并且代理人起草了一份规定的问卷给联系人，并在接下来的一个月里报告给了货币政策委员会。

我采访了聚集来讨论一些其他问题的代理人们，向他们询问利润率调查的情况。Rosie Smith，一位东北地区的代理人，设计了这一调查；John Young，一位西北地区的代理人，和 Neil Ash-birdge，一位威尔士地区代理人，讲述了调查过程是怎样进行的。

这一调查囊括了四大主要的问题。最重要的问题非常直接："你对你最近的毛利润率有什么评价？"答案包括"显著低于正常值"，"比正常值稍低"，"差不多正常"，"比正常值稍高"，"显著高于正常值"。这一问卷进一步说明了那些影响毛利润率的因素——联系人们的产品和服务的需求变化、英镑币值变化、信贷成本和可获得性的变化。其他两个问题询问了单位成本、产品价格，前一年毛利润率如何变化以及他们预计未来一年会如何变化。每一个问题都可以通过涂填选项来完成作答，但是事实上联系人会有更多的话要说，而这一调查可以适应这一信息。代理人们知道他们可以通过联系人收集那些与既定问题相关的额外信息，于是代理人们可以联系他们所处的行业以及公司规模，来描绘整体的形势。通过一份仅仅只有几页纸的调查，关键且极其及时的信息会被收集到一起供货币政策委员会使用。这一结果会在下文中呈现。

11.1 观测体系

至少在表面上，代理人的工作有一个重要的方面和传统的通过电子表格收集数据的做法一致。

代理人们目标中的一部分就是量化从联系人收集的信息，也就是打分："关于如何打分的个人判断是非常主观的，而非基于科学的模型或者方法。然而，打分是非常简单的方法，分数可以通过代理人观察到的现象，把代理人们从联系人那里得到的信息转化成对一段时间以来经济变化的量化评估"（Ellis and Pike 2005，425）。总共有16个参数需要打分，人们非常关注这些参数的变化情况。尤其是，有一些打分囊括了没有官方统计数据的经济领域（英格兰银行2010a）。

分数是这样打的："每一经济指标[的分数]从−5到5不等，−5表示急速减小，+5表示迅速增加。所以如果零售服务价格打分+5意味着这些服务的价格迅速上涨，0分则表示过去3个月的价格基本上相对于去年同期没有变化（Ellis and Pike 2005，425）。"调查致力于跟踪潜在的趋势，而不是经济的波动。进一步，分数是历史可比的，反映了在许多个月份里一系列询问中所传递的信息，而不是基于和某一个联系人的某一次谈话。"地区打分会被汇编在月度经济报告中，并且呈递到协调员手里，供他们起草一份由12名代理人对经济形势的看法与通胀预期组成的全国性报告。代理人们总共要向央行的总部每月报告300个分数。每一个代理人的每一个分数都会被加权，以便计算出英国经济的总体分数"（Ellis and Pike 2005，425）。再次强调，"代理人经济形势总结"是呈递给货币政策委员会的，并在货币政策委员会会议的备忘录里公布。以下是在2010年5月底至2010年6月底之间汇编的打分总结，并且Driver先生在6月初对其进行了总结：

- 有迹象表明消费支出增长在第二季度放缓了。
- 房地产市场在2010年大部分时间里都在温和增长，但最近也放缓了。
- 投资意图依旧支持温和的支出增长，而不是强劲复苏。
- 出口量以稳定的速度增长，越来越多的联系人正在向迅速增长的新兴经济体提供商品。

●服务的周转速度继续以适中的速度增长，反映了对专业服务的高需求，以及分配活动的小幅增长。

●制造业产出进一步增长，这依赖于强劲的外部需求和相对较轻微的国内需求。

●建筑业产出在过去几个月里基本没有变化。但是活动水平较前一年有所减少，联系人预计未来几年会进一步收缩。

●信贷环境对许多企业来说依旧紧张，尽管代理人们感觉到了资金获得性在2010年稍微改善了一些。

●联系人预计私人经济部门雇佣水平在接下来6个月里会略微增加，但是公共经济部门雇佣水平预计会下降。

●工资收入增长总体依旧停滞，在过去几个月里观察到的工资调整方案增长势头没有持续。

●经济的投入成本进一步上升，反映了某些原材料的全球性需求增加以及供应短缺。

●企业利润过去几年基本没有变化。

●消费者物价水平一直在上涨。许多联系人预计在2010年6月的预算案中会宣布进一步的增值税返还。但是现在评估多少税负会被传递给消费者还为时尚早。（英格兰银行2010a，1）

人们会认真比较代理人们的分数和不列颠国家统计办公室（ONS）产生的数据之间的差异来评估前者的精确度。后者的信息代表了英国传统经济数据和报告的权威，而前者是一个非正式的评分体系，但它同样具有说服力，很大一部分是因为代理人们完整地介入了经济的真实运行。尽管二者所采用的数据收集方法和评分方法非常不同，而且有一些项目不匹配，但通过二者的对比，可以作出一些有趣的推断。

Colin Ellis和Tim Pike（2005）对央行的两个不同的分析框架进行了初步的比较研究，尤其是，他们希望研究代理人们的评分在多大程度上可以预测官方数据。他们表示："当期消费者服务产出的官方统计数据和前一期的消费者服务周转率代理人评分相关度最高，因此基本上代理人的评分领先官方统计数据一个季度。"

但是在这些情况下的相关性并不确定。比方说，他们注意到尽管在投资意图和官方投资数据之间有着"高相关度"，但在其他情况下，相关关系并不存在（比如建筑业产出），而且有一部分关键领域——零售商品和零售服务价格——"和官方通货膨胀数据负相关"（Ellis and Pike 2005，428）。文章作者也无法解释这些不同，除了他们指出了这些数据不是完全相似的，而且数据收集方法也不同。

观察到代理人们的数据可以预测官方统计数据非常有趣，我在接下来的文章里会指出这一观察可能误读了两种分析范式去掉的不同的分析价值，尤其是前者如何捕捉了动态过程，而后者如何为某一现象提供量化数据。

代理人评分随时间的变化本身很重要，然而，协调员汇编的总体报告表明代理人们的评分不会就此终结，而是作为一个更加复杂体系的一部分来为经济形势建模。当Ronnie Driver起草月度总结时，他正试图总结12名代理人的报告，来推断出如上文所示的一些分析，作出关于英国经济原生态的描述。他并不是机械性地计算电子表格。他透过评分之间混乱的互相关联，以他们在实际经济中真实关系的视角考察，而不是仅仅总结与完善既有的经验数据。

11.2 描述性总结

正如我们不断在相似的官方档案里发现的，描述性总结在

2010年严峻的形势下对经济作出了审慎的评估。Driver先生的能力在他重新整理12位代理人的数据并编成一个综合性的概要供政策制定者使用的过程之中体现了出来。联系人的权威通过他的总结的第一行体现了出来:"联系人报告说……"

接下来的节选来自于2010年初夏关于英国经济分析的5页描述。项目和子项目包括了需求(包括消费、房地产市场、商业投资、跨国贸易以及存货);产出(服务、制造业以及建筑业);信贷环境(商业信贷以及银行融资);就业;产能利用率;以及成本和价格(劳动力成本、非劳动成本、产出价格、消费者物价)。正是在不同部门和行业间,从小型、中型到大型企业,并且将其连接成一个综合性的叙述,模拟了货币政策的整个过程。在这些非常简洁的总结中,各不相同的动机、经历以及预期被解析,以便理解变化中的商业挑战以及困境。人们充分理解对代理人情报的详细审查将会揭示出一个更大的复杂性以及模糊性。丰富的细节提供给读者一个具有说服力的观点,来描述业界人士如何理解当前的环境和他们的应对方法,以及他们的应对方法会如何进一步影响当前环境。经济理论运行的框架包括国民经济账户,解答经济问题,并且把总结出来的主题联系起来,但是仅仅依靠理论不是故事的全部。尽管经验洞见和理论并不能完美地衔接,但它们同样重要。

这一总结有着开放式的设计,使得政策制定者和其他读者能够了解分析的严谨性和完成方法。经济体被描述成一个互相连接的复杂体系——实际上是各个运动部分之间数不胜数的联系。信贷环境是一个主要的例子;正是信贷环境和其他部门与行业间互相交织的关系,和它们与不同商业挑战之间的关系,提供了一种思考问题的框架,产生了对复杂金融困境的洞见,并且代表了这些困境和联系人们的动机和创造性的应对方法。

以下是在这个联系人网络中，建筑业所处的情况：

随着过去两年中绝大部分时间的迅速下跌，建筑业产出在最近几个月开始稳定。然而，近期的企稳也表现出了各类子部门之间相反且互相抵消的趋势。住房建设在过去几个月内已经缓慢复苏，尽管活动水平仍非常低，并且开发商依旧报告说它们担忧未来的经济活动以及难以获得银行融资。私人商业地产建设依旧疲软，并且新的投资计划仍在减少，因为已有的工程已经完成，而并没有新的活动进入建设，两者抵消了住房市场的温和复苏。一些公共部门的建设计划（比如道路维修和社保住房计划）已经停滞或者取消。多数联系人认为在接下来的一年里，公共支出的削减会导致新一波建筑业产出下降。（英格兰银行2010a，3）

信贷环境同样不确定：

代理人们认为，自2010年以来，银行信贷的可获得性得到了轻微的改善。这意味着，信贷环境相比金融危机之前依旧保持着非常紧张的局势，并且个体工商业部门的体会各不相同。比如说，中小型企业，包括地产开发商以及那些对建筑业有着大量敞口的企业，依旧面对着融资困境。银行贷款需求依旧较小，许多企业开始减轻杠杆率，偿还银行贷款。坏账依旧控制得很好，破产率依旧远低于许多联系人的预计。但是许多联系人，尤其那些地产业的联系人，表达了他们在未来无法获得再融资的担忧。一些人担忧这些情况会导致未来一年企业破产增加。（英格兰银行2010a，3）

这一总结提及了融资环境对基本上经济各个部门的影响，但主要是建筑业和房地产业。

就业环境报告揭示了企业和政府组织如何适应新的环境，尤其是它们如何处理不确定性：

　　代理人们报告说，私人部门的雇佣情况得到了适度的改善，但是重新招募员工的企业仍然有限。一些企业依旧能够通过增加劳动时间，包括加班等措施来应对新增需求。而且当公司计划招募新员工时，它们倾向于招募临时工，而不是增加永久性人员，因为它们依旧觉得经济前景不乐观。此外，联系人感觉到公共部门的雇佣前景更加不乐观。一些公共部门已经开始裁员，而且计划中的财政紧缩被认为会导致进一步的裁员。（英格兰银行2010a，3）

　　产能利用率总结——货币政策委员会的重要议题——揭示了企业面临的压力和困境：

　　总体来看，联系人报告说，空闲生产力依旧在增加，尽管需求增加已经促进了产能利用率。实际上，有联系人担忧更加强劲的需求会对供应链产生某些压力，尤其是那些产能已经被削减或者生产已经被调整的行业。并且其他一些企业，通常是制造业部门，报告说它们正在充分利用或者超额利用生产力，因为它们之前已经进行了裁员。许多联系人报告说填补空缺并不困难，尽管招募具有高技能水平的新员工在某些部门变得更加困难。（英格兰银行2010a，3）

　　Driver先生描绘了工资协议的轻微上涨，并且这些协议是如何被通胀预期影响的：

　　总体来看，工资增长依旧在放缓，尽管工资冻结变得不再常见，并且工资协商最近急剧增加，这一势头在过去几个月里广泛地发生。大多数联系人同意略微增加工资来作为贸易改善的回报，并且以此来保留员工，以应对未来期望需求的上涨。一般来说，联系人报告说工资协商并没有受到最近通胀的实质影响，尽管一些企业越发担忧更高的通胀率会导致员工在未来要求更高的工资。总体劳动力成本在过去几个月都在上涨，这表现为工作时间延长以及加班，并且，奖金和佣金的略微上涨导致了雇员实际收入的增加。（英格兰银行2010a，3-4）

有关非劳动力成本的节选基本上全部在关注全球原材料市场：

在6月份，多数联系人报告说未来原材料成本的上涨……在某些市场，比如说燃料和木材，联系人认为需求增加（尤其来源于新兴经济体，比如中国）已经成为了推动价格上升的主导因素。但是在另一些市场——包括货运、纸张、建筑原料和电器元件——由于产能削减导致的供给短缺同样起着关键作用。进口商品价格依旧保持上涨。联系人将最近的上涨归咎于中国的通货膨胀，及英镑兑美元近期的下跌（这导致了美元计价的远东商品的价格上涨）。

然而，企业非劳动力成本的上升并不是全方位的。比如说，对许多联系人来说，能源成本已经下降，他们已经在更低的价格对合同进行了展期。并且许多企业也得益于更低的租金以及更长的免租金时期，这反映了地产空置率高企，以及房东留住租客以及避免空置的强烈愿望。（英格兰银行2010a，4）

产出价格再一次揭示出互相交织的影响：

随着空置产能持续地被原材料和燃料价格上涨所导致的伸缩条款和附加费抵消，制造业企业产出价格在过去一个月里进一步上涨。某些服务价格同样开始按季度上涨，尽管代理人们认为总体来看价格依旧比前一年低……对比之下，建筑业产出价格继续下降，许多企业努力按零利润甚至亏本价工作，以求确保现金流。

尽管只有有限的产出价格上升，代理人们报告说税前利润率自2010年以来已经上升，随后商品和零部件价格上涨已经

被2009年的劳动力和运营成本削减所抵消。因此，企业利润总体来看在过去一年保持不变。（英格兰银行，2010a，4）

有关企业利润的特别调查得出了如下观点：

联系人报告说疲软的需求以及激烈的竞争对他们的利润产生了下行压力。同样的，许多联系人报告说利润已经受到了原材料成本上涨的挤压，而几乎没有企业能够把这一压力全部转嫁给购买方。然而总体来看，这些影响基本上已经被劳动力成本下降和运营效率提高所抵消，这些大多数发生在2009年。

展望未来，很少的联系人预计能够重复过去一年的成本削减。并且，总体来看，几乎没有证据表明企业相信它们在未来12个月内可以提高价格。因此，许多投资人认为利润在未来一年会维持原状。（英格兰银行2010a，5）

我之前提及过，代理人总结的重要性已经超越了报告的细节本身。这是什么意思？正如我在本章中不断重复的，对商业环境进行月度总结创造了分析英国经济和全球经济的动态语境。更加重要的是，这一行为将政策制定者和遍布全英国的工商业人士以及他们的动机、预期以及创造性追求联系到了一起。这一联系为政策讨论提供了大量的分析素材，同时也为向公众传递的政策结果提供了可信度。政策决策在很大程度上是可信的，因为政策制定者可以与工商业者交流他们所认识到的或者所经历的困境。

简单来讲，代理人的网络填补了沟通圈的空白。即使没有被完全整合到央行的议程中，联系人面对的不断变化的困境以及他们创造性的解决方法也被人们所认知。并且进一步来讲，代理人的联系人恰恰代表了央行沟通的听众；为了让政策起作用，他们必须被政策举措的意图和意外情况说服。

但是，代理人和他们的联系人工作的某个最终和确定的方面在货币政策委员会的备忘录里显露了出来，尽管不明显。这很可能是通胀目标制度最关键的方面：从经济主题到经济参与者的微妙变化。我早前指出，货币政策委员会的成员会象征性地出席会谈，即使他们没有亲身陪伴代理人去探访联系人。在这里，我想指出，代理人，更重要的是联系人，在每次月度会议里，都被货币政策委员会的成员所牢记。

11.3　三十六步

货币政策委员会2010年7月7日和8日的会议备忘录记录了这两天的讨论内容，并总结为36个简短的部分。货币政策的动机和意图通过代理人系统得到体现，而这也是本文所重点阐述的。这些巨大的信息量——包括各种各样的官方或者民间数据序列、金融市场情报，以及各种各样的货币模型和经济状况——复刻出英国经济的整体形式，而这些信息也被提炼成简短的信息，并且只是偶尔点缀一些数字来更新或者完善关于货币政策的故事。

央行的季度《通胀报告》通过扇形图提供描述货币走向的预测，对未来两年内"关于通胀和货币输出量的可能性及围绕相关预测的不确定性的共同判断"进行补充（英格兰银行2010，3）。该报告构成了对银行定量性专业知识和对产生于不同模型和统计数列的预测进行严谨复审的充分的例行陈述。

这些摘要的发行并不仅仅是为了本书中多次提到的追求利益透明化，更是由于公众在这种（经济）叙述中被牵涉其中，他们因这三十六条声明而获益，而加入货币政策所依仗的身体力行的结盟中。这些摘要因而促成了联结英国社会各个阶层、各个组成部分的实质性的合作。商人、市场参与者、形形色色的消费者与生产者都被融于其中。

就像他们在瑞典央行的同事们一样，（英国）委员会的成员们在说服我们之前不得不先使他们自己信服行动的合理性。随后，他们将处于我们和他们双方各自意愿的角度来对这个进程进行极度简洁的描述。但与瑞典央行委员会在摘要中对具有代表性社会地位的显赫成员间展开的对话进行描述的做法不同，英格兰银行货币政策委员会的摘要是对一系列累积式的对委员会商议过程的分析见解的总结。这些成员只是由于对政策利率的抉择进行记录性的投票而被关注。

前一章所讨论的瑞典央行摘要已经发行一年多了，然而其中许多相似的基本事宜也是英格兰银行货币委员会必须要面对的。例如，步骤11关注了全球（经济）复苏的歧义性：

与地区间（新兴国家、发展中国家与发达国家）长期以来存在的增长差异趋势相背，近月来可掌握的数据和全球性活动的商业调查均显示（差异）有所缓和。但是这些资料所提供的中期阶段全球经济复苏的潜在节奏的信号却并不清晰。它们有可能可以反映出近来重新出现的金融市场紊乱，并预示着更持久的商业及消费信心的减退，但是它们也有可能只反映出临时因素。制造业增长减缓可能仅仅是由于近来由库存周期展开引起的短暂增长有所放缓。（英格兰银行2010c，3）

步骤16着力于应对英国在2010年晚春的广泛问题，但这就像第3章的图中指出的那样，还远没有得到解决。下面这个特定的摘要节选就它的坦率程度来说同我过去10年对中央银行的讨论一致：

总的来说，商业调查中的可用指标和央行代理人报告均显示近月来经济的疲软。而这也与众多委员会成员从英国有关商业会议中产生的看法一致。尽管它们与持续增长的货币输出保持一致，但生产业和服务业 CIPS 指数自 6 月起开始下降。而更多与企业信心指数和商业订单相关的预期指标也开始下滑。这种局面并不能被很直观的解释；然而，诸如汽车注册总量、BCC 调查给出的国内外销售余额、CBI 经销业调查给出的零售销售余额等指标均有所回升。以面值进行的商业调查表明二、三季度增长趋势有所减缓。但是它们显示的持续疲软究竟达到何种程度则取决于造成下滑的起因，而这些起因尚不明了。(英格兰银行 2010，4)

步骤 22~26 着眼于物价问题。步骤 22 注意到了通胀率计算的不确定性：

在各种测量英国通胀率的方法间存在很大分歧。众多商品的价格增幅要大于它们近 10 年来价格增幅的平均值，与此同时，许多服务业的价格增幅却小于 10 年内平均增幅。这种情况与汇率下降对相对价格的影响是一致的。但近月来也出现了一些服务业通胀有所改善的信号，同时，想要精准测量相对价格变化对物价总水平所产生的实际影响的时序和规模也是很有难度的。(英格兰银行，2010c，5-6)

步骤 23 审视了剩余生产力对物价的影响：

近日来在美国和欧洲地区出现的除能源与食品领域外的通胀率下降趋势表明：剩余生产力的边际利润同样会导致英国通胀率的回落，正如临时性因素造成的衰退影响。然而，近日英国通胀率的反弹增强了这样一种可能性：相对于过去，剩余生产力对通胀的影响可能已经开始减弱，至少这种影响的作用不那么明显了。

步骤 24 关注了预期的相关问题：

对中期通胀率的前景观望取决于家庭和企业的通胀预期情况。然而大多数的家庭调查表明近月来（家庭单元）对未来一两年内的通胀期望有所提高，这很可能是受到近来通胀率自身结果的影响。没有什么证据表明原材料增长与长期通胀预期间的关系，但原材料增长与潜在通胀压力或许存在更深的联系。

步骤25对收入进行解释：

私有部门的工资结算仍然受到限制，但是当下提升的通胀和通胀预期造成了对未来工资结算的风险。对工资的预期也会依赖于经济复苏时的生产力以及公共部门收入和就业对私有部门工资的影响。

步骤26概括就业问题：

就业总量在4月之前的3个月内增长了5 000……并且伴随着非全日制就业的强势增长。这段时期内的失业率为7.9%；尽管更实时的失业救济人数指标在5月下降得更为明显，这也是其连续第4个月下降。

以下三个步骤包含了对政策利率和持续资产购入的决策：

33.总而言之，大多数成员认为保持货币政策立场不变是合适的。对他们来说，国内外的证据表明，产能空置率会随着通货膨胀而减少，并且一旦当前的因素改变，空置率在中期内会重新回到目标范围。不过依然存在着影响这一结果的风险，如果产能空置率对通货膨胀率的影响大于预期，结果会趋于负面；如果私人部门的中期通胀率预期提高，结果会趋于正面。基于这一背景，当前银行间利率水平以及通过中央银行储备发行来融资的资产购买存量对于使中期通胀率达到预期目标依旧是合适的……

34.有一位成员提出，现在开始收回一些在2008年末至2009年中期推出的宽松政策中推出的史无前例的货币刺激手段是合适的。经济环境已经在过去12个月里得到了改善，并且通货膨胀预期已经得到了充分的调整，有足够的理由逐渐提高利率。

35.行长邀请委员会对以下提案进行投票：

银行间利率应该保持在0.5%；

英格兰银行应该将通过中央银行储备发行来融资的资产购买存量保持在2 000亿英镑。7位成员（行长、Charles Bean、Paul Tucker、Spencer Dale、Paul fisher、David Miles 和 Adam Posen）投票支持这一提案。Andrew Sentence 投票反对这一提案，他更倾向于银行间利率提高25个基点。（英格兰银行2010c，8-9）

为什么我们应该对这3 348个字，及其产生的不改变政策的决议感兴趣？尽管英格兰银行备忘录和瑞士央行有不同的叙述传统，对于二者来说，同样关键的是控制住一个分析账户的参数，这样可以稳定未来的情形，而且可以根据这一情形事先采取行动。这个不断变化的货币故事成为了塑造公众对困境共同认知的方法，这一方法使得困境可以被认知而且听上去有道理。货币政策委员会的成员，正如同他们在瑞士央行的同行们一样，试图塑造期望并且将未来建模成一个经验事实。这意味着，英格兰银行会添加一个决定性的特征：一个修辞意义上的特征，这一特征数量上等于货币政策委员会关于公众困境的认知。尽管在备忘录里，代理人们的报告只被明确提及了一次，这一份总结性的档案在很多方面仍是这一微观层面建模的反映。

备忘录，正如我们在上一章中看到的，以一种启发式的工具，让公众了解到，政策制定是有理可循的，但是备忘录同样起到了另一个工具性的作用，承认并培植了工商业人士、市场参与者和各类消费者与生产者的创造力。经济参与者、公众成员，在备忘录中被承认是一个具有创造性的主体，同时，他们也是备忘录中所描述的困境的经历者。

在2010年6月的货币政策中，尤其是在危机高点引入的极端手段，已经达成了其主要的目的，也就是启动复苏。但是不确定性仍在蔓延，而且货币政策委员会的备忘录充满了无法运用量化数据回答的问题，或者理论。然而，有一个逐渐显露出来的动态过程无法通过英格兰银行既有的传统分析工具处理，不过货币政策委员会的成员们对此是十分清楚的。

代理人们的联系人以及他们代表的主体的网络正积极地参与到每一个（并且毫无疑问越来越多）在备忘录中被提及的不确定性中，并且找出了创造性的方法来解决，即使他们无法完全解决。这些主题毫无疑问会受到自利因素和悲剧性误判的影响，但是其解决了危机中的挑战。是他们敏锐的洞察力使得最近的复苏得以延续或者被推翻，并因而创造出英国货币与经济特征的图景。

11.4 让这个圈变得更完整

在7月初一个炎热的周五傍晚，在央行的会议室里，大伦敦区的代理人，Peter Andrews面对12名左右的伦敦保险机构成员做了一个演讲。这一演讲和我之前提到的 Anders Vredin 在斯德哥尔摩面对一群对冲基金经理做的演讲非常相似。Andrews先生小心地回顾了危机以来英国经济的表现。在那时候，情况依然不明朗。Adam Psen，货币委员会的外部成员，在几天前的一次谈话中描绘了这种模糊："我的解读依赖于这一观点，即英国经济很可能正处在两种状态——复苏，即我们现在所处的情况，尽管出于很多已被讨论过的原因，目前的复苏依旧疲软，以及一次严重的衰退的开端，如果不是彻底通缩的话——之间的转折点上"

（Posen 2010b，2）。Andrews先生的谈话将这一情况叙述得略微不同而且更加中庸。

我怀疑，以听众的观点看，对最近这次金融历史的回顾几乎没有什么新意。Andrews先生关于前18个月的描述和央行高级人员的公开描述相差无几，尤其是King行长和Charlie Bean副行长的观点，而他的听众们自然也会留意到这一点。然而，实际上Andrews先生的视角有一个重要的差别。

Andrews先生是站在代理人的视角上阐述观点的，这意味着，这一谈话非常关注工商业人士所处的困境，对他们多样化的以及持续的对危机的体会具有敏感性。尽管图表和分析很熟悉，但令人印象深刻的是，Andrews先生的演讲和他的听众有着密切的关系。和一般人们预料的一个大型的技术官僚机构令人感觉疏远的声明发布人不同，他的坦诚、敏感和敏锐使人放下防备。货币政策机制正是通过这一沟通关系起了作用。

第12章　代表性劳动力

人们通常认为，世界上财富的积累大都建立在个人自愿节制当前消费的痛苦之上，我们将其称之为节俭。但是……仅仅有节制并不足以积累出可以建造城市或排干沼泽的财富……是企业生产并增加了全世界的财富……如果企业蓄势待发，那么无论是否节俭，财富都会累积；如果企业没有活力，再怎么节俭，财富也不会增加。

——凯恩斯，《货币论》

David Miles 的谈话令人不安。他即使不够乐观，却也充满活力，且其传达的信息发人深省。身为英格兰银行货币政策委员会的外部成员，他曾经在该行一个名为"英国经济——英国制造？"的为期一天的小型会议上对着一群代表教育、商业和企业协会（EBEA）的学生和教育家们发表演讲。那时正值 2011 年 6 月末，距我列席 Peter Andrews 的讲演恰好一年。尽管 Andrews 的讲话围绕着当时关于银行的共识展开，Miles 却坚持着他自己的关于英国面临的经济挑战的观点，他的观点与货币政策委员会其他成员并不完全一致。利用他作为经济学家的学术背景和在大型商业银行担任总经理的职业经历，他发表了对英格兰银行所面临的挑战的悲观看法。同 Andrews 一样，他的讲话以坦率著称。当他回顾自 2008 年 9 月以来英国经济运行的主要轨迹时，对危机的描述让人感到非常熟悉，可越听越像不着边际的传奇，这就是他用 16 页幻灯片概述的故事[①]。

他的演讲十分引人注目。也许正是幻灯片的朴实无华为他的讲解平添了几分戏剧性。比如，其中一页幻灯片追溯了自 1964 年起的银行利率。它显示，在其 300 年的历史长河中，英格兰银行的利率从未像演讲时盛行的 0.5% 这么低过。另一张幻灯片则描述了以相对危机前的产出水平衡量的之前几次衰退的复苏趋势，分别是：1929 年、1973 年和 1990 年。2008 年衰退的规模与 1929 年低迷时期极为相似。然而，大萧条之后英国花了 8 年的时间恢复到之前经济水平的 97%，而以产出作为衡量标准，此次下跌的反弹预计只能达到危机前水平的 93%。2008 年的经济复苏所需要的时间，预计比以前更长。

中央银行从不轻易使用"混乱"这样的表述，然而 Miles 先生在他的演讲中使用了四五次，并贯穿文稿始终。（一方面，）经济的复苏前景堪忧，金融业的健康状况令人质疑，绝大多数大宗商品价格持续上扬，还有英国的债务——企业、家庭和金融以及政府负债的水平及其变化趋势都处于令人担忧的高位；另一方面，尽管当时的通货膨胀率已然不能更高，但物价的前景是鼓舞人心的，特别是看到预计 2012 年初的同比数据（在 2011 年 VAT 的影响增加之后）将出现越来越多有利的地方。Miles 先生隐晦地提到，和前面相矛盾的是 David Cameron 的联合政府在 2010 年

---

① Miles 教授的演讲是我听过的对危机核心事件的描述中最好的一个。演讲的对象是一群高中师生，他在分析的准确性和讲述的完整性上都令人印象深刻的。

出台的紧缩政策削减了公共部门的支出，因而减少了许多公共部门的工作。他还暗指（John） Vickers的委员会在当时制定的工作所造成的不确定性，使得英国银行业（2011年银行业独立委员会）的改制被提上议程。

Miles先生的演讲中最为着重强调的两个论点是，回顾过去，货币政策干预显得令人沮丧地不充分，而展望未来，如果英国和全球的经济体受到又一重大冲击，央行只能在非常有限的范围内采取行动——通过有意义且有效的政策干预。我们正在抛出一个流动性陷阱。

在那一周晚些时候，我有幸在伦敦会见了一群一年前曾听过我的演讲的银行代理人，他们要参加周末举行的货币政策委员会预备会议。在我与Neil Ashbridge、Chris Piper、John Young、Peter Andrews和Rosie Smith的讨论中，我回顾了之前的对话并诚邀他们给予回应。

Chris Piper和Neil Ashbridge回顾了各自管理的区域：英格兰中南部和威尔士地区的情况。

我对他们的阐述印象深刻，特别是报告中提及的英国这两个截然不同的地区中制造业的复杂性和动态机制，我将其归纳为是什么构成当代英国的制造业的问题并作为今后研究的主题。John Young则将我的注意力吸引到了我们小会议室窗外清晰可见且数量众多的建筑起重机上。他提出这样一个观点，用半开玩笑的话说，伦敦已经成为一个"新兴经济体"，不再完全，也不再必须和英国其余地区的命运绑在一起，反而与发展中国家充满活力的经济状况更为一致。Rosie Smith描述了代理商作为一个整体思考的方法论问题，我被她关于她和同事们思考"留在剪辑室地板上的是什么"的题外话震住了。这些潜在观察和洞悉与货币政策委员会（MPC）息息相关，它们并不完全也不一定要通过当前的报告程序才能得以传播，反而持续不断地受到代理商的关注。如何使这一情报对政策的制定具有指导意义是我们需要长期关注的问题。

此外，新建立的临时金融委员会（FPC）负责监管英国金融系统的稳定性，大家对它额外报告要求的预期更为紧迫。在我访问的时候，尚不清楚银行是否会扩大现有的经营网络来覆盖有关金融稳定性的议题，或者为此目的替代性地创建一个完全独立的监管系统。

12.1　彩排

接下来的那个周一，也就是2011年6月1日，我参加了货币政策委员会预备会议。这种英格兰银行的内部会议被特地安排在货币政策委员会每月例会的前一个周五，在例会上，来自银行各个部门的员工代表会就他们认为与在接下来一周将要作出的利率决策息息相关的关键性问题向委员会主席和其他八位成员进行简要的汇报。举行会议的地方是银行的会议中心，那里灯火通明，电路环绕，架设着各种IT设备和数不胜数的平板显示屏。委员会的九位委员在会议室最前端的长桌旁严阵以待，他们的正对面坐着的就是即将进行汇报展示的银行各个部门的代表。

他们身后的则是参与了这八个报告起草的同事。而这些发言人身后一排排的座椅上坐满了大约50名员工，他们充当的是聚精会神的听众。按照那天的议程，2011年6月货币政策委员会预备会议包含如下内容：

金融市场包括"关于增长前景金融市场告诉了我们什么？"

货币、信贷和名义趋势包括"银行融资成本"

国际环境包括"国际劳动生产力"

需求和产出包括"消费的预期"

联合的供给、成本和价格

代理商特辑——"招聘前景展望"

代理商的更新

外部评论员

这些报告都简明扼要，每个持续大概15分钟，之后委员们会针对报告进行深入尖锐的提问或评论。报告不仅仅是对常规数据的简单回顾或更新，代表们更试图阐明（通常运用专门的数据）员工们所认为的和当前的利率决策以及货币政策委员会愈发广泛不断演变的分析需求密切相关的关键性问题。这些报告和后继的讨论公正且坦率，但这些分析依旧略显粗糙、模糊且有些局限。这些被激烈争辩的、缜密得足以解决问题的分析并非是这场信息交流的首要目标。取而代之的是与会者们在探索一种分析的思路以便制定出卓有成效的政策。也就是说，银行最新发布的"2011年5月通胀报告"（英格兰银行2011年上半年）充当了这次讨论的背景，概括地构建起了银行的基本情景。

问题集中于每一个演讲展示的幻灯片中的代表性细节。比如，委员们就提出了完善展示图表的建议以便后续的展示达到明晰一致的效果。值得注意的是，委员会的一位外部会员 Adam Posen 还临时呼吁特定的图表需一个解释框架加以说明。

银行职员和委员会成员在这历经三个半小时的会议交流中所展现出的合议性是令人振奋的——这种特征并不十分正式，但也绝不随意，大家在学术挑战中激烈地展开讨论。

大家对好主意和敏锐的洞察力的尊重看起来也胜过了前辈，进而也矫正和重建了一套治理银行的规范。除此之外，那些坐在会议室后排的银行初级职员也给我留下了深刻印象，他们目不转睛地观察着会议的进程，感受着对公共通货的管理至关重要的准则和责任。这次会议为我们呈现了持续进行的过程的冰山一角，在此期间，随着委员会的政策需求指导下的数据和分析思路的更新，问题也不断被完善修正。研究、报告以及审议形成了一连串步骤，且随即被付诸行动。在银行的政策导向上展开的讨论范围十分广泛，早已超出了之前辩论的深度和广度，展现出了银行围墙外面的世界。这种银行内外思想的碰撞在会议最后 Gareth Ramsay 的演讲中得以体现。他挖苦性地汇报了一下那些"外部评论家"诸如私人公司的分析师或是媒体评论员关于货币政策委员会下周将要作出的利率决定作出了怎样的预测，以及他们想象中的动机和分析师如何影响了委员们的投票结果。

12.2　会议

David Miles 坐在 Governor King 的左侧，离我的位子不远。他时不时地记一下笔记，但大部分时间沉默不语，可我依旧想起了他之前谈话的内容。正如前文所说的，他曾经强调过我们"正处于流动性陷阱中"——银行资金富余却不愿意放贷。流动性陷阱——作为一个隐喻——似乎可以为演讲中讨论的几乎所有内容添彩。就好像这个术语之前只是用来形容借款人和贷款人的情形，现在却可以表示更加宽泛的，也许是普遍意义上的窘境。不确定性很大程度上限制了人们的思想和行动，另外也进一步阐明了日本"失去的十年"的意思。公司失去了通过持续的干预措施来隔离和解决政策问题的基础。变量之间的关系难以辨识，分析一反常态地踌躇不前，预言也变得越来越冒险。政策的规划陷入了困境。不只是因为大家对这种情况下货币政策可以达到怎样的效果存有疑惑，而是这种情况本身就让人进退两难。因此在英格兰银行能力所及范围之内去讲述一个关于未来的有说服力的故事已经不太可能了，计划和行动即使没有取消也都因此受挫。想法已经无法付诸行动了。

Chris Piper代表代理商在货币政策委员会预备会议上倒数第二个做了报告。随着他的讲解，我不由得回想起我们前一天的谈话中Piper先生所描述的在他的代理区域内中型电子公司的情况。闪过我脑海的内容几乎不会让听众感到惊讶。会议中提出的主要问题是Piper先生对英格兰中南地区商业往来的持续担忧。在会议上提出的分析事项或多或少有些分散，这些事项已经被整合到商业往来的实务工作和认知劳动中了，联系人并以此计划和管理自己多样化的企业的日常运营。希腊公债的命运也许还没有成为被迫切关注的问题，但是许多其他的宏观经济和货币议题——国内和国际市场的情形、税收政策的转变、汇率的变动、贷款的成本和可获取性——完全在商业人士和消费者的知识范围以内。然而联系人却表示，这些问题在他们用以维系各自产业生存的措施中比比皆是。在货币政策委员会预备会议中，有目的性的情报被运用在微观层面上检验基本问题（也有许多其他的问题）并且产生了相应的对策——有些对策成功了，有些却没有。有些公司无论面对多么严峻的挑战都完成得非常好，或者说，在表象上都完成得很好。针对流动性陷阱，微观层面的措施从目前来看已经成功地让某些特定的公司克服众多的阻碍实现了增长，这不禁让我们认为其有更多的可能性来解决宏观层面的恢复问题。然而这些解决方法却是这一时期所独有的，它们不能谱写一个增长的神话。

代理商的联系人不仅处在一个可以提供与他们关于自身运营产业境况紧密相关的视角（purview）的位置上，这个视角还可能和货币政策委员会相关；联系人的关系网也在不断理解和思考着自己所处现状，谋求在这大背景中正确操作。联系人正不断地参与到对策的制定过程中，试图解决本质上同委员会所面临的一样的困境。在一些关于是否增加工资、投资，是借款还是放债，是调整员工数还是调整价格的问题中，联系人们用生动的语言阐述了英国经济在现实中的实质性的问题。这些经济中的践行者们不断地试验着联系微观和宏观问题的代表性对策的可行性，给未来赋予战略性目标。

尽管这些战略目标仍处在试验阶段，却无疑能够在这旷日持久的全球经济下滑中给出应对挑战和不确定性因素的对策。经济恢复的条件在会议中被反复提及，并可能通过在传统收集的综合数据的交互影响下并不完全或者一定可得的方法得到解决。在其可以接触到的公司借以分析信息和配置资源的管理战略中，货币政策委员会在力所能及的关系网范围内开发人群的聪明才智。问题在于如何使得这些战略，以及支撑它们的深刻见解，像政策的原理一样信息丰富、内容翔实。

案例研究，这种在商业和人类学领域已被应用多年的手段，似乎可以为这个分析上的分歧架设桥梁。建立在按月度或季度更新的基础之上，案例研究可以为促进或抑制经济的事务提供多种观点。正如 Smith 女士提到的，这种手段可以将被初步分析遗留下的信息重新利用起来，此外，如 Young 先生观察到的，它可以将针对一些在英国注册却完全在海外展开业务的公司的观点合并起来。这种手段不仅仅能够提供新的数据来源，针对龙头企业的案例研究还能让人了解到发展战略、商业技术和规划重点，这些信息与货币政策委员会的政策要求密切相关。

在会议结束后，我被要求填一张有关货币政策委员会预备会议进程的观感的问卷。我在回答中推荐了几个小的案例研究，这些案例研究既展现了可能面对的困境，又展示了在不能解决这些困境的时候应该如何应对。这样的目的是为了提升这些我认为很复杂的人类学的分析方式的地位，并最终让它们成为委员会正式接受的方式。这些方式在货币政策委员会会议中大多数时候都不被正式使用。一些特定的企业发展出了一套逃离流动性陷阱的方法，这些方法可以解决一些站在汇总数据的立场上相当棘手的问题。我认为，研究这些方法，可以促进对现在和不远的未来的分析。案例研究理念还可以进一步提升银行对与公众间的特定关系的投资，这种关系将其视作具有自反性的主体，这种主体能够持续学习，能够持续地为前所未见的状况提出新的想法和新的概念性框架以推动或取消行动。显然，这些战略表达方式可以更好地满足不同的公众偏好，正如我们接下来将看到的。

12.3 利好与利空

货币政策委员会在 7 月 6 日、7 日召开了为期两天的会议。会议记录反映出一种不寻常的僵持局面："中期来看，向两个方向的通胀风险都将保持较高水平。"价格准备向哪个方向运动的争论非常激烈。会议记录将委员会的决定总结如下：

> 利空的主要风险在于需求增长不够强劲，无法完全吸收经济中的过剩产能。这会让通胀率实质上降低到低于中期目标的水平。最新的指标显示全球经济活动步伐减缓，虽然不清楚这种情况会持续多久。一部分全球经济活动减缓反映了供应链持续断裂导致的暂时性冲击，持续走高的油价和 3 月份日本的地震、海啸共同导致了供应链断裂。由欧元区持续增强的主权债务和银行业危机构成的风险依旧非常严重，并影响到国内经济

活动以及金融系统的前景。英国主要银行的资金成本持续上升，部分反映了源于欧元区的这些风险，并可能继续对许多家庭和企业的信贷成本和可获得性造成不利影响。一些指标显示了英国第二季度GDP适用的潜在持续增长水平，并进一步对第三季度进行了展望。不过一些较弱的通胀活动的影响依赖于造成这些行动的因素。作为对经济活动预测的悲观消息的回应，投资者们回调了对官方利率上升及英镑实际汇率下降的时间的预期。这将迟早为经济活动提供一定的补偿性刺激。

利多的主要风险在于通胀上扬的时间会长于委员会的预期。超过目标水平的利率的预期会在定价和确定工资的过程中变得根深蒂固；雇员可能强烈要求工资上涨以应对下降的生活水平；此外，能源或其他国际商品价格上涨也会导致利多压力。根据一项基于调查的研究，家庭部门对中期通胀的预期显著上升，已经略高于之前在2008年的最高水平。但是对来源于金融市场的通胀预期的度量已经稳定下来。没有证据表明更高的通胀预期开始传导到工资确定的行为中。

收入增长保持了一个相对平缓的水平，但是工资增长的影响因素非常广泛，因此确定通胀预期对工资增长的影响变得非常困难。近期劳动力市场的发展带来的效果尚不显著，过去一段时间生产力的表现令人费解。（英格兰银行2011b，6-7）

英格兰银行准备预测风险变为现实的时间。与此同时，货币政策委员会对利率和资产购买的态度与一年前保持一致：

总的来说，一个月中中期通胀利多和利空风险的平衡并没有太大的改变。因此，委员会成员没有改变他们关于合理的货币政策的观点。中期向两个方向的通胀风险都保持较高水平，委员会设定的货币政策意在将其保持在2%的通胀目标周围。如果向某一方向的风险变为现实，同时中期通胀预期显著偏离

目标水平的话，委员会将会通过改变货币政策立场的方式作出反应。（英格兰银行 2011b，7-8）

委员会的 7 名成员同意行长将银行利率保持在 0.5% 的提议，两位成员希望将利率进一步提升 0.25% 以抑制通胀风险。关于保持资产购买计划的提议，即量化宽松增发 2000 亿英镑的计划，8 名成员表示同意，只有一名成员，Adam Posen 表示反对。他提议进一步增发 500 亿英镑用于股票购买以进一步增加货币刺激。

我认为存在许多未被发现的微观层面的策略可能可以解决当时英国面对的经济挑战，这种信念非常抽象，但是它与货币政策委员会成员们所信奉的故事存在交叉部分。确实，许多委员会成员都全身心投入工作。这样或那样的理论经常随着商业周期而重构，这说明在中长期中，市场最终会让经济增长回到趋势水平上。在这种情况下，观望等待和拥有耐心或许是最佳的政策。那些意在干预或更为激进的策略，如 Adam Posen 所提出的，可能会在状况变差时导致不良的后果。在货币政策几乎没有改变的一年中，微观和宏观经济寓言被改写以说明怎样才是显著变化的情形。

这就把我们带回了本书的关键问题：公共货币存在的理由。假定持续表达清晰的政策决定和不同类型的消费者和生产者所面对的挑战以及将他们叙述到可以对全英国的人民演讲的状态，正如我们所见到的，不管是学龄前儿童还是保险高管，都可以区别或者说定义当前的货币体制。公共利益因此被维系在一个具有说服力的货币政策故事里被构造再构造，这个故事承认了公司、家庭和个人的困境。英国货币的发行不通过法令许可，没有贵金属储备，而是借助于央行善于沟通的机构部门，这些部门描绘了一个紧随信息/数据/情报/经验等最新潮流的故事，而利用这些信息其可以借助精心安排的对话来制定政策。

然而，在2011年的夏天，在银行的预测和政策的干扰下，企业仍旧萎靡不振。英国的经济始终处于"昏昏欲睡"的状态。这到底是为什么？

英格兰银行的工作表明，正如我在这一章和之前的章节里讨论的，货币政策的报道如何充当一个微妙有联系的构架。但是在这一期间流动性陷阱和英国政府的紧缩性政策（央行行长曾被牵扯进去）之间的互动揭露了一些其他的问题（Giles 2012）。我开始研究中央银行和英国社会各界的对话关于承诺都表达了什么，这种承诺维持了脆弱的公共利益。对那些承诺的重新协商和修订会导致未来的不确定性，即使不晦涩，也会使企业陷入小心翼翼。

12.4 自相矛盾的节俭

自我同中央银行家们打交道时起，我便对他们语言使用的严谨性印象深刻。正如我在英格兰银行的领导力的案例中试图证明的，我将这种对语言的注意归因于他们在很大程度上乐观地坚信与公众交流机制的逐步修正会进一步提高对货币问题的管理能力。这种观点一直没变，不过我无意中听到了更多。

2011年6月早些时候的会议阐明了当务之急，尤其是不确定性的问题以及它和数据有代表性的本质的关系。一年前在斯德哥尔摩我已经开始思考流动性陷阱的条件，这个概念可以固化成不确定性的函数。同时连带地，我开始好奇"不确定是被体系本身生成的"是怎么一回事（Skidelsky，2009，84）。英格兰银行和其他主要的央行在这一阶段陷入了经典的僵局：数据互相冲突，信心消退或丧失。这种僵局有"实证"的基础：银行不借钱给消费者，商人不贷款，经济增长摇摇欲坠。在货币政策委员会预备会议的讨论中，参与者们在语境和情境信息中努力，以一种也许会致使未来可以驾驭的方式运用语言去模拟金融和经济现实中不稳定的性质。

在前面的章节中我记录了银行的代理人曾作出两次非凡的历史性的呼吁，捕捉到了英国乃至全球经济紧急的转变。这些代理人揭示了中国的发展是如何出人意料地影响了全球的价格，进一步地，他们还发现了移民英国的新模式——欧盟对于人们跨越边境移动的新政策的结果——正在改变工资的动向。这些发现即使在最好的情况下在常规的数据序列中也不那么明显，但是可以通过和参与者的对话引起注意，这些参与者是在现实中模型化经济现象，并且据此调整生产、分配和消费的行为方式的主人公。由代理人的工作提出过一种猜想（也许是定论），即在统计覆盖范围有限和几乎没有可分析的购买力的情况下，转变其实已经准备就绪。任意给定的时间点上出现的变化不容易受统计指标影响，但却可以在实地考察中通过代理人和联系人的谈话得出。

我们倾向于将创新，或者广义上的企业，笼统的看作是技术问题。我在本书中建议读者将其也看成具有代表性的现象，即中央银行家尝试去影响，甚至主宰的交际现象。我们倾向于关注新的机器、新的工具、新的DNA序列、新的软件代码，甚至是新的金融产品，认为是它们构成了增长的引擎和革新的组织；与此同时，我们不再将隐喻和语言看作是改变和革新的关键因素（Fischer 2007）。正如我们在前些章节中看到的，那些诸如"信心"一样带有隐喻的错综复杂的术语构造的冷酷无情的模型不仅稳定或者动摇了宏观经济的结果，而且它们也具有描述性的特点。

学习，被一些代表性进程推进着，这些进程涉及信息的不断更新，重要的是对观念的修正和对范畴的精细调整，同时定义了什么是我们知道的，也限制了我们该如何行动。这些史无前例的现象，一方面可以被早已存在的语言惯例和术语掩盖过去，但另一方面又可以通过人类对话者用语言解析经济和金融情境的过程博得注意。对英国劳动力构成的重新定义或是全球经济中价格动态的变更早在可以被统计学的数字度量之前就可以被语言学建模。代理人的关系网就是这样被设计出来用以精准地捕捉这些时刻变化的经济现象。

流动性陷阱这一知识上的僵局，可以被那些创造出可行的"增长故事"的代表性劳动力打破（即使不能被解决）。在风险投资者的典型工作中，有一个显而易见的推论。Sunder Rajan（2006）主张将其看作经典的挑战与机遇，尤其是对于致力于基因组科学研究的风险资本家，他们必须权衡财务困境与允诺的金钱回报的前景（如果没有意外之财的话）——这时就需要才思敏捷的叙事来打断已经建立的隐喻和修辞，并且创造出新的一批，而这通常不会有太多关于"可靠的实证数据"的内容。这种代表性劳动力驱动了企业和改革。

参加货币政策委员会预备会议的人明白并且/或者希望代表性企业可以逃脱流动性陷阱并有望恢复正常工作，同时他们还试图捕捉浮现的动机，去阐释它的特点，去描绘其未来的轨迹。他们也知道英国的很多部门和行业中流动性陷阱已经被有说服力的增长故事所侵蚀，这种增长可以重新赋予未来以驱动变革的信念。经济思维和行动的惯例是这种不断的代表性劳动的主题。

凯恩斯给出了对代表性经济的描述的前半部分。"在凯恩斯经济学中，惯例的隐形牵引取代亚当·斯密市场经济中看不见的手，影响系统产出、为理性人进行有意识行为而设置的深层参数"（Skidelsky 2009，83）。

我一直在发展的是这一观点的后半部分：惯例是不断变化的，不断地被调整和修改。语言不仅仅支撑着创造未来的想法，也支撑着使它们成真的感觉、感情和期望的结构，并作为采取行动或是无所作为的根据。这些规则和理解的不稳定的性质驱使着代表性经济，赋予了经济生活一种创造性的权威。为了获得"塑造行为的深度参数"，我们必须理解惯例是如何被持续不断地再制造的。不确定性是智力实践的函数，而通过智力实践，惯例被创造性地制造、推翻和再制造。此外，市场也是语言的函数。

我在前货币政策委员会会议偶然听到的内容与公共货币的未完成和未确认的特性有关，而公共货币是由流动性陷阱催生的。陷入了陷阱的是一个增长的故事。由英国政府推行的财政紧缩政策，即节约，很明确的是关于以预算责任和金融诚信的名义削减或撤出约定的愿景：正如凯恩斯认为的那样，价值本身并不能为城市和排水设施的建设或是编写软件代码作出贡献。因此我在这个阶段开始理解的是，货币的故事是关于承诺的，是关于对一个不断发展的社会契约的谈判和再谈判，是关于可以与公众的困境对话的一系列经济和货币利益的。如果能带来经济增长的代表性劳动被节俭措施取代，财富将会衰减。

在 2012 年的夏天，代表性企业在英吉利海峡两岸活动，可以通过更新的约定重新将欧元作为公共货币。由于企业不景气，英国继续在陷入衰退和摆脱衰退中蹒跚前行。

第13章　公共货币宣言

致力于维持货币稳定，不仅是因为其蕴含的经济价值，更因为它是社会契约的基础。

——伯努瓦·科尔（Benoit Coeure）（欧洲中央银行执行委员会成员（2013年3月））

2012年夏，坐落于法兰克福的欧洲中央银行总部崭新、透明，其建造也正接近尾声。两座弧线形塔楼即将封顶，其中南塔43层、北塔46层。覆盖中厅的空中连廊也在按部就班地修建，将两幢塔楼连接起来；附带的 Grossmarkthalle 的整修翻新工程也正在进行中。虽然工程建设正热火朝天地进行，但人们对货币联盟的信心、欧元区成员国对共同货币作出的不可变更的承诺看起来正变得支离破碎。

2012年7月26日，新上任的欧洲央行行长 Mario Draghi，提出了一个此前从未由欧洲中央银行高级官员提出的概念——"可兑换风险"——这种提法可能从内部引起欧元区的解体。那他为什么要这样做呢？

这场 2010 年初随着希腊赤字的暴露而爆发的主权债务危机，以迅雷不及掩耳之势发展成为一场影响整个欧元区金融稳定乃至全球经济表现的巨变。在接下来的 16 个月里，高级官员在布鲁塞尔、法兰克福、雅典、柏林、巴黎、华盛顿等地不断地召开了一系列应急会议，但紧急情况屡屡出现，其速度远远超过了干预措施的生效速度，其发展扼制了干预措施的效力。

自 1919 年的巴黎和会以来，欧洲还从未有过如此紧张激烈、不留情面的谈判——这些谈判充斥着错误估量、欺骗欺诈等一系列赤裸裸不守信用的行为。

我在这本书的开头就曾表明，我的目的并非要讲述此次灾难的复杂性，而是希望探究这一被 Dacid Miles 保守地称为"混乱"的事件的影响。我将主要通过央行行长的另一个简单的解释来说明这一问题，然而，这一解释却是非同寻常的，它蕴含着全新的更为重大的抱负。我特意观察了 Mario Draghi 对重新设计欧元的沟通体系所作的努力，这正是针对欧洲公众因不确定性而受到威胁的窘境所作出的努力。然而这一举动意味着现状极其危险：承认欧洲中央银行已经失去对货币政策管理的控制能力。

在本书的倒数第 2 章里，我将重点放在德拉吉（Draghi）的发言上——不是在法兰克福的发言，而是 2012 年 7 月 9 日在布鲁塞尔与欧洲议会两机构"货币对话"上的发言，以及在 2014 年 7 月 26 日在伦敦举行的投资大会上的发言。此外，我还考察了一系列补充文件——一份欧洲理事会主席所做的报告和国际货币基金组织关于西班牙的报告上的一个段落——这些文件都在同一时期被来自欧盟委员会、欧洲中央银行和国际货币基金组织的专家团队所起草，这些专家是应对本次危机的智库。

当要求在欧元区的外围实行激进紧缩方案的政治势头放缓时，德拉吉对公众发言称，这些激进的紧缩活动一贯被当作欧盟应对主权债务和银行危机的基础。欧盟作为一个整体，已经步入经济下滑期，由德国总理安格拉·默克尔和法国总统尼古拉·萨科齐坚持推出的紧缩政策也招致日益激烈的抵制。包括专家、学者在内，有越来越多的人也认识到，紧缩政策实际上加剧了主权债务危机和银行危机。2012年5月总统选举，萨科齐不敌弗朗索瓦·奥朗德标志着政策正开始转变，至少在名义上更加强调促进经济增长的方案。大约在这个时候，Draghi采用了一种非常特殊的代表性劳动力的形式，同时谨慎地担负起领导角色，负责对危机中迫在眉睫的问题进行公开地定性和阐述。

13.1　沟通关系

公共债务、财政政策、金融稳定性、经济转型以及它们和欧元之间的关系这一类问题在2010年和2011年暴露出来，并且在希腊、爱尔兰、葡萄牙、西班牙、意大利等五国尤其明显，这些问题逐步扩散，成为欧洲政治领域争论的一部分。评论家们公开地将欧元的技术运作机理和公共财政与私人融资的运作联系起来，这转而又与现阶段的困境联系起来，这是个人的困境，也是欧洲全体公民的困境（Herzfeld 2009； Razsa and Kurnik 2012）。这种想法如果不被根除，关于就业、社会福利和税收的设想将濒于破产，光明未来的前景也将变得晦涩不清。此次危机不仅威胁了欧洲金融秩序，也威胁到宪章秩序——威胁到欧洲社会模式下对公民福利和个人尊严的承诺（Aslund 2012； Buiter 2011； Issing 2011； Roubini 2011； Schauble 2011）。

解决这些问题需要各组织独立或协同的行动，其干预措施涉及债务和股票市场、各国议会和政府、欧盟机构及其代理处（其中一些正是在本次危机中创建的）、商业银行、中央银行以及政府间监管机构，尤其是国际货币基金组织。这些有争议的干预措施在专家、政治家以及公众中造成分歧并引起了激烈辩论。欧洲面临的挑战是如何在危机可能发展成为经济金融灾难的情况下协调宪章惯例的构成要素。为了更加了解这些令人头疼的问题如何实现系统性整合，我把注意力放到我20年前曾工作过的机构——欧洲议会。

虽然在危机中应对迫在眉睫的实质性问题时，它表现得非常无力，但在欧元危机（或多或少地）被公开讨论的时候，欧洲议会仍作为一个单一的不可替代的机构行使其职能。欧洲议会是一个具有公众公开问责权力的机构，它有足够的理由就本次危机的本质及危机干预措施的特征给出一个欧洲整体层面上的解释。虽然在起草和实施具体政策性干预措施的立场上，欧洲议会几乎持置身事外的观望态度，但它在公开协调和交流本次危机的具体"事实"和情况中却扮演了其他角色。

同样，该议会的经济与货币事务理事会（ECON）通过与欧洲央行进行季度"对话"的形式行使了监督职责，在季度"对话"上，欧洲央行行长对同欧洲央行政策立场相关的经济金融状况作出概述，同时也解答委员会成员事先提出的具体问题。从2009年初起，该委员会已经成立了专家小组，他们在季度会议期间针对欧洲金融系统在危机中遭遇的迫在眉睫的问题发言。到2010年中期，对话更多聚焦于主权债务和银行业的困境以及解决这些复杂情况的努力。对议会的广大受众而言，专家报告是简明精致的。实质上，他们为这些机构提供了对危机回应的大量信息以及对正在提出和实施的技术性补救措施的评价，上述机构也包含欧盟新设立的机构，尤其是欧洲金融稳定基金（ESEF）、欧洲金融稳定机制（EFSM）、证券市场计划（SMP）和长期再融资操作（LTRO）。这些简报通常很重要，有些时候甚至有些尖锐。

经济与货币事务理事会是为数不多的机构之一，其能对危机中最晦涩的问题以及解决它们所做的努力给予持续的具体解读，正如欧洲人充分关注的一样，这些问题需要整个欧洲范围的解决措施。

在流动性陷阱的情形下，无法回避的主权和债务问题正呼唤机构的思考和行动。看似合理的金融干预被欧洲宪章的限制所挫败，欧盟机构的能力受到成员国政治僵局和强大的经济利益的不断质疑，解决主权债务问题的干预措施进一步威胁到欧洲银行系统的稳健性。紧缩计划抑制经济增长，增加失业率，进而加剧了金融失衡和债务危机。无论哪种解决方案被制定，都必须通过全球金融市场的检验——完成此种检验需要不断对现存债务量大小进行估计，仔细分析一切金融干预措施的风险特征。在这样的背景下，生活艰辛逐日加剧的思想正在欧洲公民中蔓延。此外，在这样的大背景下，人们越来越感觉到因危机而产生极端政治反应的可能性正在加大，这是由对政治性弱点的认识而产生的——这样的认识将对补救措施的行动和视野产生限制性影响，而这些补救措施可以有效应对危机中的技术性问题。经济与货币事务理事会成员拥有大量被专家小组提出的未被修饰的细节（Belke and Klose 2012；Gros，Alcidi and Giovanni 2012；Sibert 2012；Wyplosz 2012）。[①]

13.2　防范的改变

先前的一次经济与货币事务委员会季度会议于 2011 年 10 月 4 日举办，会议主要回顾了欧洲中央银行行长 Jean-Claude

---

[①]　专家简报小组 ECON 正在参与危机管理和机构改革；他们完全加入技术统治论者的网络当中，而这些人正起草、修改、执行，并严格地审查着用以应对危机的不同措施。

Trichet的任期并宣告了他临近的退休安排。同时，文件简要阐明了Trichet的接班人Mario Draghi将面临的严峻挑战。也许，这次会议在大家完全了解主权债务危机的重大影响前就已定下。也许，它最初被认为是一个用来称赞前行长伟大成绩并庆祝在他带领下的欧洲各机构重大成功的会场。无论如何，这9份简要的报告未提及Trichet应对通货膨胀时甚至超过德国央行所创造的纪录的表现。总的说来，这些文件传达了一个重要的信息：这次遗留给Draghi的危机特别棘手，没有明显的解决方法，除非欧洲央行和它的新任行长能从很大程度上转变角色，并通过转变角色有力地重新定义这次危机的根本性质。

正如我们所见，Trichet激烈地，有时甚至狂热地，捍卫自己对欧元沟通动态机制的控制。然而，这次的主权债务危机，颠覆了他的话语权威，让他向基于共识的政策传统妥协，而这些政策传统曾指导过欧洲央行的政策。2011年中期，大家曾进行关于开除实力较弱的欧元区成员国问题的严肃讨论。关于央行紧急政策的严重分歧——尤其是关于直接购买成员国的债券——导致德国高级官员辞职，特别是Axel Weber和Jurgen Stark，他们分别从德国央行和欧洲央行的行政职位上辞职。《马斯特里赫特条约》明确禁止一个成员国救助另一成员国，这是许多官员对欧洲央行的干预难以克服的障碍（Sinn 2011）。有报道称，高级官员们考虑如何放弃欧元区可能是精心策划的。这些计划的严重程度还有讨论的余地，但是"不堪设想"的观点已被提出：公开讨论欧元区的解体或是其成员的退出。一些解体的谣言在流传，这可能是因为难以控制关于每一期希腊紧急贷款的谈判；另外，毫无疑问，这也是由于公众已经对希腊政治体制改革和经济结构调整的复杂性感到极度疲乏。沃弗森基金（Wolfson Foundation）甚至已经设立了一个有大量奖金（以英镑计价）的特别的奖项，该奖项专为奖励设计出合理可行的欧元区成员国退出计划的机构或个人。

通常对储户的美德和债务人并不那么令人钦佩的品质有一种根深蒂固的假设,这一设想对政治谈话构成挑衅。例如,为什么德国、荷兰或是芬兰"负责任的"公民,又一次被迫为"肆意挥霍的"地中海邻居们埋单?当然,凯恩斯敏锐地意识到暗藏在这一寓言及其影响中的"悖论"([1936]2007,84)。他证明了在最深层次,这样的危机与全球失衡有关,尤其是和在像德国这类消费不足、储蓄过剩的债权国和像希腊这类过度消费、储蓄不足的债务国之间的失衡有关。通过讲述这件事情让民众信服是非常困难的。说服德国民众,告诉他们储蓄率和消费不足的问题是危机核心,至少从他们的角度看,这完全是一个谬论。他们更倾向于用更简单的微观危机伦理去解释这些"毋庸置疑"的事实。譬如一个德国工人必须等到她67岁时才能得到全部的退休养老金,而在希腊工作的邻居早在10年前就已享受相应福利(T. Friedman 2012)。对德国民众所认知的资产负债表的冒犯,导致了毁灭性的和不可调和的政治反应,这挑战了欧洲一体化最深层次的假设(Holmes 2000)。

在欧元区边缘地区正在流传与当前形势相关的寓言——欧元区成员国正遭受财政紧缩和市场改革的激进计划的重大影响——这些寓言有着不同的特点。它们产生于民众的困难、痛苦和伤害,产生于选民代表们所感受到的民族屈辱感,产生于被欧盟委员会、欧洲央行、国际货币基金组织甚至是国际金融市场打压破坏的民主制度。政府开支、薪水和福利大量削减,税收增长,失业人数持续上升。每个相关的情形都处于经济收缩的涡轮之中,比如处于完全萧条中的希腊和更接近全面经济下滑边缘的西班牙。在被唤醒和被重新唤醒的国家和地区,尤其是意大利和西班牙，成员国之间的具有讽刺意味的寓言正流传开来。

到2012年夏，更多顾虑被表达出来，这些顾虑认为，拯救欧元的行动并未起到明显成效，欧元正处在危险的边缘。人们开始认为，专家和政府的高级官员已经失去了对这一事件的控制力，他们将解释此次危机的话语权交与平民与充满仇恨的民族主义者。然而Draghi的讲话扭转了人们的想法，他的讲话通过指出一个全新的——虽然还很粗糙，且不完整——技术层面与交流层面的框架，暗示着变化正在出现，超越危机解决方案细节的转机正在到来。为什么这是希望的迹象呢？

Draghi向议会委员会的发言叙述了他对此次巨变宽泛的评估，以及他参与危机解决行动所扮演的角色。他所明确表达的观点在一年之前是不可想象的。可以实现的事情正在发生转变。人们开始乐意去探寻本次危机突兀的细节，整个欧洲的经济状况不断恶化的过程在这一转变中发挥着作用，甚至可能是决定性作用。最显著的是，欧洲央行实行货币政策的能力在危机中有所退步，它的本质工作受到损害。这对其自身来说，是对那些史无前例的行为的明显托辞。没有大肆炒作，Draghi审慎地讲述了一个故事，一个不断演进的制度上的故事，通过这一过程，信心将被重新建立，目前尚未解决的问题将被探讨。更进一步的是，关于欧洲整合的整体工程正在如何转变及如何被赋予交流性特征，Draghi对这些问题进行了一定暗示。

Draghi与他的前任相比，小心地解除欧洲央行来自当年德国央行的束缚。在关于解决危机的技术手段于技术精英中逐步达成共识时，需要的是在一个可持续的公共话语中为这些解决方案建立一个基本原理。Draghi所面临的挑战是通过说服公众在不可撤销的货币联盟中恢复信任和信用来模型化这一沟通关系。在接下来的声明中，Draghi努力描绘这种故事。正如我们将看到的，这取决于一个人看问题的角度，他所说的主旨要么是大胆有创意的，要么就是已经不幸地步入歧途了。

13.3　未来的主人

在 Draghi 7 月 9 日的声明（一份不到 2000 字的声明）中，他回答了一个由 ECON 委员会提出的问题，ECON 委员会是站在经济调整中的 ECB 的角度与银行监督管理角度上提出的问题，通过回答该问题，Draghi 描述了设计处理危机的简单准则与被大胆提及的危机"余波"。

在这份给专家学者阅读的材料中，他用可能是最简单的方式勾勒了欧洲央行金融救助的本质，由于贷款受限制目前急需的改革，及确保服从的监督机制。这里并不存在对《马斯特里赫特条约》或其他严格宪章原则的严格遵循。相反，这项计划的目标是从实用主义的角度重建会员国信誉，帮助这些国家重新进入信贷市场，恢复其财政活力。

Draghi 又转而谈论另一件更加让人不安的事情以支持他的修辞干预。他承认同欧洲公众间塑造一个沟通的关系需要承认过去，尽管这很艰难。这一关系意味着招募他们来重建社会生活的可知的未来特征，以及用制度上的信任和信用为未来提供保证。承担责任是控制危机状况，使欧洲公众成为 Draghi 口中的未来"主人"所必需的：

我们今天的经济环境要求所有国家批判地看待自己的过去，并要求所有国家非常客观地看待自身的未来。

现在几个欧元区国家正在进行的调整方案正是要在各国过去的大背景下去理解。正是过去经济发展与经济政策因素才导致许多国家发展的巨大不平衡。这些财政、宏观经济与外部性的不平衡既不健康也不可持续。

不可持续的不平衡对调整方案存在客观上的需求，并且调整的程度也同过去政策的错误程度直接相关。

虽然欧元区政策调整是在市场压力下进行的，但是并不像欧元区外部的国家，因为货币联盟成员国的身份帮助这些国家抵御了一些压力，尤其是汇率方面的压力。

但这并不意味着政策调整程度较小。在几年内获得完全的市场准入也在调整之列，所以保持债务承担能力与必要的改革是非常重要的。

我们所取得的重要成就是政府、议会乃至相关国家的全体公民对这些方案拥有所有权。这所有权的基本前提是政策制定者能够就调整的经济学原理进行清晰交流。正如我所说，这意味着我们需要对过去采取批判性的观点，并对未来有足够客观的认识。

下面这项工作也启动了。渐渐的，国家政策制定者也开始强有力地推进这次改革。他们用过去的发展解释了调整的背景，并且强调了许多改革中的有利因素。通过对既得利益者逃税行为或寻租行为的管制，其中一些国家的改革已经提升了社会的公平程度，进而提高了公共部门的运转效率。

国家政策制定者如今正逐渐制定欧洲货币联盟全部目标的重心，以在主要不平衡缺失的条件下支撑经济福利的可持续发展，并且在竞争的氛围下实现可持续增长。（Draghi 2012a）

Georgios Papanreou 在 2010 年早期就已披露希腊面对其财政状况时不够坦诚，这在后来造成了主权债务危机，在欧洲没有人也不应该有人对这场危机感到非常惊讶。坦率地说，希腊的政治领导人误导了欧洲公众，但这些虚假陈述就在欧洲公众的眼皮子底下。当公众对政治精英的判断力与可靠性怀有深深的疑虑时，他们选择尊重当局的看法。在这件事情上，一边进行无情的批评，一边又非常期盼欧盟对危机进行干预以解决希腊政治家们难以言说的问题，这非常讽刺，与其他欧洲人相比，希腊人尤其如此。欧洲官员也非常了解欧元的缺陷、欧元区成员国失误的政策以及悄然逼近的各种不可持续的失衡，但正如我们在第7章中看到的那样，这些观点很少引起公众的注意。我们可能很难预见危机的扩散情势以及由此而来的灾难性银行危机，但是 Draghi 说得很明确：正是在这些误入歧途或者说是不可持续的政策影响下，危机产生的前提出现了，这些政策必须被当局承认并纠正，以支持可持续的经济成长与社会福利。考虑到过去政治上管理不善的历史，公众能够清晰明了地理解目前改革和重组的计划。

虽然现在看来很多证据与 Draghi 的说法可能并不一致，但他之后的发言确实为公众提供了信心，并将人们对改革结果的评价引向了积极方面：

我认为，在这些方面有着巨大的进步。

例如，爱尔兰当局可以通过它们的计划进行完备的跟踪记录来维持改革势头。它们已经采取了重要的措施去重建金融系统的稳定性。

在葡萄牙，计划按部就班地实施，劳动力市场、住房市场、一般竞争框架、审判制度与运输业等领域已经取得了重大成就。葡萄牙当局正致力于完成今年的财政目标。

西班牙当局也表现得不错，它们正致力于加速结构性改革，并为金融部门打造一个坚实的基础。它们也在努力提高外部竞争力为可持续的繁荣奠定基础。

即使没有计划，一些政策制定者在改革中也表现得很勇敢。例如在意大利，增强竞争力、减少行政负担、增强劳动力市场流动性的改革正被付诸实施。对公共开支审查将助其实现财政目标。

几乎所有其他国家都在采取措施，提高财政稳定性，坚实可持续发展的基础。所以虽然现在我们面临挑战，但各国取得的成绩有目共睹，整个欧元区的基本面也欣欣向荣。

欧元区财政赤字正逐步减少到GDP的3%，物价稳定性得到保证，对外账户也正接近平衡。我们有足够理由对推行改革保持高度信心。（Draghi 2012a）

在数不胜数的会面和磋商后，紧随应对希腊、葡萄牙、爱尔兰、西班牙和意大利危机所做的艰难与充满忧虑的努力，Draghi认为我们已经完成了基础性事项，这远远超过改革计划和应急干预措施的显性目标。关键机构中的新理解、新安排、新的工作关系正因危机逐步建立起来。可达成与不可达成的事情正在发生变化，关于完全成为一个财政联盟的必要条件，这些机构的精英也开始形成新的认识。我们重申一下，解决危机中的问题的过程和实践正在逐步施行，它们已经改变了危机的状况。这是如何实现的呢？

13.4 压力测试

大体上，我们知道，在Draghi做演讲的时候，专家小组已经参与了无数次提出短期和中期的限制性干预措施的救助政策会议，他们正在努力处理各种危机中出现的复杂的偶然事件，并非常细致地去研究危机中出现的各类问题。欧洲央行、欧盟委员会的中高级官员和工作人员与各国政府相应部门官员一道构成这个机构的智力核心层。这个认知网络包括了来自于学术机构、智囊团、金融机构的国家财政和宪法领域的专家，在危机加剧时，IMF的成员也会参与进来。这些人反复计算、不断浏览简报文件、技术分析以及正式协定，这些材料经历了起草、改写、修订、重写、进一步校订以及随之而来的拒绝、接受或忘却等一系列过程才呈现到他们眼前。为了对政策建议与救助产生影响，大家正在对欧洲法律、尤其是欧洲央行的宪章授权进行跨领域讨论。为了监控政策干预措施的效力，大家也在起草监督与监管程序。政治高层领导人把他们自己和这些技术性文件联系起来，向他们国家的选民及党派利益相关者解释这些文件。在外围国家、欧洲央行、欧盟委员会和IMF之间对贷款和紧缩计划进行的磋商正跟随着宏观经济调整、政策宣导以及最重要的公共自制的变化而进行。

除了解决危机管理中的特定问题这一项艰难的工作，工作小组对欧元区政治经济内部相关因素有着最深刻细微的理解。在过去一年多的时间里，通过不断试错，他们已经形成了系统解决危机问题的非正式认识和工作关系。简单地说，他们已经从葡萄牙、爱尔兰、希腊、西班牙和意大利的事件中了解到干预与救助措施中哪些有效，哪些无效。他们认识到在定义这些国家的政治经济和金融结构方面存在着历史文化方面的巨大不同。他们也认识到不同国家——不仅包括需要帮助的成员国，也包括号召提供帮助的国家——选民的敏感程度和焦虑心理。这并不是无关紧要的，他们直接面对塑造欧洲精英"私人"金融特权、免疫力的堡垒。

这种学习过程的反应动态同等重要，这创造了欧洲机构深刻的人类学根源（Shore 2000）。哪些事情这些机构能做，哪些事情不能做？这个问题不断被现实所检验。在每一阶段的危机管理中，我们无法回避通常由欧盟尤其是欧洲央行所做的欠妥的安排。然而，这些欠妥之处恰恰为有用的解读甚至是富有创造力的干预的发展提供了可能，这有利于我们去解决各方面始料未及的空前挑战。同样，我们也必须承认，在很多人眼里，利用危机去强力推进改革是偶然的，虽然他们也认为这些改革非常必要，这些改革在竞争力提高、预算约束、银行监管方面表现得尤为突出。《马斯特里赫特条约》对政策干预作出了明确宪章性约束和限制，这给这些专家小组制造了令人非常头痛的困境。他们从中学到什么了呢？

Draghi讲话的最后一部分被概括成了一份题为"向名副其实的经济货币联盟迈进"的报告，这份报告在他讲话前几天被公之于众。这份报告由欧洲理事会主席Herman Van Rompuy主笔，欧盟委员会主席Jose Manuel Barroso与Draghi本人共同起草，代表了欧元集团和欧洲央行的观点，这份文件认为财政和货币联盟同等的地位——协同性的愿景——正从艰难的谈判中显出雏形：

欧洲货币联盟的长期愿景

那为什么在一些细分市场上，我们仍然能感到紧张态势呢？我想首先强调，无论是各国层面还是欧元区层面，同经济改革和政府治理相关的很多措施已经出台，但这些措施仍需要被彻底落实。我们心中必须清楚欧洲货币联盟是一个联盟，是一个建立在各国层面与集团层面稳定性基础上的联盟。

各国层面的稳定性意味着我们要确保各国在消除严重失衡的情形下实现可持续增长。集团层面的稳定性意味着将最近各国高层共同的愿景付诸实施。

这一愿景的核心思想是：欧元将继续与我们同在——欧元区将采取一系列必需的措施确保这一点得以实现。

我认为，由Van Rompuy主席提出的报告的核心是确定以下四个基本要素：

第一，金融市场联盟，这能够提升从各国银行到欧元区层面的责任感。

第二，财政联盟，这能够加强对欧元区层面预算政策的监督，并能够提供一些财政能力以支持欧元区的正常运行。

第三，机制完善的经济联盟，这能够确保各国在没有巨大失衡的前提下实现经济的持续繁荣。

第四，政治联盟，这将在欧元区公民心中强化欧洲货币联盟的合法性并深化其政治基础。

我们应该同时追求这四个相互一致、清晰易懂的要素。我正期望能够制定一个马上能够启动的路线图。我认为，以下三项需要我们特别关注：

第一，我们需要在财政、金融、经济领域进一步共享主权。建立一个坚实稳定的欧洲货币联盟并不存在捷径。

第二，欧洲货币联盟是条约中必需的一部分。这要求所有相关的主体和参与者在联盟层面和国家层面建设性地提高其运转能力。至少可以说，不折不扣地实施这一法案的同时拒绝建立该法案条款一中提及的更亲密的联盟关系的做法是前后矛盾的。

第三，我们需要在民主合法性和责任感方面取得重大进步，让其伴随着更深入的欧元区整合。毫无疑问，您和您的同事——欧洲议会的成员、欧洲公民直接选举的代表——将继续在迈向政治联盟的进程中发挥核心作用。

感谢您的关注。（Draghi 2012a）

国际货币基金组织已经另行官方批准了本次计划。前国际货币基金组织官员 Gabriel Sterne 表示其看到了题为"2012 年关于西班牙对国际货币基金组织使命的总结声明的第四条磋商"的官方报告中的不同寻常的部分，这一报告在2012年6月14日前几天发布。第7段内容如下：

在欧洲层面取得更大进展将对西班牙的前景有利

我们迫切需要欧洲层面上的帮助以确保银行资金充足并缓解危机蔓延。但只有通过令人信服且同心协力的行动，只有通过朝着完善强大的欧洲货币联盟前进的行动，才能建立起对解决欧元地区危机的持久性信心。

这需要一幅朝着银行联盟与财政一体化发展的蓝图。各国明确承诺将共同支持货币财政一体化发展这一方向，尤其支持地区性存款保险和银行处置框架方面的行动，这将是规划可信的未来发展道路的必要步骤。（IMF 2012）

此声明意义非凡，因为国际货币基金组织不仅仅证实它参与到一系列特定的措施中去帮助特定的国家，还前瞻性地正式批准着手解决整个欧元区危机的综合计划。

13.5 禁忌

我曾在上文表明宪章性挑战是欧洲央行实施危机解决行动中最重大的障碍。成员国债务的直接交易引发了纠纷——因为这一操作违反了合约中"不救助"法条，这对德国央行官员与德国政府政治领导层而言似乎是不可逾越的宪章性障碍。如果没有这种干预，借贷成本——持续支持西班牙和意大利财政需求资金的市场利率——将被碾碎。7月末，Draghi在伦敦全球投资大会的演讲中就各个方面表达了一系列非正式意见，他委婉地表示关于越过种种宪章性限制的观点。他开放的言论相当于对公共货币的一种宣言：

今天，我想告诉诸位，过去6个月里，我们所取得的成绩是非凡的。如果将今天的欧元区成员国和6个月前的进行比较，你们可以看到今日之世界是截然不同的世界，是更好的世界。

当然在国家层面，各国国情不同，这些成绩的表现形式也是多种多样的。当我说出那段话的时候，当我对欧元的优点进行赞美的时候，你们一定在想"成绩确实有，但那是平均情况"，"实际上欧元区国家与国家差别那么大，在差别过大的情况下，平均数不再具有代表性"。

但我要说，在过去6个月里，各国发展的差异正趋于减少，各国的平均情况在国家层面也比过去多年里所达到的更加接近，无论是接受救助的葡萄牙、爱尔兰等国，还是不在救助计划中的西班牙、意大利等国都是这样。

在承诺赤字控制、进行结构性改革方面，这些国家取得了显著成绩，并将取得更大的成绩。它们已经迈出脚步，我们能够看到它们不再拒绝改革、停止改革的信号。我能很快意识到，这将是个复杂的过程，因为这些年来我们在这些方面并未取得什么成就。

但我们已经取得了很多超越国家层面的成绩。这也是我总是说上次峰会是一次真正的成功的原因。上次峰会是一次真正的成功，因为其所发表的声明是欧洲包括英国在内的27国领导人许多年来的第一次声明，并使人们认识到走出目前危机的唯一道路是加强欧洲一体化，而不是削弱欧洲一体化。

一个欧洲的目标应该建立在四个基础之上：财政联盟、金融联盟、经济联盟和政治联盟。这些用两个词组合表示的短语，意味着国家主权将更多地在超越国家的层面上实施，共同的财政规则将在财政方面约束政府的行为。

在银行联盟和金融联盟中，我们将在整个欧元区内有一个共同的监督人。为了表明他们具备向前推进改革的决心，并且这些决心不只是停留在空洞的纸面上，欧盟委员会将在9月初，也就是未来一个月内，出台一份关于监督人的提案。我认为可以说在这个方向上我们取得了巨大进展。

而且，在更广泛的欧洲，我们已经注意到各种各样的防火墙已经建立，它们已做好比过去发挥更好作用的准备。

我想传递给诸位的第二个信息是我们取得了比我们已认识到的更多的成绩。

我想说的第三点在某种意义上有更多的政治内涵。

当人们谈论欧元的脆弱性与正在增加的脆弱性或者欧元危机之时，非欧元地区的成员国或领导人经常低估正被投入到欧元中的政治资本。

所以，我们认为欧元化的趋势是不可逆的，当然我们的观察也不一定完全公正。如今这不是一句空洞的话，因为我之前曾对我们所采取的行动作出了确切说明，这些正在进行的行动将使欧元化趋势不可逆转。

但我仍想告诉诸位另一个信息。

在我们的授权下，欧洲央行已经做好准备去做任何能够保护欧元的措施。请相信我，这足以应对即将出现的任何事情。（Draghi 2012b）

在发言的结尾处，Draghi立刻对可以说的事情和不可说的事情之间的界限作出解释：

这些溢价（不同程度的高利率引起的）……在可转换风险下，必须变得越来越具有可转换性。现在在一定程度上这些溢价已经不受我的交易对手内生性影响——它们在我们（欧洲央行）的掌控之下。它们的影响在我们的控制范围内。

在一定程度上，这些主权溢价的规模限制了货币政策传导通道的正常运行，但如今，这方面也处于我们的控制之下。

所以我们必须通过解决这些问题来处理欧元区内部的金融分化。（Draghi 2012b）

影响成员国之间债务有分歧的价格的"可兑换风险"是切实存在的，这一宣告承认了下述众人皆知的观点——市场正在为一些成员国通过重新发行本国货币来偿还主权债务的可能性进行定价，通过重新发行，各成员国货币的真实价值最终将减少[①]。直白地说，市场要求的利率溢价越高，成员国的负担就越重，它退出欧元区的预期也就越明显。但当然，这是一个自我实现的命题：

通过承认目前"可兑换风险"存在，欧洲央行行长事实上已经含蓄地承认了在金融市场上单一货币的持久性并不完全可靠。他表示，在潜在的货币贬值发生后，市场对货币更换风险的认识是现今西班牙和意大利主权债券利率较高的原因之一。他说这阻止了欧洲央行将计划的欧洲货币立场传导到各国经济中去，这种立场本来给予欧洲央行权力采取直接措施降低各国债券利率。（Davies 2012a）

Draghi声称，我们拥有在欧元区范围内管理货币政策的最高当局的欧洲央行宪章性授权机构，它废除了债券交易的限制，也废除了其他不正规的干预。在认识到可兑换风险之后，债券市场上的利率溢价对欧洲央行利率管理而言是清晰可见、无可争辩的挑战。恢复欧洲央行的主权需要消除各国间的异见，不仅要减轻强加给特定国家的金融负担，还要重建欧洲央行对货币政策传导

[①] 干预取决于一场关于银行Target 2账户的晦涩难懂的辩论（Sinn 2012）。

机制的控制能力——这将重建共同货币的可信性①。Draghi 将欧洲央行对短期债权的购买，即很快被公众意识到的"直接货币计划"（OMTs），视作完成宪章性变革开局的方式。

这一提议广受政治领导人的欢迎与支持，甚至在德国也是如此，虽然它几乎是在直截了当地要求各国承认并自愿服从这些限制规定和约束条件，这些规定条件着眼于向这些成员国持续施压，要求它们放弃对经济和金融问题的更多控制权和监督权，并将其交给所谓的"三方集团"（以欧盟委员会、国际货币基金组织和欧洲中央银行为代表）。当然，这儿也有许多潜在的障碍，尽管这样，Draghi 的尝试性的干预措施代表了一种方式，此方式开始为欧洲央行全新的前所未有的主动性创造一个看似可信的（如果不能称之为坚实的）法律基础。在 Draghi 看来，欧洲央行拥有主动承担保持货币政策的控制能力的权利和义务，同时，确认银行法律权威也成为银行高管们开始不断重复的咒语，即欧洲央行将"采取任何必要的措施"来保持并保卫欧洲共同货币的

---

① Draghi 在他的《伦敦评论》中重新审阅了曾颠覆了货币一体化的传导机制的破灭："保守而言，短期内仍有一些挑战。我们视线范围内的短期的挑战主要与发生在欧元区的财政破裂有关。投资者撤退到本国领域内。银行间市场没有正常发挥作用。它只在每个国家内发挥了极小的作用，但它确实没有跨国发挥作用。

我认为此处关键的政策点是，如果我们想逃脱危机，就必须修复这场财政破裂。

这份问题至少有两个方面。银行间市场没有发挥作用，因为对于世界上任何一家银行来说，当期的流动性管制——贷款给其他银行或者从其他银行借款——提出了一个货币流失的提案。因此第一个理由就是管制必须完全标准化。

第二点从某种意义上讲是一个集体行动问题：因为研究危机的国家监管人员曾要求在他们监管下的银行活动撤回到国境内。他们还包围了被保护的流动性位置，从而流动性无法流通，甚至在同一控股集团下，因为金融部门的监管者在说'不'。

因此尽管它们中的一个可能是对的，但从整体上它们错了。当然这种状况将会得到解决。

然后还有一个风险厌恶的因素。风险厌恶与交易对手风险有关。若我认为我的交易对手打算拖欠贷款，我就不会贷款给他。但也可能是因为资金的短缺。并且我觉得谨慎地那两次 LTROs（长期再融资计划）当中，我们向欧元区云航注入了 5000 亿的净流动资金。我们很谨慎"（Draghi 2012b）。

存在。

　　大多数媒体一时间将关注恰如其分地集中在直接货币计划的本质、接踵而至的欧洲央行对货币政策传导机制的控制力的恢复以及 Draghi 全新有力的控制上。但我在本章的最后一部分会把目光放到截然不同的，但可能是更重要的一个方面，即从 2012 年夏天以来逐步清晰的大转变。我认为，金融和政治经济通过创造性地解释公共困境的方式联合在一起，扩展了新货币制度的范围。

13.6　许诺的愿景

　　在 2012 年夏天 8 周左右的时间里，Draghi 布置了一系列能够解决全面危机的重要干预措施。他提案中的各要素，虽然在技术上令人望而却步，但却能够言简意赅地囊括极少数至关重要的特征。首先，我们可以关于这个计划进行沟通，并能让公众中不同层次、不同阵营的人相信这一计划。其实，这个计划的有效性取决于沟通性动态机制，该机制面向未来并且是为了塑造或重塑预期而特地设计的。

　　政策干预措施的时间长短以及干预目的和宗旨已经发生变化。欧盟不再仅仅把注意力放在采取紧急措施预防一些迫在眉睫的灾难上，也不再仅仅为协调财政联盟的细枝末节争取时间，如今，它有了"长期视野"，允许各类形式迥然不同的知识劳动以及各类随之而来的不同后果出现。此外，本次危机不仅是欧元区实施更深的整合计划的理由，从本书写作目的上看，也是对界定公共货币的命令性语句的探索和重估的动力。

一轮轮无止境的会议、一次次对冲突争执的建议提案和拯救措施的审视，一场场同政治僵局的连续交锋，本身就是一个复杂且不确定的过程，这些情况并不是欧洲计划破产的征兆，实际上，它们可能正在奋力推动欧洲计划的务实设计（Monnet 1976；Shore 2000）。

在2012年年中，欧盟面临的技术层面上挑战的规模与历史意义堪比欧洲计划的原始设计者在冷战时期面临挑战的规模及意义。然而，新的挑战并不是通过超越国度的新机构来集中各国主权——这是欧洲整合的典型议程——而是为了恢复和加强欧洲社会模型的可行性，我们转变国家财政的本质。换句话说，危机正在引发并促进财政与政治经济的重新设计，从而筹划欧洲一体化领域的其他重大计划——让欧洲各国更加团结的计划（Holmes 2000；Rabinow 1989）。

Draghi不仅认识到将相关语言植入到货币制度中的紧迫性，他还在伦敦讲话中宣称加强"社会凝聚力"是欧盟危机解决方法的关键。值得注意的是，20世纪90年代德国的早期货币联盟使用的是同一种语言，联盟必须并一直以"团结税"的形式征收大量一体化的资金。也就是说，对持续的社会福利的承诺和对人格尊严保护的期许在危机中很少作为高于一切的关注事项得到人们认可，然而在2012年夏天，Draghi认为将其作为"许诺的愿景"（Sunder Rajan 2006，115）的必要特征来强调是适宜的。

欧洲及欧洲以外的许多人有足够的理由对这份效忠欧元的声明持强烈的怀疑态度，声明中充斥着关于社会凝聚力和联盟团结的混合术语，这如果不是在使用嘲讽类修辞，那就是在图省事，因而他们完全有理由不去搭理发表声明的这种姿态。

不过尽管如此，人们逐步意识到拯救欧元需要重新设计财政体系的基础命令并将它们置于公众的监视之下，这种观念从理论上看，是可信的。换句话说，人们不仅需要实现货币联盟计划，还需要一些更富有雄心壮志的事情，这些事情将实现并超越最初的欧洲计划愿景。那这会是一次什么样的变革呢？

David Westbrook 勾勒出金融体系再职能化的根本法则，这明显是和社会凝聚力的实用主义理想相伴的：

> 在全球化社会中，通过高度影响、相互依赖的机构，建立在基础组合上的社会承诺被频繁使用，传统的财政更加关注在避免欺诈的同时，如何在储蓄者和大企业家之间平衡稀缺的资本，但现在这种看法逐渐失去其统治地位，取而代之的是一种更加注重监管的观点，这是要按照社会秩序和机构的人文理解对稳定资本的活力作出监管。部分资产应该在对现代资本主义制度及法规思考的过程中发挥示范性作用，它们应该是养老基金、大学捐赠基金或者主权债务组合，而不是风险投资人和企业家。如果相关领域的精英实现了观念上的转变，证券法规的美感与社会实践将与过去几十年已经表现出的特征迥然不同。

（David Westbrook，口述）

虽然他们可能反对正在进行的改革，Westbrook 的议事日程同 Draghi 及其同事正在考虑的基本相同，正如上文建议的那样，其关于团结与社会凝聚力的准则已经成为对当今欧洲动荡解决方案不可或缺的工具。

如果有人用"可兑换风险"的言论去威胁货币联盟计划，那我们也可以用"社会凝聚力"的专业术语去拯救这一计划。当然，这同对目前真正的危险随意作出的表达并无二致，这是承认解决欧洲面临的挑战需要一种语言，一种能够模型化社会承诺和保证的语言，一种能够解释这些不同类型的欧洲公众的环境（有

时候是糟糕的环境）的语言①。Draghi对社会亲密度与团结性的
议事日程以欧洲范围的存款保险制度为开端，这次计划将存款者
个体的脆弱性与银行联盟的建立联系起来②。其任务是创造一个
关于公共财政和私人融资的技术性工作术语，该术语能够用充满
说服力的方式对可预知的未来进行再次支持。

正如上文所述，Draghi最有力、最敏锐的见识在于目前存在
一批围观者，他们数量很大，遍布欧洲，他们渴望获得Draghi和
他的同事正在构想的某种信息，这种现象在2009年的欧洲还没
有出现。虽然民粹主义激进思想及知识匮乏的各类表现形式相互
激荡，焦急的公众热切希望以下形式的计划——简洁、及时、富
有说服力。欧洲各类背景不同的公众正逐渐期待将一个共同的日
程投入到关于欧洲一体化的各类比喻中。在这里，Draghi也对作
为主人翁的公众进行了询问，他想知道他能同谁一道去扭转经济
危机的走向，他能同谁一道去平复经济危机的余波（Lippman
[1927] 2002）。公众，尤其是欧洲公众，正在勾勒、描绘承载希
望与成果的货币政策蓝图中扮演关键性角色。

虽然我对这些举措持有乐观的评价，但Draghi的日程也有最
终"流产"的可能性。的确，媒体界和学术界描绘欧元区濒临解
体的小圈子正在扩大（Sinn and Wollmershauser 2012）。Draghi承

---

① 在随后一场名为"重访欧元社会契约"的演讲中——这场演讲由其中一位在ECB
执行董事会的Draghi的亲密盟友Benoît Cœuré发表——进一步阐释了这些议题："在危机
当中，ECB对价格稳定和欧元一体化的持续承诺已成为变乱和不确定环境中少数确定的元
素之一了。这一对货币稳定性的承诺不仅扎根于其经济实力，也成为其社会契约的基石。
它保护了贫穷家庭免受通货膨胀对购买力的可怕影响。它确保了未经民主过程批准的社会财
富再分配不再发生，而这正是通货膨胀所做的。它通过避免未经确认的通货膨胀可能导致社
会动乱的发生来支撑政治稳定性"（Cœuré 2013）。Cœuré再一次以欧洲一体化的口吻清楚
地描述了ECB在创造并签字支持欧洲团结的工程中所扮演的关键机构行动者这一新角色。

② Paul Rabinow（1989）提出，团结工程和科技计划可追溯到19世纪早期法国开
始实行基础设施建设工程、公民健康项目，以及对公众的保险利益的延伸。

认，在债券市场的压力下，货币已经从中央银行技术官僚式管理中解放。他进一步承认，如果央行失去对货币话语权的控制，失去同公众沟通关系的控制，摆在面前的将是两种选择，稳定或者打破货币同现存公众环境之间的联系。在 2011 年末 2012 年初，欧元的沟通特征就被严峻的现实所检验，这是由于欧洲央行技术上脚步蹒跚，同时备受争议的货币故事广为传播，这些故事揭露了公共货币有多么不和谐。

Draghi 及其同事从根本上改变了 2012 年夏天的货币政策预言。结果如何，尚不可知。但我们确切知道，一场非凡的货币大戏正在揭幕，预期意义深远的转变正在上演。无论欧元的命运如何，所有可能的结果都将建立在中央银行家利用有说服力的言辞去规划未来的能力上——这些言辞将支撑甚至强化公共货币的运行。

第14章　全部承诺

在商业化的时代，财富主要是由承诺构成的。

——Roscoe Pound（美国法律学者（1946年））

作为本文主题的实验仍然在进行，但它们本身并不能得出特别确定的结论。这些实验得到的总的结论是：货币体制同样还处于成型过程中，其最终的状态和结果仍是未知数。值得一提的是，在过去三四十年间，货币现象已呈现出一些与以往不同的性质，本文也用某种方式来概念化这些动态。

在本书中，我充分考察了通货膨胀目标制的相关协议，特别是其所具有的沟通性特点。我也详述了那些指导目标制创新（特别是货币政策故事的不断完善）的思想是如何不可避免地导致了公共货币的出现的。在金融危机的冲击之下，一个货币体制正在逐步成形——它基于通货膨胀目标制的协议，但并不能被简单归纳为此。

中央银行家至少从20世纪80年代起就已参与到一场深刻（尽管也很含蓄）的人类学探索中以寻求可以将货币事务在概念

上锚定的新手段——并非锚定于黄金或是固定汇率体制，而是通过与公众间不断发展的关系。在这种关系中，我们的窘境反而可以作为政策的支撑点。通过用以塑造公众预期以及经济行为的具有劝说性质的分析性故事，公众已被重新号召参与到这场大戏的筹划中。研究支持并促进着这种不断发展的沟通性的关系，并不断地收集经济参与者的描述性的、解释性及阐释性的劳动，汇聚其聪明才智来制定政策。对于那些多数都曾参与过该体制设计的中央银行家们来说，最大的挑战是去开发并管理好这不断变换的经济背景——公众成员已成为了这场货币大戏的主角，其面临的困境也成为了政策中不得不考虑的一部分。充满怨气的游行队伍的出现，特别是在欧洲主权债务危机当中的那些，迫使 Mario Draghi 不得不在 2012 年提出一个具有创造性的声明，探讨在公众货币的管理中普遍处于核心的东西：将我们绑定在一起的全部承诺。

Ben Bernanke 和他在联邦公开市场委员会的同事们在 2012 年也同样忙于处理危机引发的不满，他们优先处理某些事件并据此不断修正在货币体制中相关联的、沟通性的动态变化。在媒体披露的联邦公开市场委员会的严谨的语言中，他们详细阐述了关于公众货币的声明，其中描绘了一种敏锐而具有承诺性质的愿景。

正如第 3 章所指出的，在 1 月 25 日媒体披露的联邦公开市场委员会声明中，有一份延迟了通胀目标体制的承诺，但同时也提到了一份日程的提纲，这预示着将要彻底脱离该体制中的正统观点，而当时几乎没有人注意到这一点（Davies 2012b；Harding 2012）。这个观点出现在解释就业与失业本质的部分中：

> 最大就业水平主要是由影响着劳动力市场结构及动力的非货币因素所决定的。这些因素可能会随着时间改变且无法直接度量。因而，确定一个固定的就业目标有些不妥；确切地讲，

委员会的政策抉择必须从对最大就业水平的评估中得到信息，同时其也意识到这样的评估必然是不准确的，需要不断进行修订。委员会考虑过用大量的指标来完成这些评估。委员会成员对长期名义产出增长率及失业率的估计会在联邦公开市场委员会的《经济预测摘要》（*Summary of Economic Projections*）中每年公布四次。例如，在最近的项目中，联邦公开市场委员会成员对长期名义失业率的预测有从 5.2% 向 6.0% 集中的趋势，这个数值自去年 1 月份以来几乎未变，但远高于数年前的同比数值。

在一年之内这段评论很大程度上都停留在未被详细阐释的状态，尽管在 8 月份已有一篇 Michael Woodford 在堪萨斯城联邦储蓄银行资助的 Jackson Hole 会议上发表的文章。该文章为 Bernanke 和他的同事们一直所思考的内容提供了重要的学术背景。之后，在 12 月 12 日的联邦公开市场委员会公告及随后由委员会主席主持的冗长的新闻会议中，其明确指出这项政策主张势在必行。

特别是，委员会决定将联邦基金利率的目标范围保持在 0 到 0.25% 之间，且目前预期是，只要失业率保持在 6.5% 以上，该偏低的联邦基金利率目标范围将至少在该段时间内是适当的。未来一到两年间的通货膨胀率预计不会比委员会设定的 2% 的长期目标多 0.5 个百分点，且长期通货膨胀预期继续保持稳定。（FRB 2012b）

正如其知名的言简意赅，委员会曾设立失业率指标作为其利率政策的定向机制。它将其"促进就业最大化"的法定职责作为其未来目标中显著优先的事项。简单来说，它将公开地定下一个失业率。不仅如此，它还为我们这些普通公众提供了模型，即一个简单的概念公式，根据公式我们能预测联邦公开市场委员会未来的政策决定。这个前瞻性的指导能够预测这样一个时点（尽管精准的日期无法确定）：用以应对危机的特殊货币政策被缩减和/或撤销。通过观察失业率并相应调整我们的预期，我们就能得知该时刻的来临（Woodford 2012）。

通货膨胀率反映了抽象的价格行为，失业率则反映了劳动力的竞争。将重点从前一个目标转移到后一个目标不只意味着开始重视不同的承诺性憧憬及不同的公众利益。联邦公开市场委员会成员确实不再尝试通过政策的转移去支持任何像涵括了团结、社会福利保障以及人的尊严的欧洲社会模式，但他们的承诺却涉及一些带着美国风范的社会契约。

中央银行的沟通性中最有意思的特色之一，正如本书每个章节中所提到的，是其倾向于用其语言上的节制来进行伪装，这可以说是其最深沉，影响最广泛的特点。联邦公开市场委员会2012年初的声明中有一段容易被忽视或被当作纯粹的陈词滥调而抛弃的旁注：

> 委员会尝试尽可能清楚地将其货币政策决定解释给公众听。其阐释简化了家庭和企业的准确决策过程，降低了经济和金融的不确定性，提高了货币政策的有效性，增强了透明性和可靠性，这在民主社会中是极其重要的。（FRB 2012a）

但这个乏味的宣告却可能构建了包含于公共货币中的社会契约的最清晰的定义。并非是给予任何特定利益、援助或是崇高特权的明确保证，这个承诺提供给我们的是知识上的材料，即数据和分析，我们这些普通公众，能够据此作出决策，同时作为主角的我们也能够支撑起一个与众不同的社会秩序下的全部承诺。

参考文献

Abolafia, Mitchel Y. 1998. "Markets as Cultures." In *The Laws of the Markets*, edited by Michel Callon, 69–85. Oxford: Blackwell.

———. 2004. "Framing Moves: Interpretive Politics at the Federal Reserve." *Journal of Public Administration Research and Theory* 14(3): 349–70.

———. 2005. "Making Sense of Recession." In *The Economic Sociology of Capitalism*, edited by Victor Nee and Richard Swedberg, 204–26. Princeton, NJ: Princeton University Press.

Ahamed, Liaquat. 2009. *Lords of Finance: The Bankers Who Broke the World*. New York: Penguin.

Akerlof, George A., William Dickens, and George Perry. 1996. "The Macroeconomics of Low Inflation." *Brookings Papers on Economic Activity* (1): 1–59.

Akerlof, George A., and Robert Shiller. 2009. *Animal Spirits: How Human Psychology Drives the Economy, and Why It Matters for Global Capitalism*. Princeton, NJ: Princeton University Press.

Althusser, Louis. 1971. "Ideology and Ideological State Apparatuses." In *Lenin and Philosophy and Other Essays*, translated by Ben Brewster, pt. 2, 121–76. New York: Monthly Review Press.

Ashley, James, Ronnie Driver, Simmon Hayes, and Chistopher Jeffery. 2005. "Dealing with Data Uncertainty." *Bank of England Quarterly Bulle-*

tin, Spring: 23-29.

Åslund, Anders. 2012. "Why a Breakup of the Euro Area Must Be Avoided: Lessons from Previous Breakups." Peterson Institute for International Economics Policy Brief 12-20, August.

Austin, John L. 1961. *Philosophical Papers*, edited by J. O. Urmson and G. J. Warnock. Oxford: Oxford University Press.

Bagehot, Walter. 2006. *Lombard Street: A Description of the Monetary Market*. Charleston, SC: Biblobazaar.

Baldwin, Richard, and Charles Wyplosz. 2004. *The Economics of European Integration*. New York: McGraw Hill.

Ball, Laurence, and Niamh Sheridan. 2005. "Does Inflation Targeting Matter?" In *The Inflation-Targeting Debate*, edited by Ben S. Bernanke and Michael Woodford, 249-82. Chicago: University of Chicago Press.

Bank of England. 1999. "The Transmission Mechanism of Monetary Policy." Report prepared by Bank of England staff under the guidance of the Monetary Policy Committee in response to suggestions by the Treasury Committee of the House of Commons and the House of Lords Select Committee on the Monetary Policy Committee of the Bank of England. May.

———. 2002. "The MPC's Fan Charts." *Inflation Report*, May 2002. http://www. bankofengland. co. uk/publications/Documents/ inflationreport/ir02mayfanbox. pdf.

———. 2007. "Explaining the New GDP Fan Chart." *Inflation Report*, November 2007. http://www. bankofengland. co. uk/publications/Documents/inflationreport/ir07novfanbox. pdf.

———. 2010a. "Agents' Summary of Business Conditions—July 2010." http://www. bankofengland. co. uk/publications/Documents/agentssummary/agsum10jul. pdf.

———. 2010b. *Inflation Report*, May 2010. http://www. bankofengland. co. uk/publications/Pages/inflationreport/ir1002. aspx.

———. 2010c. "Minutes of the Monetary Policy Committee Meeting, 7 and 8 July 2010." (published 21 July 2010).

———. 2011a. *Inflation Report*, May 2011. http://www. bankofengland. co. uk/publications/Pages/inflationreport/ir1102. aspx.

———. 2011b. "Minutes of the Monetary Policy Committee Meeting, 6 and 7 July 2011" (published 20 July 2011). http://www. bankofengland. co. uk/publications/minutes/Documents/mpc/pdf/2011/mpc1107. pdf.

———. n. d. "Bank of England/GfK NOP In flation Attitudes Survey." http://www. bankofengland. co. uk/publications/Pages/other/ nop. aspx.

———. n. d. "Core Purposes." http://www. bankofengland. co. uk/about/ corepurposes/index. htm.

———. n. d. "Quantitative Easing Explained." http://www. bankofengland. co. uk/monetarypolicy/Pages/qe/assetpurchases2. aspx.

Barnes, Sebastian, and Colin Ellis. 2005. "Indicators of Short-Term Movements in Business Investment." *Bank of England Quarterly Bulletin*, Spring: 30–38.

Bean, Charles R. 2009. "The Great Moderation, the Great Panic, and the Great Contraction." Schumpeter Lecture, Annual Congress of the European Economic Association, Barcelona, 25 August. http://www. bankofengland. co. uk/publications/Documents/speeches/ 2009/speech399. pdf.

Belke, Ansgar, and Jens Klose. 2012. "ECB and FED Crisis Policies at the ZeroLower Bound—An Empirical Assessment Based on Modified Reaction Functions." Paper presented at the European Parliament's Committee on Economic and Monetary Affairs Monetary Dialogue with the ECB-2012, July 9.

Berger, Peter L. , and Thomas Luckmann. 1967. *The Social Construction of Reality: A Treatise in the Sociology of Knowledge*. New York: Anchor.

Bernanke, Ben S. 1983. "Nonmonetary Effects of the Financial Crisis in the Propagation of the Great Depression." *American Economic Review* 73(3): 257–76.

———. 2002a. "Deflation: Making Sure 'It' Doesn't Happen Here." Speech presented at the National Economists Club, Washington, DC, November 21.

———. 2002b. "On Milton Friedman's Ninetieth Birthday." Speech presented at the Conference to Honor Milton Friedman, University of Chicago, November 8.

———. 2004. "Central Bank Talk and Monetary Policy." Speech presented at the Japan Society, New York, October 4.

———. 2007. "Federal Reserve Communications." Speech presented to the Cato Institute 25th Annual Monetary Conference, Washington, DC, November 17.

———. 2008. "Outstanding Issues in the Analysis of Inflation." Speech presented at the Federal Reserve Bank of Boston's 53rd Annual Economic Conference, Chatham, MA, June 9. http://www. federalreserve. gov/newsevents/speech/bernanke20080609a. htm.

———. 2009a. "The Federal Reserve's Balance Sheet." Speech presented at the Federal Reserve Bank of Richmond 2009 Credit Market Symposium, Charlotte, NC, April 3.

———. 2009b. "The Crisis and the Policy Response." Speech presented at the Stamp Lecture, London School of Economics, January 13. http://www. federalreserve. gov/newsevents/speech/bernanke20090113a. htm.

———. 2010a. "Monetary Policy and the Housing Bubble." Speech presented at the Annual Meeting of the American Economic Association, Atlanta, GA, January 3.

———. 2012. "Monetary Policy since the Onset of the Crisis." Speech presented at the Federal Reserve Bank of Kansas City Economic Symposium, Jackson Hole, WY, August 31–September 1.

Bernanke, Ben, Thomas Luabach, Fredric S. Mishkin, and Adam S. Posen. 1999. *Inflation Targeting: Lessons from the International Experience*. Princeton, NJ: Princeton University Press.

Bernanke, Ben, and Fredric Mishkin. 1997. "Inflation Targeting: A New Framework for Monetary Policy." *Journal of Economic Perspectives* 11:97–116.

Bernanke, Ben, and Michael Woodford. 2005. Introduction to *The Inflation-Targeting Debate*, edited by Ben Bernanke and Michael Woodford, 1–10. Chicago: University of Chicago Press.

Besley, Timothy. 2009. "BOE's Besley Says Control of Public Finances Is

'What Counts' " (interview with Tom Keene). "On the Economy, " Bloomberg Radio, May 26.

Beyer, Andreas, Vitor Gaspar, Christina Gerberding, Otmar Issing. Forthcoming. "Opting Out of the Great Inflation: German Monetary Policy after the Break Down of Bretton Woods." *In The Great Inflation*, edited by Michael Bordo and Athanasios Orphanides. Chicago: University of Chicago Press.

Black, Fischer. 1986. "Noise." *Journal of Finance* 41: 529–43.

Blanchard, Olivier. 2008. "The State of Macro." NBER Working Paper No. 14259. National Bureau of Economic Research, Cambridge, MA.

Blanchard, Olivier, Giovanni Dell'Ariccia, and Paolo Mauro. 2010. "Rethinking Macroeconomic Policy." IMF Staff Position Note. Washington, DC: International Monetary Fund.

Blanchard, Olivier, and Jordi Galí. 2007. "Real Wage Rigidities and the New Keynesian Model." *Journal of Money, Credit, and Banking* 39(1): 35–65.

Blanchflower, David G. 2007. "Recent Developments in the UK Economy: The Economics of Walking About." Bernard Corry Memorial Lecture, given at Queen Mary, University of London, May 30.

Blanchflower, David G. , Jumana Saleheen, and Chris Shadforth. 2007. "The Impact of the Recent Migration from Eastern Europe on the UK Economy." Discussion Paper No. 17, Monetary Policy Committee Unit, Bank of England.

Blinder, Alan S. 1998. *Central Banking in Theory and Practice*. Cambridge, MA: MIT Press.

———. 2004. *The Quiet Revolution*. New Haven, CT: Yale University Press.

———. 2009. "Talking about Monetary Policy: The Virtues (and Vices?) of Central Bank Communication." BIS Working Paper No. 274. Basel, Switzerland: Bank for International Settlements.

———. 2012. "Central Bank Independence and Credibility During and After a Crisis." Paper presented at the Jackson Hole Symposium, September 1. http://www. kansascityfed. org/publicat/sympos/2012/ab. pdf.

Blinder, Alan S. , Charles Goodhart, Philipp Hidebrand, David Lipton, and Charles Wyplosz. 2001. *How Do Central Banks Talk?* Geneva Report on the World Economy, 3. Geneva: International Center for Monetary and Banking Studies.

Blinder, Alan S. , Jakob de Haan, Michael Ehrmann, Marcel Fratzscher, and DavidJan Jansen. 2008. "What We Know and What We Would Like to Know about Central Bank Communication." VoxEU. org, May 15. http://www. voxeu. org/index. php?q=node/1143.

Blinder, Alan S. , and Ricardo Reis. 2005. "The Greenspan Standard." Paper presented at the Federal Reserve Bank of Kansas City Symposium, Jackson Hole, WY, August 25-27.

Bollard, Alan. 2010. *Crisis: One Central Bank Governor and the Global Financial Collapse.* Auckland, NZ: Auckland University Press.

Bollard, Alan, and Özer Karagedikli. 2006. "Inflation Targeting: The New Zealand Experience and Some Lessons." Paper presented at the Inflation Targeting Performance and Challenges Conference of the Central Bank of the Republic of Turkey, Istanbul, January 19-20.

Bordo, Michael D. , and Athanasios Orphanides, eds. Forthcoming. *The Great Inflation.* Chicago: University of Chicago Press.

Borio, Claudio. 2011. "Central Banking Post-Crisis: What Compass for Unchartered Waters?" Keynote address presented at the SUERF-National Bank of Poland Conference "Monetary Policy after the Crisis," Warsaw, March 4.

Borup, Mads, Nik Brown, Kornelia Konrad, and Lente H. Van. 2006. "The Sociology of Expectations in Science and Technology." *Technology Analysis & Strategic Management* 18(3): 285-98.

Boyer, Dominic. 2005. *Spirit and System: Media, Intellectuals, and the Dialectic in Modern German Culture.* Chicago: University of Chicago Press.

———. 2012. "From Media Anthropology to Anthropology of Mediation." In *The Sage Handbook of Social Anthropology*, edited by Richard Fardon, Olivia Harris, Trevor H. J. Marchand, Mark Nuttall, Cris Shore, Veronica Strang, and Richard A. Wilson, 383-93. London: Sage.

Brash, Donald T. 1996a. "Monetary Policy and the Free-Market Economy." Speech presented at the Auckland Manufacturers Association, Auckland, New Zealand, February 2.

———. 1996b. "New Zealand´s Remarkable Reforms." Speech presented at the Fifth Annual Hayek Memorial Lecture, Institute of Economic Affairs, London, June 4.

———. 1997. "An Address to the Canterbury Employers Chamber of Commerce," Christchurch, NZ, January 26.

———. Forthcoming. "Practical Experiences in Reducing In flation: The Case of New Zealand." In *The Great Inflation*, edited by Michael Bordo and Athanasios Orphanides. Chicago: University of Chicago Press.

Brenneis, Donald. 1999. "New Lexicon, Old Language: Negotiating the 'Global´ at the National Science Foundation." In *Critical Anthropology Now: Unexpected Contexts, Shifting Constituencies, Changing Agendas*, edited by George E. Marcus, 123–46. Santa Fe, NM: School of American Research Press.

Brown, Nik, Brian Rappert, and Andrew Webster. 2000. *Contested Futures: A Sociology of Prospective Technoscience*. Surrey, UK: Ashgate Press.

Brunner, Karl. 1971. "The Uses of Money: Money in the Theory of an Exchange Economy." *American Economic Review* 61(5):784–805.

———. 1981. "The Art of Central Banking." Working Paper No. GPB 81–6. University of Rochester Center for Research in Government Policy and Business.

Brunner, Karl, and Allan H. Meltzer. 1976. "An Aggregate Theory for a Closed Economy." In *Monetarism*, edited by Jerome Stern. New York: American Elsevier.

Buiter, Willem. 2011. "The Terrible Consequences of a Eurozone Collapse." *Ft. com*, December 7. http://www. ft. com/intl/cms/s/0/6cf8ce18-2042-11e1-9878-00144 feabdc0. html# axzz2KzS8 FgeZ.

Burke, Kenneth. 1974. *A Grammar of Motive*. Berkeley: University of California Press.

Callon, Michel. 1986. "Some Elements of a Sociology of Translation: Domestication of the Scallops and the Fishermen of St. Brieuc Bay." In *Power, Action, and Belief: A New Sociology of Knowledge*, edited by

John Law. London：Routledge and Kegan Paul.

———. 1998."An Essay on Framing and Overflowing：Economic Externalities Revisited by Sociology."*In The Laws of the Markets*,edited by Michel Callon,244−69. Oxford：Blackwell.

———. 2007. "Performative Economics." In *Do Economists Make Markets?*, edited by Donald MacKenzie, Fabian Muniesa, and Lucia Siu, 311−57. Princeton,NJ：Princeton University Press.

Callon,Michel,and Koray Caliskan. 2005."New and Old Directions in the Anthropology of Markets."Paper presented at the Wenner-Gren Foundation for Anthropological Research,New York,April.

Callon,Michel,and John Law. 2005."On Qualculation,Agency,and Otherness."*Environment and Planning D：Society and Space* 23(5)：717−33.

Capie, Forrest. 2010. *The Bank of England：1950s to 1979.* Cambridge：Cambridge University Press.

Castle,Jennifer,and Colin Ellis. 2002."Building a Real-Time Database for GDP(E)."*Bank of England Quarterly Bulletin*,Spring：42−49.

Cecchetti, Stephen. 2008. "Our Need to Sustain the 'Great Moderation. ' " *FT. com*, June 22. http://www. ft. com//cms/s/0/71772496 - 4065-11dd-bd48-0000779fd2ac. html.

Chehal, Puneet, and Bharat Trehan. 2009. "Talking about Tomorrow's Monetary Policy Today."*FRBSF Economic Letter* 2009−35(November 9). http://www. frbsf. org/publications/economics/letter/2009/el2009− 35. html.

Clarida,Richard,Jordi Galí,and Mark Gertler. 1999."The Science of Monetary Policy：A New-Keynesian Perspective."*Journal of Economic Literature* 37(4)：1661−1707.

Clifford,James,and George Marcus,eds. 1986. *Writing Culture：The Poetics and Politics of Representation.* Berkeley：University of California Press.

Cœuré, Benoît. 2013."Revisiting the European Social Contract." Speech presented at the European Conference at Harvard, "Europe 2.0：Taking the Next Step,"Cambridge,MA,March 2.

Collier,Stephen J. 2011. *Post-Soviet Social：Neoliberalism,Social Modernity,Biopolitics.* Princeton,NJ：Princeton University Press.

Comaroff, Jean, and John Comaroff. 2003. "Transparent Fictions, or the Conspiracies of a Liberal Imagination: An Afterword." In *Transparency and Conspiracy: Ethnographies of Suspicion in the New World Order*, edited by Harry G. West and Todd Sanders. Durham, NC: Duke University Press.

Connolly, Bernard. 1995. *The Rotten Heart of Europe: The Dirty War for Europe's Money*. London: Faber and Faber.

Copernicus, Nicolaus. 1995. *Minor Works*. Translated by Edward Rosen. Baltimore: Johns Hopkins University Press.

Dale, Spencer, Athanasios Orphanides, and Pär Österholm. 2008. "Imperfect Central Bank Communication—Information versus Distraction." International Monetary Fund Working Paper No. WP/08/60. Washington, DC: International Monetary Fund.

Davies, Gavyn. 2012a. "Draghi Breaks the Ultimate Euro Taboo." *FT. com*, August 5. http://blogs. ft. com/gavyndavies/2012/08/05/draghi-breaks-the-ultimate-euro-taboo/.

———. 2012b. "Major Change in Bernanke's Policy Reaction Function." *FT. com*, December 16. http://blogs. ft. com/gavyndavies/2012/12/16/a-major-change-in-bernankes-policy-reaction-function/.

Deutsche Bundesbank. 2000. *Macro-Econometric Multi-Country Model: MEMMOD*. Frankfurt am Main: Deutsche Bundesbank.

———. 2008. "Development and Application of DSGE Models for the German Economy." Deutsche Bundesbank Monthly Report. July.

Dewey, John. (1927) 1991. *The Public and Its Problems*. Athens, OH: Swallow Press/Ohio University Press.

Douglas, Roger, and Louise Callan. 1987. *Toward Prosperity: People and Politics in the 1980s in NZ: A Personal View*. Auckland, NZ: D. Bateman.

Draghi, Mario. 2012a. "Introductory Statement by Mario Draghi, President of the ECB, Brussels, 9 July 2012." Hearing at the Committee on Economic and Monetary Affairs of the European Parliament. http://www. ecb. int/press/key/date/2012/html/sp120709. en. html.

———. 2012b. "Speech by Mario Draghi, President of the European Central Bank at the Global Investment Conference in London, 26 July

2012." http://www. ecb. int/press/key/date/2012/html/sp120726. en.
html.

Duke, Elizabeth. 2010. "Come with Me to the FOMC." Speech presented
to the Money Marketeers of New York University, October 19.

Durkheim, Émile. (1897) 1997. *On Suicide: A Study in Sociology.* New
York: The Free Press.

ECB (European Central Bank). 2004. "Introductory Statement, by Lucas
Papademos, Vice-President of the European Central Bank and Chair-
man of the Jury for the International Urban Planning and Architectural
Design Competition for the New ECB Premises, at the Deutsches Ar-
chitektur Museum, Frankfurt am Main, 20 February 2004." http://
www. ecb. int/press/key/date/2004/html/sp040220. en. html.

———. 2006. "Introductory Statement with Q&A, by Jean-Claude Trichet,
President of the ECB, Lucas Papademos, Vice President of the ECB,
and Jaime Caruana, Governor of the Banco de España, Madrid, 6 June
2006." http://www. ecb. int/press/pressconf/2006/html/is060608. en.
html.

———. 2009. "Coop Himmelb(I)au´s Design For A Vertical City In Frank-
furt, Germany." Reprinted in *archiCentral: architecture//news//daily*,
May 27, http://www. archicentral . com/coop-himmelblaus-design-for-a
-vertical-city-in-frankfurt-germany-18500/.

———. 2012. "Press Release, 6 September 2012—Technical Features of
Outright Monetary Transactions." http://www. ecb. int/press/pr/date/
2012/html/pr120906_1. en. html.

———. 2013 "Inflation in the Euro Area." http://www. ecb. int/mopo/ht-
ml/index. en. html.

———. n. d. "New Premises." http://www. ecb. int/ecb/premises/html/in-
dex. en. html.

———. n. d. "Transparency." http://www. ecb. int/ecb/orga/transparency/
html/index. en. html.

Eckersley, Philip, and Pamela Webber. 2003. "The Bank´s Regional Agen-
cies." *Bank of England Quarterly Bulletin*, Spring: 92–96.

Eggertsson, Gauti B. 2008. "Liquidity Trap." http://www. newyorkfed. org/
research/economists/eggertsson/palgrave. pdf.

Eggertsson, Gauti B. , and Michael Woodford. 2003. "The Zero Bound on Interest Rates and Optimal Monetary Policy." *Brookings Papers on Economic Activity* (1):139–211.

Eichengreen, Barry. 1992. *Golden Fetters: The Gold Standard and the Great Depression, 1919—1939*. Oxford: Oxford University Press.

Ellis, Colin, and Tim Pike. 2005. "Introducing the Agents' Scores." *Bank of England Quarterly Bulletin*, Winter:424–30.

Elyachar, Julia. 2005. *Markets of Dispossession: NGOs, Economic Development, and the State in Cairo*. Durham, NC: Duke University Press.

———. 2013. "Memoirs of Debt: A Research Assistant at the Fed in 1982." Unpublished manuscript, in author's possession.

Englund, Peter. 1999. "The Swedish Banking Crisis: Roots and Consequences." *Oxford Review of Economic Policy* 15:80–97.

Escobar, Brian. 2008. "On Complexity and Emerging Modes of Engagement with Knowledge and Its Objects in Complex Systems Engineering, Science, and Their Audiences." B. A. Honors Thesis, Department of Anthropology, State University of New York at Binghamton.

Evans, Robert. 1999. *Macroeconomic Forecasting: A Sociological Appraisal*. London: Routledge.

Fagan, Gabriel, and Julian Morgan. 2005. *Econometric Models of the Euro-area Central Banks*. Cheltenham, UK: Edward Elgar.

Feldstein, Martin. 1997. "The Political Economy of the European Economic and Monetary Union: Political Sources of Economic Liability." NBER Working Paper No. 6150. Cambridge, MA: National Bureau of Economic Research.

Fischer, Michael M. J. 2007. "Culture and Cultural Analysis as Experimental Systems." *Cultural Anthropology* 22(1):1–65.

Fischhoff, Baruch, and John Kadvany. 2011. *Risk: A Very Short Introduction*. Oxford: Oxford University Press.

Fisher, Melissa. 2012. *Wall Street Women*. Durham NC: Duke University Press.

Fisher, Irving. 1933. "The Debt-Defetion Theory of Great Depressions." *Econometrica* 1:337–57.

———. 1973. "I Discovered the Phillips Curve: 'A Statistical Relation between Unemployment and Price Changes. '" *Journal of Political Economy* 81(2):496–502.

Fligstein, Neil. 2001. *The Architecture of Markets: An Economic Sociology of Twenty-First-Century Capitalist Societies.* Princeton, NJ: Princeton University Press.

Fligstein, Neil, and Iona Mara-Drita. 1996. "How to Make a Market: Reflections on the Attempt to Create a Single Market in the European Union." *American Journal of Sociology* 102(1):1–33.

Fortun, Kim. 2003. "Ethnography in/of/as Open Systems." *Reviews in Anthropology* 32(2):171–90.

FRB(Federal Reserve Board of Governors). 1923. "Annual Report."

———. 2000a. "Press Release." December 19. http://www. federalreserve. gov/boarddocs/press/general/2000/20001219/.

———. 2000b. "Meeting of the Federal Open Market Committee" (transcript). December 19. http://www. federalreserve. gov/monetarypolicy/files/FOMC20001219meeting. pdf.

———. 2001a. "Press Release." January 3. http://www. federalreserve. gov/boarddocs/press/general/2001/20010103/.

———. 2001b. "Federal Open Market Committee Conference Call" (transcript). January 3. http://www. federalreserve. gov/monetarypolicy/files/FOMC20010103ConfCall. pdf.

———. 2001c. "Federal Reserve Districts: Second District—New York" (The Beige Book). October 24. http://www. federalreserve. gov/fomc/beigebook/2001/20011024/2. htm.

———. 2011. "Directors of Federal Reserve Banks and Branches." http://www. federalreserve. gov/generalinfo/listdirectors/about. htm.

———. 2012a. "Press Release." January 25. http://www. federalreserve. gov/news events/press/monetary/20120125c. htm.

———. 2012b. "Press Release." December 12. http://www. federalreserve. gov/news events/press/monetary/20121212a. htm.

———. n. d. "Federal Open Market Committee." http://www. federalreserve. gov/monetarypolicy/fomc. htm.

———. n. d. *Role and Responsibilities of Federal Reserve Directors.* Washington, DC: Board of Governors of the Federal Reserve System.

http://www. federal reserve. gov/aboutthefed/directors/pdf/roles_responsi-bilities_FINALweb013013. pdf.

Friedman, Benjamin. 1995. "The Rise and Fall of Money Growth Targets as Guidelines for U. S. Monetary Policy." Mimeo, Bank of Japan Monetary Conference, October.

Friedman, Jonathan. 2008. "Commentary on Jane Guyer." *American Ethnologist* 34:426-29.

Friedman, Milton. 1962. *Capitalism and Freedom*. Chicago: University of Chicago Press.

———. 1968. The Role of Monetary Policy. *American Economic Review* 58(1):1-17.

———. 1970. "The Counter-Revolution in Monetary Theory: First Wincott Memorial Lecture, delivered at the Senate House, University of London, 16 September 1970." London: Published for the Wincott Foundation by the Institute of Economic Affairs.

———. 1984. "Lessons from the 1979- 1982 Monetary Policy Experiment." *American Economic Review* 74:397-401.

Friedman, Milton, and Anna J. Schwartz. 1963. *A Monetary History of the United States, 1867- 1960*. Princeton, NJ: Princeton University Press.

Friedman, Thomas L. 2012. "Two Worlds Cracking Up" (op-ed piece). *New York Times*, June 12. http://www. nytimes. com/2012/06/13/opin-ion/friedman-twoworlds-cracking-up. html.

Gal, Susan. 1991. "Bartok´s Funeral: Representations of Europe in Hungarian Political Rhetoric." *American Ethnologist* 18(3):440-58.

———. 2007. Circulation in the "New" Economy: Clasps and Copies. Paper presented at the 106th Annual Meeting of the American Anthropological Association, Washington, DC, November 29-December 2.

Galí, Jordi, Stefan Gerlach, Julio Rotemberg, Harald Uhlig, and Michael Woodford. 2004. *The Monetary Policy Strategy of the ECB Reconsidered: Monitoring the European Central Bank 5*. London: Centre for Economic Policy Research.

Galí, Jordi, and Mark Gertler. 1999. "Inflation Dynamics: A Structural Econometric Analysis." *Journal of Monetary Economics* 44(2):195-

222.

Garsten, Christina, and Monica Lindh De Montoya. 2008. "Introduction:
Examining the Politics of Transparency." In *Transparency in a New
Global Order: Unveiling Organizational Visions*, edited by Christina
Garsten and Monica Lindh De Montoya, 1–25. Cheltenham, UK: Ed-
ward Elgar.

Geertz, Clifford. 1973. "Thick Description: Toward an Interpretive Theory
of Culture." In *The Interpretation of Cultures: Selected Essays*, 2–30.
New York: Basic Books.

Giles, Chris. 2012. "The Court of King Mervyn." *FT Magazine*, May 5.
http://www. ft. com/intl/cms/s/2/f853d068-94b7-11e1-bb0d-00144fe-
ab49a. html#axzz2Kola RtrE.

Goodhart, Charles. 1975. "Monetary Relationships: A View from Thread-
needle Street." Papers in Monetary Economics. Reserve Bank of Aus-
tralia.

———. 1998. "The Two Concepts of Money: Implications for the Analy-
sis of Optimal Currency Areas." *European Journal of Political Economy*
14(3):407–32.

———. 2010. "The Changing Roles of Central Banks." Bank for Interna-
tional Settlements Working Paper No. 326. Basel, Switzerland: Bank
for International Settlements.

Graeber, David. 2001. *Toward an Anthropological Theory of Value: The
False Coin of Our Dreams*. New York: Palgrave.

Granovetter, Mark. 1985. "Economic Action and Social Structure: The
Problem of Embeddedness." *American Journal of Sociology* 91 (3):
481–510.

Greider, William. 1987. *Secrets of the Temple: How the Federal Reserve
Runs the Country*. New York: Touchstone.

Grimes, Arthur. 2001. "Review of New Zealand Monetary Policy." *Agenda*
8(4):303–20.

Gros, Daniel, Cinzia Alcidi, and Alessandro Giovanni. 2012. "Central Banks
in Times of Crisis: The FED versus the ECB." Paper presented at the
European Parliament's Committee on Economic and Monetary Affairs
Monetary Dialogue with the ECB–2012, July 9.

Grossman, Emiliano, Emilio Luque, and Fabian Musiena. 2008. "Economies through Transparency." *In Transparency in a New Global Order: Unveiling Organizational Visions*, edited by Christina Garsten and Monica Lindh De Montoya, 97-121. Cheltenham, UK: Edward Elgar.

Gusterson, Hugh. 1997. "Studying Up Revisited." *PoLAR: Political and Legal Anthropology Review* 20(1): 114-19.

Guthrie, Graeme, and Julian Wright. 2000. "Open Mouth Operations." *Journal of Monetary Economics* 46(2): 489-516.

Guyer, Jane. 2004. *Marginal Gains: Monetary Transactions in Atlantic Africa*. Chicago: University of Chicago Press.

———. 2007. "Prophecy and the Near Future: Thoughts on Macroeconomic, Evangelical, and Punctuated Time." *American Ethnologist* 34 (3): 409-21.

Haas, Ernst B. 1958. *The Uniting of Europe: Political, Social, and Economic Forces, 1950-1957*. Stanford, CA: Stanford University Press.

Habermas, Jürgen. 1984- 87. *The Theory of Communicative Action*. Translated by Thomas McCarthy. 2 vols. Boston: Beacon Press.

———. 1991. *The Structural Transformation of the Public Sphere: An Inquiry into a Category of Bourgeois Society*. Translated by Thomas Burger. Cambridge, MA: MIT Press.

Hacking, Ian. 1983. *Representing and Inventing: Introductory Topic in the Philosophy of Natural Science*. Cambridge: Cambridge University Press.

Hamburg, Britta, and Karl-Heinz Töder. 2005. "The Macroeconometric MultiCountry Model of the Deutsche Bundesbank." *In Econometric Models of the Euro-Area Central Banks*, edited by Gabriel Fagan and Julian Morgan, 119-36. Cheltenham, UK: Edward Elgar.

Hann, Chris, and Keith Hart, eds. 2009. *Market and Society: The Great Transformation Today*. Cambridge: Cambridge University Press.

———. 2011. *Economic Anthropology: History, Ethnography, Critique*. Cambridge: Polity Press.

Haraway, Donna. 1988. "Situated Knowledges: The Science Question in Feminism and the Privilege of Partial Perspectives." *Feminist Studies* 14(3): 575-99.

Harding, Robin. 2012. "Central Bankers Give Voice to a Revolution." *FT. com*, December 14. http://www. ft. com/intl/cms/s/0/cbfae4f4 - 45e0 - 11e2-b7ba-00144feabdc0. html#axzz2 KzS8FgeZ.

Harrison, Richard, Kalin Nikolov, Meghan Quinn, Gareth Ramsay, Alasdair Scott, and Ryland Thomas. 2005. *The Bank of England Quarterly Model*. London: Bank of England.

Hart, Keith. 2000. *The Memory Bank: Money in an Unequal World*. London: Profile Books.

Hart, Keith, Jean-Louis Laville, and Antonio David Cattani. 2010. *The Human Economy*. London: Polity Press.

Hawtrey, Ralph G. 1970. *The Art of Central Banking*. 2nd ed. London: Frank Cass and Co.

Hayek, Fredrick. 1948a. "Economics and Knowledge." In *Individualism and Economic Order*, 35–56. Chicago: University of Chicago Press.

———. 1948b. "The Uses of Knowledge in Society." In *Individualism and Economic Order*, 77–91. Chicago: University of Chicago Press.

Heikensten, Lars, and Anders Vredin. 2002. "The Art of Targeting Inflation." *Swidish Riksbank Economic Review*, Fourth Quarter: 3–34.

Helmreich, Stephan. 2001. "After Culture: Reflections on the Apparition of Anthropology in Artificial Life, a Science of Simulation." *Cultural Anthropology* 16(4): 612–27.

Herzfeld, Michael. 1992. *The Social Production of Indifference: Exploring the Symbolic Roots of European Bureaucracy*. Chicago: University of Chicago Press.

———. 2004. *Cultural Intimacy: Social Poetics in the Nation-State*. London: Routledge.

———. 2009. *Evicted from Eternity: The Restructuring of Modern Rome*. Chicago: University of Chicago Press.

Hicks, John. 1937. "Mr. Keynes and the 'Classics': A Suggested Interpretation." *Econometrica* 5(2): 147–59.

———. 1980- 81. "IS- LM: An Explanation." *Journal of Post Keynesian Economics* 3(2): 139–55.

Hilgartner, Stephen, Nicole Nelson, and Anna Geltzer. 2008. "Introduction: The Anticipatory State: Making Policy-Relevant Knowledge about the Future." *Science and Public Policy* 35(8):546−550.

Ho, Karen. 2009. *Liquidated: An Ethnography of Wall Street*. Durham, NC:Duke University Press.

Holmes, Douglas R. 1989. *Cultural Disenchantments: Worker Peasantries in Northeast Italy*. Princeton, NJ:Princeton University Press.

———. 2000. *Integral Europe: Fast-Capitalism, Multiculturalism, Neofascism*. Princeton, NJ:Princeton University Press.

———. 2009. "Economy of Words." *Cultural Anthropology* 24(3):381− 419.

Holmes, Douglas R. , and George E. Marcus. 2005. "Cultures of Expertise and the Management of Globalization: Toward the Re-Functioning of Ethnography." In *Global Assemblages*, edited by Aihwa Ong and Stephen J. Collier, 235−52. Oxford:Blackwell.

———. 2006. "Fast-Capitalism:Paraethnography and the Rise of the Symbolic Analyst." In *Frontiers of Capital: Ethnographic Perspectives on the New Economy*, edited by Melissa Fisher and Greg Downey, 33− 37. Durham, NC:Duke University Press.

———. 2008. "Collaboration Today and the Re-Imagination of the Classic Scene of Fieldwork Encounter." *Collaborative Anthropologies*, no. 1:136− 70.

———. 2012. "Collaborative Imperatives: A Manifesto, of Sorts, for the ReImagination of the Classic Scene of Fieldwork Encounter." In *Collaborators Collaborating: Counterparts in Anthropological Knowledge and International Research Relations*, edited by Monica Konrad, 126− 43. Oxford:Berghahn Books.

Hume, David. 1987. "Of Interest." In *Essays, Moral, Political, and Literary*, edited by Eugene Miller. Rev. ed. Indianapolis: Liberty Classics. Based on the 1777 edition originally published as vol. 1 of *Essays and Treatises on Several Subjects*.

IMF (International Monetary Fund). 2012. "2012 Article IV Consultation with Spain: Concluding Statement of IMF Mission." June 14. http:// www. imf. org/external/np/ms/2012/061512. htm.

Independent Commission on Banking. 2011. "Final Report:Recommendations." London: Produced by the Domarn Group for the Independent

Commission on Banking. http://www. hm-treasury. gov. uk/d/ICB-Final-
Report. pdf.

Issing, Otmar. 1997. "Monetary Targeting in Germany: The Stability of
Monetary Policy and the Monetary System." *Journal of Monetary Eco-
nomics* 39(1):67−79.

———. 2005. "The Monetary Pillar of the ECB." Speech presented at
"The ECB and Its Watchers VII" Conference, Frankfurt am Main, June
3. http://www. ecb. int/press/key/date/2005/html/sp050603. en. html.

———. 2011. "Slithering to the Wrong Kind of Union." *FT. com*, August 8.
http://www. ft . com/intl/cms/s/0/c4159b34-c1a8-11e0-acb3-00144fe-
abdc0. html#axzz1UUUNwEPr.

Jansson, Per, and Anders Vredin. 2004. "Preparing the Monetary Policy
Decision in an Inflation-Targeting Central Bank: The Case of the Sverig-
es Riksbank." In *Practical Experience with Inflation Targeting: Interna-
tional Conference Held at the Czech National Bank, May 13−14, 2004*,
73−94. Prague: Czech National Bank.

Jeanne, Olivier, and Lars E. O. Svensson. 2007. "Credible Commitment
to Optimal Escape from a Liquidity Trap: The Role of the Balance
Sheet of an Independent Central Bank." *American Economic Review* 97
(1):474−90.

Joyce, Michael, Matthew Tong, and Robert Woods. 2011. "The United
Kingdom´s Quantitative Easing Policy: Design, Operation, and Impact." *Bank
of England Quarterly Bulletin*, Fall: 200−212.

Jung, Taehun, Yuki Teranishi, and Tsutomu Watanabe. 2005. "Optimal
Monetary Policy at the Zero-Interest-Rate Bound." *Journal of Money,
Credit, and Banking* 37(5):813−36.

Kalb, Don. 1998. *Expanding Class: Power and Everyday Politics in Indus-
trial Communities, The Netherlands, 1850− 1950.* Durham, NC: Duke
University Press.

Kelty, Christopher. 2005. "Geeks, Social Imaginaries, and Recursive Pub-
lics." *Cultural Anthropology* 20(2):185−214.

Keynes, John Maynard. (1923)1971. *The Collected Writings of John May-
nard Keynes. Vol. 4, A Tract on Monetary Reform.* Edited by Donald
Moggridge. London: Macmillan for the Royal Economic Society.

————. (1936) 2007. *The General Theory of Employment, Interest, and Money.* Basingstoke, UK: Palgrave Macmillan.

————. 1983. *The Collected Writing of John Maynard Keynes.* Vol. 11, *Economic Articles and Correspondence, Academic.* Edited by Elizabeth S. Johnson and Donald Edward Moggridge. London: Macmillan for the Royal Economic Society.

King, Mervyn. 2002. "No Money, No Inflation—The Role of Money in the Economy." *Bank of England Quarterly Bulletin*, Summer: 162–77.

————. 2004. "The Institutions of Monetary Policy." *American Economic Review* 94(2): 1–13.

————. 2005a. "What Has Inflation Targeting Achieved?" In *The Inflation Targeting Debate*, edited by Ben Bernanke and Michael Woodford, 11–16. Chicago: University of Chicago Press.

————. 2005b. "Monetary Policy: Practice Ahead of Theory." Mais Lecture, delivered at Cass Business School, London, May 17.

————. 2005c. "Remarks to the Central Bank Governors´ Panel." Paper presented at the Federal Reserve Bank of Kansas City Symposium, Jackson Hole, Wyoming, August 25–27.

King, Michael. 2005. "Epistemic Communities and Diffusion of Ideas: Central Bank Reform in the United Kingdom." *West European Politics* 28 (1): 94–123.

Knorr-Cetina, Karin. 1999. *Epistemic Cultures: How the Sciences Make Knowledge.* Cambridge, MA: Harvard University Press.

————. 2007. "Culture in Global Knowledge Societies: Knowledge Cultures and Epistemic Cultures." *Interdisciplinary Reviews of Science* 32 (4): 361–75.

Knorr-Cetina, Karin, and Urs Bruegger. 2002. "Global Microstructures: The Virtual Societies of Financial Markets." American Journal of Sociology 107(4): 905–50.

Knorr-Cetina, Karin, and Alex Preda. 2005. Introduction to *The Sociology of Financial Markets*, edited by Karin Knorr-Cetina and Alex Preda, 1–14. Oxford: Oxford University Press.

Kohn, Donald L. 2008. "Lessons for Central Bankers from a Phillips Curve Framework." Paper presented at the 52nd Annual Economic Conference sponsored by the Federal Reserve Bank of Boston, Chatham, Massachusetts, June 11.

———. 2009. "Monetary Policy and Asset Prices Revisited." Speech presented at the Cato Institute's 26th Annual Monetary Policy Conference, Washington DC, November.

Krugman, Paul. 1998. "It's Baaack: Japan's Slump and the Return of the Liquidity Trap." *Brookings Papers on Economic Activity* (2): 137–205.

———. 1999. "Thinking about the Liquidity Trap." http://web. mit. edu/krugman/www/trioshrt. html.

———. 2000. "How Complicated Does the Model Have to Be?" *Oxford Review of Economic Policy* 16(4): 33–42.

———. 2007. Introduction to *The General Theory of Employment, Interest, and Money*, by John Maynard Keynes, xxv– xxxviii. Basingstoke, UK: Palgrave MacMillan.

———. 2011. "IS– LMentary." Conscience of a Liberal blog. *New York Times*, October 9. http://krugman. blogs. nytimes. com/2011/10/09/is–lmentary/.

———. 2012. "Eurozone Problems." *New York Times*, January 30.

———. n. d. "There is Something about Macro." http://web. mit. edu/krugman/www/islm. html.

Lakoff, George, and Mark Johnson. 1980. *Metaphors We Live By*. Chicago: University of Chicago Press.

Lambert, Richard. 2005. "Inside the MPC." *Bank of England Quarterly Bulletin*, Spring: 56–65.

Latour, Bruno. 1987. *Science in Action: How to Follow Scientists and Engineers through Society*. Cambridge, MA: Harvard University Press.

———. 1988. *The Pasteurization of France*. Translated by Alan Sheridan and John Law. Cambridge, MA: Harvard University Press.

———. 1999. *Pandora's Hope: Essays on the Reality of Science Studies*. Cambridge, MA: Harvard University Press.

———. 2005. *Reassembling the Social: An Introduction to Actor- Network Theory*. Oxford: Oxford University Press.

Laubach, Thomas, and Adam S. Posen. 1997a. "Disciplined Discretion: The German and Swiss Monetary Frameworks in Operation." Federal

Reserve Bank of New York Research Paper No. 9707. March.

———. 1997b."Some Comparative Evidence on the Effectiveness of Infl ation Targeting." Federal Reserve Bank of New York Research Paper No. 9714. May. Law, John, and John Hassard. 1999. *Actor Network Theory and After.* Oxford：Blackwell/Sociological Review.

Lee, Benjamin, and Edward LiPuma. 2002. "Cultures of Circulation：The Imaginations of Modernity."*Public Culture* 14(1)：191-213.

Leeper, Eric, Christopher Sims, and Tao Zha. 1996. "What Does Monetary Policy Do?" *Brookings Institutions Papers on Economic Activity,* no. 2：1-63.

Leijonhufvud, Alex. 1968. *On Keynesian Economics and the Economics of Keynes.* New York：Oxford University Press.

———. 2008."Keynes and the Crisis."*CEPR Policy Insight,no.* 23：1-7.

Lépinay, Vincent-Antonin. 2007."Decoding Finance：Articulation and Liquidity around a Trading Room." In *Do Economists Make Markets?,* edited by Donald MacKenzie, Fabian Muniesa, and Lucia Siu, 87-127. Princeton,NJ：Princeton University Press.

———. 2011. *Codes of Finance：Engineering Derivatives in a Global Bank.* Princeton,NJ：Princeton University Press.

Lippmann, Walter. (1927) 2002. *The Phantom Public.* New Brunswick, NJ：Transaction Publishers.

Lucas, Robert, Jr. 1976. "Econometric Policy Evaluation：A Critique." In *The Phillips Curve and Labor Markets,* edited by Karl Brunner and Alan Meltzer, 19-46. Carnegie-Rochester Conference Series on Public Policy, vol. 1. New York：American Elsevier.

———. 1986."Adaptive Behavior and Economic Theory."*Journal of Business* 59(4)：401-26.

———. 1997. "Monetary Neutrality：Prize Lecture, December 7, 1995."*In Nobel Lectures, Economic Sciences, 1991- 1995,* edited by Torsten Persson, 246-65. London：World Scientific Publishing Co.

MacKenzie, Donald. 2001. "Physics and Finance：S-Terms and Modern Finance as a Topic for Science Studies." *Science, Technology, and Human Values* 26(2)：115-44.

———. 2003."An Equation and Its Worlds：Bricolage, Exemplars, Disunity, and Performativity in Financial Economics." *Social Studies of Science* 33(6):831-68.

———. 2006. *An Engine, Not a Camera: How Financial Models Shape Markets*. Cambridge,MA:MIT Press.

MacKenzie,Donald,Fabian Muniesa,and Lucia Siu. 2007. Introduction to *Do Economists Make Markets? On the Performativity of Economics*, 1-19. Princeton,NJ:Princeton University Press.

Malin, Adolfson, Michael K. Derssson, Jesper Lindé, Mattias Villani, and Anders Vredin. 2007."Modern Forecasting, Models in Action: Improving Macroeconomic Analyses at Central Banks." *International Journal of Central Banking* 3(4):111-44.

Mankiw, Gregory. 2006. "The Macroeconomist as Scientist and Engineer."NBER Working Paper No. 12349. Cambridge, MA: National Bureau of Economic Research.

Mankiw, Gregory, and Ricardo Reis. 2002. "Sticky Information versus Sticky Prices: A Proposal to Replace the New Keynesian Phillips Curve."*Quarterly Journal of Economics* 117(4):1295-1328.

Marcus, George E. 2007."Ethnography Two Decades after Writing Culture:From the Experimental to the Baroque."*Anthropological Quarterly* 80(4):1127-45.

———. 2008."The End(s)of Ethnography:Social/Cultural Anthropology´s Signature Form of Producing Knowledge in Transition."*Cultural Anthropology* 23(1):1-14.

———. 2012."The Legacies of Writing Culture and the Near Future of the Ethnographic Form:A Sketch."*Cultural Anthropology* 27:427-445.

Masco, Joseph. 2009. "'Survival Is Your Business': Engineering Ruins and Affect in Nuclear America."*Cultural Anthropology* 23(2):361-98.

———. 2010."'Sensitive but Unclassifled':Secrecy and the Counterterrorist State."*Public Culture* 22(3):433-63.

Maurer,Bill. 1995."Complex Subjects:Offshore Finance,Complexity Theory, and the Dispersion of the Modern." *Socialist Review* 25(3-4): 113-45.

———. 2002a."Repressed Futures:Financial Derivatives´ Theological Unconscious."*Economy and Society* 31(1):15-36.

———. 2002b. "Redecorating the International Economy: Keynes, Grant, and the Queering of Bretton Woods." In *Queer Globalizations: Citizenship and the Afterlife of Colonialism*, edited by A. Cruz-Malave and M. Manalansan, 100–33. New York: New York University Press.

———. 2005a. "Introduction to Ethnographic Emergences." *American Anthropologist* 107(1): 1–4.

———. 2005b. *Mutual Life, Limited: Islamic Banking, Alternative Currencies*. Princeton, NJ: Princeton University Press.

———. 2005c. "Due Diligence and 'Reasonable Man,' Offshore." *Cultural Anthropology* 20(4): 474–505.

Mauss, Marce1. (1922)1990. *The Gift: Forms and Functions of Exchange in Archaic Societies*. London: Routledge.

McCallum, Bennett T. 2000. "Theoretical Analysis Regarding a Zero Lower Bound on Interest Rates." *Journal of Money, Credit, and Banking* 32 (4): 870–904.

———. 2008. "Monetarism." In *The Concise Encyclopedia of Economics*. Library of Economics and Liberty. http://econlib. org/library/Enc/Monetarism. html.

McCloskey, Deidre. 1985. *The Rhetoric of Economics*. Madison: University of Wisconsin Press.

———. 1990. *If You're So Smart: The Narrative of Economic Expertise*. Chicago: University of Chicago Press.

———. 1994. *Knowledge and Persuasion in Economics*. Cambridge: Cambridge University Press.

McNamara, Kathleen. 1998. *The Currency of Ideas: Monetary Politics in the European Union*. Ithaca, NY: Cornell University Press.

Menand, Louis. 2002. *The Metaphysical Club: A Story of Ideas in America*, New York: Farrar, Straus and Giroux.

Merton, Robert K. 1948. "The Self-Fulfilling Prophecy." *Antioch Review* 8 (2): 193–210.

Mitchell, Timothy. 2002. *Rule of Experts: Egypt, Techno-Politics, Modernity*. Berkeley: University of California Press.

Mishkin, Fredric. 2004. *The Economics of Money, Banking, and Financial Markets*. 7th ed. Boston: Addison Wesley.

Mitrany, David. 1965. "The Prospect of European Integration: Federal or Functional." *Journal of Common Market Studies* 4(6):119–49.

Miyazaki, Hirokazu. 2003. "The Temporalities of the Market." *American Anthropologist* 105(2):255–65.

———. 2004. *The Method of Hope: Anthropology, Philosophy, and Fijian Knowledge*. Stanford, CA: Stanford University Press.

———. 2006a. "Economy of Dreams: Hope in Global Capitalism and Its Critiques." *Cultural Anthropology* 21(2):147–72.

———. 2006b. "Documenting the Present." In *Documents: Artifacts of Modern Knowledge*, edited by Annelise Riles. Ann Arbor: University of Michigan Press.

———. 2013. *Arbitraging Japan: Dreams of Capitalism at the End of Finance*. Berkeley, CA: University of California Press.

Miyazaki, Hirokazu, and Annelise Riles. 2005. "Failure as an Endpoint." In *Global Assemblages*, edited Aihwa Ong and Stephen Collier, 320–31. Oxford: Blackwell.

Monnet, Jean. 1976. *Memoires*. Paris: Arthème Fayard.

Moravcsik, Andrew. 1998. *The Choice for Europe: Social Purpose and State Power from Messina to Maastricht*. Ithaca, NY: Cornell University Press.

Morgan, Mary S. 2012. *The World in the Model: How Economists Work and Think*. Cambridge: Cambridge University Press.

Morris, Richard, Hedwig Ongena, and Ludger Schuknech. 2006. "The Reform and Implementation of the Stability and Growth Pact." ECB Occasional Paper No. 47. Frankfurt am Main: European Central Bank.

Muehlebach, Andrea. 2012. *Moral Neoliberalism: Welfare and Citizenship in Italy*. Chicago: University of Chicago Press.

Müller, Jan-Werner. 2007. *Constitutional Patriotism*. Princeton, NJ: Princeton University Press.

Mundell, Robert A. 1961. "A Theory of Optimum Currency Areas." *American Economic Review* 51(4):657–65.

Muniesa, Fabian, and Michel Callon. 2007. "Economic Experiments and the Construction of Markets." In *Do Economists Make Markets?*, edited by Donald MacKenzie, Fabian Muniesa, and Lucia Siu, 163–89.

Princeton, NJ: Princeton University Press.

Munn, Nancy. 1992. "The Cultural Anthropology of Time: A Critical Essay." *Annual Review of Anthropology*, no. 21:93–123.

Muth, John. 1961. "Rational Expectations and the Theory of Price Movements." *Econometrica* 29(3):315–35.

Narotzky, Susana, and Gavin Smith. 2006. *Immediate Struggles: People, Power, and Place in Rural Spain*. Berkeley: University of California Press.

Nelson, Stephen, and Peter Katzenstein. 2010. "Uncertainty and Risk in the Crisis of 2008." Paper presented at the Politics in Hard Times Workshop Honoring Peter Gourevitch, University of California at San Diego, April 23–24.

Nergiz, Dincer, and Barry Eichengreen. 2009. "Central Bank Transparency: Causes, Consequences, and Update." NBER Working Paper No. 14791. Cambridge, MA: National Bureau of Economic Research.

Orphanides, Athanasios. 2002. "Monetary-Policy Rules and the Great Infl ation." *American Economic Review* 92(2):115–20.

Orphanides, Athanasios, and John C. Williams. 2007. "Robust Monetary Policy with Imperfect Knowledge." *Journal of Monetary Economics* 54 (5):1406–35.

Pagan, Adrain. 2003. "Report on Modelling and Forecast at the Bank of England." *Bank of England Quarterly Bulletin*, Spring: 1–29.

Papademos, Lucas, and Jürgen Stark, eds. 2010. *Enhancing Monetary Analysis*. Frankfurt am Main: European Central Bank.

Parker, George, and Peter Thal Larsen. 2005. "EU States Accused of 'Hiding' Deficits." *FT. com*, October 5. http://www. ft. com/intl/cms/s/0/cd1192f0-35cd-11da-903d-00000e2511c8. html#axzz2KzS8FgeZ.

Petryna, Adriana. 2002. *Life Exposed: Biological Citizens after Chernobyl*. Princeton, NJ: Princeton University Press.

Phelps, Edmund. 1968. "Money-Wage Dynamics and Labor-Market Equilibrium." *Journal of Political Economy* 76(1):678–711.

Phelps, Edmund, and John Taylor. 1997. "Stabilizing Powers of Monetary Policy under Rational Expectations." *Journal of Political Economy* 85 (1):163–90.

Phillips, A. William. 1954. "Stabilization Policy in a Closed Economy." *Economic Journal* 64(254):290-323.

———. 1958. "The Relationship between Unemployment and the Rate of Change of Money Wages in the United Kingdom, 1861-1957." *Economica* 25(100):283-99.

Polanyi, Karl. 1968. "The Semantics of Money Uses." In *Primitive, Archaic, and Modern Economics: Essays of Karl Polanyi*, edited by George Dalton, 175-203. New York: Doubleday.

———. 2001. *The Great Transformation: The Political and Economic Origins of Our Time*. Boston: Beacon Press.

———. 2011. "The Economy as Instituted Process." In *The Sociology of Economic Life*, edited by Mark Granovetter and Richard Swedberg, 22-51. Boulder, CO: Westview Press.

Poovey, Mary. 1998. *A History of the Modern Fact: Problems of Knowledge in the Sciences of Wealth and Society*. Chicago: University of Chicago Press.

Porter, Theodore. 1995. *Trust in Numbers: The Pursuit of Objectivity in Science and Public Life*. Princeton, NJ: Princeton University Press.

Posen, Adam S. 1997. "Lessons from the Bundesbank on the Occasion of Its 40th (and Second to Last?) Birthday." IIE Working Paper No. 97-4. Washington, DC: Peterson Institute for International Economics. http://www. iie. com/publications/wp/wp. cfm?ResearchID=153.

———. 2009. "Finding the Right Tool for Dealing with Asset Price Booms." Speech presented at the MPR Monetary Policy and the Economy Conference, London, December 1.

———. 2010a. "The Realities and Relevance of Japan's Great Recession: Neither Ran nor Rashomon." STICERD Public Lecture, London School of Economics, May 24.

———. 2010b. "The British Recovery in International Comparison." Speech presented at "Sustaining the Recovery," the Society of Business Economists Annual Conference, London, June 30.

Rabinow, Paul. 1986. Representations are Social Fact." In *Writing Culture: The Poetics and Politics of Representation*, edited by James Clifford and George Marcus. Berkeley: University of California Press.

———. 1989. *French Modern: Norms and Forms of the Social Environment*. Chicago: University of Chicago Press.

———. 2008. *Marking Time: On the Anthropology of the Contemporary*. Princeton, NJ: Princeton University Press.

Rabinow, Paul, George E. Marcus, James D. Faubion, and Tobias Rees. 2008. *Designs for an Anthropology of the Contemporary*. Durham, NC: Duke University Press.

Razsa, Maple, and Andrej Kurnik. 2012. "The Occupy Movement in Žižek's Hometown: Direct Democracy and a Politics of Becoming." *American Ethnologist* 39(2): 238–58.

RBNZ (Reserve Bank of New Zealand). 1990. "Policy Targets Agreement (March 1990)." http://www. rbnz. govt. nz/monpol/pta/0073109. html.

———. 2004. *The Reserve Bank's Forecasting and Policy System*. Prepared by Dominick Stephens. Economics Department, Wellington: Reserve Bank of New Zealand.

———. 2007a. *Finance and Expenditure Select Committee Inquiry into the Future Monetary Policy Framework: Submission by the Reserve Bank of New Zealand*. Wellington: Reserve Bank of New Zealand.

———. 2007b. "Monetary Policy Statement, September 2007—Policy Assessment" (press release). http://www. rbnz. govt. nz/monpol/statements/3117428. html.

———. 2008a. "Monetary Policy Statement, June 2008—Policy Assessment" (press release). http://www. rbnz. govt. nz/monpol/statements/3335309. html.

———. 2008b. "Monetary Policy Statement, June 2008." http://www. rbnz. govt. nz/monpol/statements/jun08. pdf.

———. 2008c. "Monetary Policy Statement, December 2008." http://www. rbnz. govt. nz/monpol/statements/dec08. pdf.

———. 2009a. "OCR Reduced to 3. 5 Percent" (press release). 29 January. http://www. rbnz. govt. nz/news/2009/3544313. html.

———. 2009b. "What Is the Policy Targets Agreement?" September. http://www. rbnz. govt. nz/monpol/pta/3027620. html.

———. n. d. "A. W. H. (Bill) Phillips, (MBE) and the MONIAC" (museum factsheet). http://www. rbnz. govt. nz/research_and_publications/

fact_sheets_and_guides/3121411. pdf.

Rheinberger, Hans - Jorg. 1997. *Toward a History of Epistemic Things: Synthesizing Proteins in the Test Tube.* Stanford, CA: Stanford University Press.

———. 1998. "Experimental Systems, Graphematic Spaces." In *Inscribing Science: Scientific Texts and the Materiality of Communication*, edited by Timothy Lenoir. Stanford, CA: Stanford University Press.

Rhinehart, Carmen, and Kenneth Rogoff. 2009. *This Time Is Different: Eight Centuries of Financial Folly.* Princeton, NJ: Princeton University Press.

Riles, Annelise. 2000. *The Network Inside Out.* Ann Arbor: University of Michigan Press.

———. 2001. "Real - Time: Governing the Market after the Failure of Knowledge." Paper presented at the University of California at Berkeley Department of Anthropology, January 18.

———. 2004. "Real Time: Unwinding Technocratic and Anthropological Knowledge." *American Ethnologist* 31(3): 392–405.

———. 2006. Introduction to *Documents: Artifacts of Modern Knowledge*, edited by Annelise Riles, 1–38. Ann Arbor: University of Michigan Press.

———. 2010. "Collateral Expertise: Legal Knowledge in the Global Financial Markets." *Current Anthropology* 51(6): 795–818.

———. 2011. *Collateral Knowledge: Legal Reasoning in the Global Financial Markets.* Chicago: University of Chicago Press.

Roitman, Janet. 2004. *Fiscal Disobedience: An Anthropology of Economic Regulation in Central Africa.* Princeton, NJ: Princeton University Press.

———. 2013. *Anti-Crisis.* Durham, NC: Duke University Press.

Rosengren, Eric S. 2008. "Opening Remarks: Empirical Questions in Modeling Inflation and Understanding the Implications for Policy." Paper presented at the 52nd Annual Economic Conference sponsored by the Federal Reserve Bank of Boston, Chatham, Massachusetts, June 11.

Rotemberg, Julio, and Michael Woodford. 1997. "An Optimization-Based Econometric Framework for the Evaluation of Monetary Policy." *NBER*

Macroeconomics Annual 1997, no. 12:297-346.

Roubini, Nouriel. 2006. "Why Central Banks Should Burst Bubbles." *International Finance* 9(1):87-107.

———. 2011. "The Eurozone Heads for Break-Up." *Ft. com*, June 11. http://blogs. ft . com/the-a-list/2011/06/13/the-eurozone-heads-for-break-up/#axzz2PYAoNmnS.

Rudnyckyj, Daromir. 2010. *Spiritual Economies: Islam, Globalization, and the Afterlife of Development.* Ithaca, NY: Cornell University Press.

Rudnyckyj, Daromir, and Analiese Richard. 2009. "Economies of Affect." *Journal of the Royal Anthropological Institute* 15(1):57-77.

Salemi, Michael. 2008. "Hyperinflation." In *The Concise Encyclopedia of Economics.* Library of Economics and Liberty. http://econlib. org/library/Enc/Hyperinflation. html.

Samuelson, Paul. 2001. "Progress and Pitfall in the State of Modern Finance Theory." Speech presented at Renaissance Technologies, East Setauket, NY.

———. 2008. "Thoughts about the Phillips Curve." Paper presented at the 52nd Annual Economic Conference sponsored by the Federal Reserve Bank of Boston, Chatham, Massachusetts, June 3.

Samuelson, Paul, and Robert Solow. 1960. "Analytical Aspects of Anti-Inflation Policy." *American Economic Review* 50(2):177-94.

Schäuble, Wolfgang. 2011. "Why Austerity Is Only Cure for the Eurozone." *FT. com*, September 5. http://www. ft. com/intl/cms/s/0/97b826e2-d7ab-11e0-a06b-00144feabdc0. html#axzz1X5x WH-Hol.

Scheller, Hanspeter. 2004. *The European Central Bank: History, Role, and Function.* Frankfurt am Main: European Central Bank.

Scott, James. 1979. *The Moral Economy of the Peasant: Rebellion and Subsistence in Southeast Asia.* New Haven, CT: Yale University Press.

Searle, John. 1969. *Speech Acts: An Essay in the Philosophy of Language.* Cambridge: Cambridge University Press.

Sherwin, Murray. 1999. "Inflation Targeting: 10 Years On." Speech presented at the New Zealand Association of Economists Conference, Rotorua, NZ. Reprinted *in Reserve Bank of New Zealand Bulletin* 62(2):

72-80.

Shore, Cris. 2000. *Building Europe: The Cultural Politics of European Integration.* London: Routledge.

Shore Cris, and Susan Wright. 2000. "Coercive Accountability: The Rise of Audit Culture in Higher Education." In *Audit Culture: Anthropological Studies in Accountability, Ethics, and the Academy,* edited by Marilyn Strathern, 57-89. London: Routledge.

Sibert, Anne. 2012. "Non - Standard Policy Measures—A First Assessment." Paper presented at the European Parliament´s Committee on Economic and Monetary Affairs Monetary Dialogue with the ECB - 2012, July 9.

Silverstein, Michael, and Greg Urban. 1996. *Natural Histories of Discourse.* Chicago: University of Chicago Press.

Sims, Christopher. 2002. "The Role of Models and Probabilities in the Monetary Policy Process." *Brookings Papers on Economic Activity* (2): 1-62.

———. 2008. "Inflation Expectations, Uncertainty, the Phillips Curve, and Monetary Policy." Paper presented at the 52nd Annual Economic Conference sponsored by the Federal Reserve Bank of Boston, Chatham, Massachusetts, June 11.

Singleton, John, with Arthur Grimes, Gary Hawke, and Frank Holmes. 2006. *Innovation and Independence: The Reserve Bank of New Zealand.* Auckland, NZ: Auckland University Press.

Sinn, Hans-Werner. 2011. "The ECB´s Stealth Bailout." VoxEU. org, June 1. http://www. voxeu. org/article/ecb-s-stealth-bailout.

———. 2012. "Fed versus ECB: How TARGET Debts Can Be Repaid." VoxEU. org, March 10. http://www. voxeu. org/article/fed-versus-ecb-how-target-debts-can-be-repaid.

Sinn, Hans-Werner, and Timo Wollmershäuser. 2012. "Target Loans, Current Account Balances, and Capital Flows: The ECB´s Rescue Facility." *International Tax and Public Finance* 19(4): 468-508.

Skidelsky, Robert. 1983. *John Maynard Keynes.* Vol. 1, *Hopes Betrayed, 1883-1920.* New York: Penguin.

———. 1992. *John Maynard Keynes.* Vol. 2, *The Economist as Savior,*

1920-1937. New York: Penguin.

———. 2000. *John Maynard Keynes*. Vol. 3, *Fighting for Britain, 1937-1946*. New York: Penguin.

———. 1996. *Keynes*. Past Masters Series. Oxford: Oxford University Press.

———. 2009. *Keynes: The Return of the Master*. New York: Public Affairs.

———. 2010. "House of Lords Debate: Comprehensive Spending Review" (Hansard Column 1501-1503). November 1. http://www. skidelskyr. com/site/article/house-of-lords-debate-comprehensive-spending-review/.

Smart, Graham. 1999. "Storytelling in a Central Bank: The Role of Narrative in the Creation and Use of Economic Knowledge." *Journal of Business and Technical Communication* 13(3): 249-73.

———. 2006. *Writing the Economy: Activity, Genre, and Technology in the World of Banking*. London: Equinox.

Smets, Frank, and Raf Wouters. 2004. "Forecasting with a Bayesian DSGE Model: An Application to the Euro Area." *Journal of Common Market Studies* 42(4): 841-67.

Smith, Gavin. 1999. *Confronting the Present: Towards a Politically Engaged Anthropology*. Oxford: Berg.

Solow, Robert. 2010. Statement at Congressional Hearing on *Building a Science of Economics for the Real World*, made before the House Subcommittee on Investigations and Oversight of the Committee on Science and Technology. 111th Cong. , 2nd sess. , July 10.

Solow, Robert, and John B. Taylor. 2001. *In flation, Unemployment, and Monetary Policy*. Cambridge, MA: MIT Press.

Soros, George. 1994. "The Theory of Reflexivity." Paper presented at the MIT Department of Economics World Economy Laboratory Conference, Washington, DC, April 26.

———. 2008. *The New Paradigm for Financial Markets: The Credit Crisis of 2008 and What It Means*. Philadelphia: Public Affairs.

Stiglitz, Joseph. 2009. Selected Works of Joseph E. Stiglitz. Vol. 1, *Information and Economic Analysis*. New York: Oxford University Press.

Stoler, Ann. 2008. *Along the Archival Grain: Epistemic Anxieties and Colonial Common Sense*. Princeton, NJ: Princeton University Press.

Strassler, Karen. 2009. "The Face of Money: Currency, Crisis, and Remediation in Post-Suharto Indonesia." *Cultural Anthropology* 24(1): 68–103.

Strathern, Marilyn. 2000. *Audit Culture: Anthropological Studies in Accountability, Ethics, and the Academy*. London: Routledge.

Summers, Lawrence H. 1991. "The Scientific Illusion in Empirical Macroeconomics." *Scandinavian Journal of Economics* 93(2): 129–48.

Sunder Rajan, Kaushik. 2006. *Biocapital: The Constitution of Postgenomic Life*. Durham, NC: Duke University Press.

———. 2012. *Lively Capital: Biotechnologies, Ethics, and Governance in Global Markets*. Durham, NC: Duke University Press.

Svensson, Lars E. 2001a. "Independent Review of the Operation of Monetary Policy in New Zealand" (report to the Ministry of Finance). *Reserve Bank of New Zealand Bulletin* 64(1): 4–11.

———. 2001b. "The Zero Bound in an Open Economy: A Foolproof Way of Escaping from a Liquidity Trap." *Monetary and Economic Studies* 19 (S1): 277–312.

———. 2003. "Escaping from a Liquidity Trap and Deflation: The Foolproof Way and Others." *Journal of Economic Perspectives* 17(4): 145–66.

———. 2006. "Monetary Policy and Japan's Liquidity Trap." CEPS Working Paper No. 126. http://www. princeton. edu/ceps/workingpapers/126svensson. pdf.

———. 2009. "Monetary Policy with a Zero Interest Rate." Speech presented at the SNS Center for Business and Policy Studies, Stockholm, Sweden, February 17. http://www. riksbank. se/Pagefolders/39304/090217e. pdf.

Sveriges Riksbank. 2009a. "Separate Appendix to the Riksbank's Communication Policy." April 2. http://www-riksbank-se. cdn. episerverhosting. com/Pagefolders/40148/nr34e_appendix_communication_policy09. pdf.

———. 2009b. "Minutes of the Executive Board's Monetary Policy Meeting on 20 April 2009." http://www. riksbank. se/en/Press - and - published/Minutes - of - the - Executive - Boards - monetary - policy - meetings/

2009/Minutes-of-the-Executive-Boards-monetary-policy-meeting-on-20-April-2009/.

Swedberg, Richard. 1999. "Civil Courage (Zivilcourage): The Case of Knut Wicksell." *Theory and Society* 28(4):501-28.

Tett, Gillian. 2009. *Fool's Gold: The Inside Story of J. P. Morgan and How Wall Street Greed Corrupted Its Bold Dream and Created a Financial Catastrophe.* New York: Free Press.

Tily, Geoff. 2009. "John Maynard Keynes and the Development of National Accounts in Britain, 1895-1941." *Review of Income and Wealth* 55 (2):331-59.

Tobin, James. 1972a. "Friedman's Theoretical Framework." *Journal of Political Economy* 80(5):852-63.

———. 1972b. "Inflation and Unemployment." *American Economic Review* 62(1):1-18.

———. 1999-2010. "Monetary Policy." In *The Concise Encyclopedia of Economics.* Library of Economics and Liberty. http.//www. econlib. org/library/Enc/MonetaryPolicy. html.

Trichet, Jean-Claude. 2005. "Monetary Policy and 'Credible Alertness'." Paper presented at the Monetary Policy Strategies: A Central Bank Panel, Federal Reserve Bank of Kansas City Symposium, Jackson Hole, WY, August 25-27.

Tucker, Paul. 2009. "Report to the Treasury Select Committee" (Bank of England February 2009 Inflation Report). March 18. http://www. parliament. the- stationery-office. co. uk/pa/cm200809/cmselect/cmtreasy/376-i/376we06. htm.

Tufte, Edward R. 1983. *The Visual Display of Quantitative Information.* Cheshire, CT: Graphics Press.

———. 1990. *Envisioning Information.* Cheshire, CT: Graphics Press.

———. 1997. *Visual Explanations: Images and Quantities, Evidence and Narrative.* Cheshire, CT: Graphics Press.

Turner, Terence. 2008. "Marxian Value Theory: An Anthropological Perspective." *Anthropological Theory* 8(1):43-56.

Volckart, Oliver. 1973. "Early Beginnings of the Quantity Theory of Money and Their Context in Polish and Prussian Monetary Policies, c. 1520–1550."*Economic History Review*, n. s. , 50(3): 430–49.

Westbrook, David. 2004. *City of Gold: An Apology for Global Capitalism in a Time of Discontent*. London: Routledge.

———. 2008. *Navigators of the Contemporary: Why Ethnography Matters*. Chicago: University of Chicago Press.

———. 2009. *Out of Crisis: Rethinking Our Financial Markets*. Boulder, CO: Paradigm Publishers.

Wetterberg, Gunnar. 2009. *Money and Power: From Stockholms Banco 1656 to Sveriges Riksbank Today*. Translated by Patrick Hort. Stockholm: Sveriges Riksbank.

Williams, Raymond. 1981. *Politics and Letters: Interviews with "New Left Review."* London: Verso.

Wood, John H. 2005. *A History of Central Banking in Great Britain and the United States*. Cambridge: Cambridge University Press.

Woodford, Michael. 2001. "Imperfect Common Knowledge and the Effects of Monetary Policy." NBER Working Paper No. 876. Cambridge, MA: National Bureau of Economic Research.

———. 2003. *Interest and Prices: Foundations of a Theory of Monetary Policy*. Princeton, NJ: Princeton University Press.

———. 2005. "Central-Bank Communication and Policy Effectiveness." Paper presented at the Federal Reserve Bank of Kansas City Symposium, Jackson Hole, WY, August 25–27.

———. 2008a. "The Fed's Enhanced Communication Strategy: Stealth Inflation Targeting?" Voxeu. org, January 8. http://www. voxeu. org/article/feds-enhanced-communication-strategy-stealth-inflation-targeting.

———. 2008b. "Does a 'Two-Pillar Phillips Curve' Justify a Two-Pillar Monetary Policy Strategy?" In *The Role of Money: Money and Monetary Policy in the Twenty-First Century*, edited by Andreas Beyer and Lucrzia Reichlin, 56–82. Frankfurt am Main: European Central Bank.

———. 2008c. "Convergence in Macroeconomics: Elements of the New Synthesis." Paper presented at the session "Convergence in Macroeconomics?" at the Annual Meeting of the American Economics Association, New Orleans, January 4.

————. 2012. "Methods of Policy Accommodation at the Interest-Rate Lower Bound." Paper presented "The Changing Policy Landscape," Federal Reserve Bank of Kansas City Symposium, Jackson Hole, WY, August 31–September 1.

Wyplosz, Charles. 2012. "The Role of the ECB in Fiscal Adjustment Programmes." Paper presented at the European Parliament's Committee on Economic and Monetary Affairs Monetary Dialogue with the ECB–2012, July 9.

Yellen, Janet. 2013. "Communications in Monetary Policy." Speech presented at the Society of American Business Editors and Writers 50th Anniversary Conference, Washington DC, April 4.

Zaloom, Caitlin. 2003. "Ambiguous Numbers: Trading Technologies and Interpretation in Financial Markets." *American Ethnologist* 30(2): 258–72.

————. 2004. "The Productive Life of Risk." *Cultural Anthropology* 19(3): 365–91.

————. 2006. *Out of the Pits: Traders and Technology from Chicago to London.* Chicago: University of Chicago Press.

————. 2009. "How to Read the Future: The Yield Curve, Affect, and Financial Prediction." *Public Culture* 21(2): 243–66.

Zingales, Luigi. 2012. "Banking Union Is Last Gambit to Save Euro Dream." Bloomberg. com, July 29. http://www. bloomberg. com/news/2012-07-29/banking-union-is-last-gambit-to-save-euro-dream. html.